Heinrich Schipperges:
Der Garten der Gesundheit
Medizin im Mittelalter

Mit 46 Abbildungen

Deutscher
Taschenbuch
Verlag

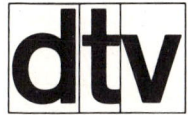

Ungekürzte Ausgabe
Juli 1990
Deutscher Taschenbuch Verlag GmbH & Co. KG,
München
© 1985 Artemis Verlag, München und Zürich
ISBN 3-7608-1911-7
Umschlaggestaltung: Celestino Piatti
Umschlagabbildung: Photo-Archiv des Instituts für
Geschichte der Medizin der Universität Heidelberg
(Ritter im Bade. Jakob von Warte, umgeben von
Badediensten. Manessische Handschrift)
Satz: IBV Satz- und Datentechnik, Berlin
Druck und Bindung: C. H. Beck'sche Buchdruckerei,
Nördlingen
Printed in Germany · ISBN 3-423-11278-6

## Das Buch

Die neuzeitliche Medizin hat ihren Ursprung im Mittelalter. Diese Zeit wurde von einem Bild der Krankheit und Gesundheit bestimmt, das heute wieder zunehmend an Bedeutung gewinnt. Der Arzt war weniger dafür zuständig, kranke Körper zu reparieren, sondern Vorbeugung, seelische Fürsorge, Wiederherstellung der Harmonie des Menschen wurden als seine Aufgabe gesehen: Heilkunde war Lebenskunst. Diese Auffassung war eingebettet in das mittelalterliche Bild vom Menschen, der als Teil des göttlichen Heilsplans gesehen wurde.

Heinrich Schipperges beschreibt in seinem Buch sehr anschaulich und lebendig die Ausbildung der Ärzte und anderer Heilberufe wie Hebamme, Apotheker, Bader und Barbier, ihre Behandlungsmethoden in der täglichen Praxis und ihren Arzneimittelschatz. Er schildert die großen Seuchen und Volkskrankheiten des Mittelalters, Pest und Lepra, Antoniusfeuer und Veitstanz. Dabei geht Schipperges immer von den Lebensstationen des Menschen und der mittelalterlichen Auffassung von Geburt und Kindheit, Reifung und Sexualität, Sterben und Tod aus. Der Autor macht auf faszinierende Weise das Leitbild einer Heilkunde deutlich, die nicht der Reparatur von Krankheitssymptomen, sondern dem Heilen und »Heil-machen« des ganzen Menschen verpflichtet bleibt – einer »Ganzheitsmedizin« also, zu der wir heute wieder zurückzufinden versuchen.

## Der Autor

Heinrich Schipperges, am 17. März 1918 in Kleinenbroich/Niederrhein geboren, bis zu seiner Emeritierung 1986 Professor und Direktor des Instituts für Geschichte der Medizin in Heidelberg, ist durch zahlreiche Veröffentlichungen zu Hildegard von Bingen, Paracelsus und über den Einfluß der arabischen Medizin im lateinischen Mittelalter hervorgetreten. Unter anderem erschien von ihm: ›Alte Wege zu neuer Gesundheit‹ (1983), ›Homo Patiens. Die Geschichte des kranken Menschen‹ (1985), ›Sein Alter leben‹ (1987).

# Inhalt

>»...und nun fahr' hin in alle Lande, du edler
>und schöner Garten du, eine Ergötzung der Gesunden,
>tröstliche Hoffnung und Hilfe den Kranken!«
>
> (›Gart der Gesundheit‹, 1485)

Die Heilkunde in der Welt des Mittelalters ist uns lange Zeit weitgehend unbekannt geblieben und tritt erst nach und nach mit ihren überraschend reichen Aspekten in unseren Horizont. Mit dem Mittelalter umgreifen wir den gewaltigen Zeitraum eines Jahrtausends, das mit fließenden Übergängen zwischen die Jahre 500 und 1500 eingespannt ist; ein Zeitraum, der gleichwohl nur im Rückblick auf die alten Hochkulturen zu verstehen ist, in dem sich aber bereits die Konturen der beginnenden Neuzeit abzeichnen. Wenn wir dabei von einer Welt des mittelalterlichen Menschen sprechen, dann ist hier in erster Linie die Verfassung des leidenden Menschen gemeint, die nicht ohne das dahinter liegende Weltbild zu begreifen sein wird. Unter der Heilkunde schließlich sollte keine Medizin im modernen Sinne, aber auch nicht nur die Heilpraxis einer veralteten Volksmedizin verstanden werden: Haben wir es doch hier mit einem geschlossenen System zu tun, das alle Aspekte des gesunden, des krank gewordenen, des zu heilenden Menschen umgreift.

Genau dies will wohl auch unser ›Garten der Gesundheit‹ sagen, wenn er den Gesunden Ergötzung und den Kranken Tröstung und Hilfe verspricht. So hat das ganze Mittelalter seinen Garten der Gesundheit gesehen und gepflegt: Heilkunst und Lebenskunde wachsen hier noch an einem Strauch und bringen Frucht zum Heil des Leibes wie der Seele.

Bei meiner Darstellung habe ich weitgehend auf gängige historische Leitmuster verzichtet, um mich den Quellen erster Hand anzuvertrauen. Ich habe bewußt auf jede noch so interessante Periodisierung und damit auch auf einen chronologischen Aufriß verzichtet. Ich wollte Beispiele geben und dabei die Quellen selber sprechen lassen. Lateinische Texte wurden weitgehend übersetzt, Spezialbegriffe nach Möglichkeit umschrieben. Ein Literaturverzeichnis gibt Hinweise auf die thematischen Schwerpunkte und die notwendigen Belege. Am Aufbau des Buches haben meine akademischen Hörer mehr mitgewirkt, als sie zu ahnen vermögen: Meinen Studenten sei dafür Dank gesagt!

Heinrich Schipperges

# I. Einführung

Das Mittelalter, als »das mittlere Alter«, die Zeit dazwischen, ist vielfach als die große Zäsur in der Geistesgeschichte angesehen worden, als der gewaltige Zeitraum zwischen der Völkerwanderung und der Renaissance, jener Völkerwanderung, welche die Reste der antiken Kultur unter sich begrub, und jener Renaissance, die sie – als die »Entdeckung der Welt und des Menschen« – wieder aus den Trümmern hervorgezaubert hat. Uns hingegen erscheint Mittelalter eher als das vermittelnde Alter, der große Mittler, das Medium einer Vermittlung auch, jenes »aevum medium« eben, das dem Forschungszweig der Mediävistik den Namen gab, einer Mittelalterforschung, die auf allen Gebieten der Medizin ihre großen Aufgaben noch vor sich hat.

Unser Bild von der Kultur des europäischen Mittelalters ist gerade in den letzten Jahren durch literargeschichtliche, kunsthistorische und religionswissenschaftliche Untersuchungen ungemein bereichert und profiliert worden. Technik-, Wirtschafts- und Sozialgeschichte haben darüber hinaus überraschende Einblicke ermöglicht und der traditionellen Mediävistik neue Impulse gegeben. Die Medizingeschichte hat es demgegenüber versäumt, an den traditionellen Untersuchungsfeldern wie auch an neueren Feldforschungen teilzunehmen. Auf diesem Gebiete aber könnten vor allem die modernen Untersuchungsmethoden der Wirtschafts- und Sozialgeschichte wichtig werden, die sich mit Technik und Ackerbau, der Siedlungsweise und der Ernährung und damit dem Gesundheitszustand in größeren regionalen Bereichen wie auch in zeitlich abzugrenzenden Räumen befassen.

Für uns heute ist das Mittelalter kein Wellental mehr im Strom der Zeiten und auch kein Brückenschlag zwischen Antike und Moderne, sondern eher ein einziger grandioser schöpferischer Schub, der weiterwirkt, immer noch am Werk ist, der uns die Welt von heute und auch die von morgen ins Licht rückt, ihren ganzen Reichtum und all ihre Widersprüche, ihre Wurzeln und nicht zuletzt auch ihre Entwurzelung.

Auch in der Medizin des Mittelalters werden wir beides finden: eine imponierende Statik in Theorie und Praxis auf der einen Seite und andererseits eine faszinierende Dynamik. Was zunächst die Statik betrifft, so sei nur hingewiesen auf die imposante Geschlossenheit vor allem der theoretischen Medizin: Auf der Basis der Humoralpathologie der Antike und mit den Methoden der spätalexandrinischen Scholastik wird das Haus der Medizin gegründet, das in seinem sicheren Bau dem ganzen Mittelalter als die Stätte wissenschaftlichen Denkens und Handelns Raum geboten hat.

Hingewiesen sei aber auch hier schon auf den ständigen Umbruch und Aufbruch, der dieses Mittelalter in Bewegung gehalten hat. Ich verweise nur auf die drei großen – medizinisch wie soziologisch zu interpretierenden – Leistungen des Mittelalters für unsere Zeit: 1. die Konzeption einer Heilkunde als eines öffentlichen Gesundheitsdienstes, einer allgemeinen Gesundheitspflege, Gesundheitsbildung und Gesundheitspolitik; 2. die Entwicklung des alten Hospitals zu einem so modernen Gebilde wie dem Krankenhaus, das aus dem Raum unserer Gesellschaft nicht mehr wegzudenken wäre; 3. die Aufnahme dieser alten Heilkunst in die Universität, in den akademischen Raum, ein Faktum, das keineswegs selbstverständlich ist und auf das wir immer wieder werden zurückkommen müssen.

Es muß in der Tat als ein Ereignis ersten Ranges gewertet werden, daß diese Heilkunde, eine auch im hohen Mittelalter noch relativ primitive Volksmedizin, die nicht einmal unter die »freien Künste«, die »artes liberales«, gerechnet wurde, die in der Regel unter den handwerklichen Kunstfertigkeiten zu finden war, den »artes mechanicae«, zusammen mit Ackerbau, Kochkünsten, der Webkunst oder auch der Kunst, Flöhe zu fangen, daß diese so banausenhafte Disziplin in wenigen Generationen zu einem vollgültigen, einem erstklassigen Glied im »studium generale« hat werden können, zu einer »facultas« innerhalb der Universität, zu einem wahrhaft akademischen Fach, zu dem eben, was die Medizin heute wieder zu verlieren auf dem besten Wege ist.

Wir erleben dieses Jahrtausend als ein in sich geschlossenes »saeculum«, wobei uns das Jahr 1500 nicht nur als Grenze erscheint, sondern auch als Übergang in eine neue Welt. Im Jahre 1453 erobern die Türken Konstantinopel und setzen dem byzantinischen Weltreich ein Ende. 1493 fällt Granada, die letzte Feste des Islam in Europa. Mit dem Jahre 1500 endet gleichwohl weder das Mittelalter noch beginnt eine Neuzeit. Es ist keiner im Mittelalter zu Bett gegangen, um in der Neuzeit wachzuwerden, wachzuwerden zur »Entdeckung der Welt und des Menschen«!

Was in diesem Zeitraum Gestalt gewinnen konnte, ist eine überraschend geschlossene Kultur, ein Bildungsraum, den der mittelalterliche Mensch gestalten wollte wie ein Stück Gartenland. Und so wundert es uns nicht, daß wir in dieser so überaus konkreten Kultur des Mittelalters immer wieder auch den »Garten« finden, den es zu pflegen gilt, wahrhaft ein »Hortus sanitatis«: als »Hortulus« bereits bei Walahfrid Strabo, dem kräuterkundigen Abt von der Reichenau, als »Hortus deliciarum« bei Herrad von Landsberg, der Äbtissin auf dem Odilienberg, die mit diesem »Garten der Wonnen« nichts anderes meinte als die Wissenschaften. Die gewaltige Schöpfung in all ihrer Herrlichkeit, sie ist bei Hildegard von Bingen nichts als ein Garten, in dem Gott, der Herr, seine Augen weidet, Augen-Weide auch dem Menschen, der die Früchte der Erde genießt. Der gebildete Mensch soll es lernen, zu lesen in diesem »Buch der Natur«, soll alles zeichenhaft Gegebene verstehen, sich mit allen Dingen besprechen, so wie auch er allenthalben angesprochen und beansprucht ist. Es ist mit dem Garten aber auch jene dem Menschen anvertraute Natur gemeint, die das Schicksal des gefallenen Menschen teilt, seine Traurigkeit wehklagend demonstriert und seiner Hoffnung Ausdruck gibt, am Ende der Tage wieder heimgeholt zu werden zu ihrem Schöpfer. Denn Wohnung Gottes in der Schöpfung zu sein, das ist der geistige Sinn aller Natur.

Auch für den Historiker ist die Bildungswelt des Mittelalters in diesem Sinne immer auch Rückblick auf die eigene Vergangenheit, ein Erbe, wachsend in der Erinnerung und doch als Erinnerung nie auszuschöpfen, eine Welt, die sich um so reicher entfaltet, je reifer man wird – wahrhaftig ein Welt-Bild, und mehr noch: eine Bild-Welt!

## II. Weltbild und Bildwelt

### 1. Der Mensch im Zentrum des Kosmos

Wir werden in der Welt des mittelalterlichen Menschen nicht heimisch werden, ehe wir uns nicht mit dem tragenden Weltbild vertraut gemacht haben. Wir greifen aus den zahlreichen Bildern eine Gesamtschau von der Welt und vom Menschen heraus, die wir einer Handschrift des hohen Mittelalters verdanken, die sich heute in der Bibliothek zu Lucca befindet und den Titel trägt: ›Das Buch der Werke Gottes‹.

Auf einer ersten Tafel erscheint die Gestalt der göttlichen Liebe, die mit majestätischem Flügelschlag das Universum umgreift. Und die Gestalt beginnt zu sprechen: »Ich, die höchste und feurige Kraft, ich habe jeden Funken von Leben entzündet, und nichts Tödliches sprühe ich aus... Ich, das feurige Leben göttlicher Wesenheit, ich zünde hin über die Schönheit der Fluren, ich leuchte in den Gewässern und brenne in Sonne, Mond und Sternen. Mit jedem unsichtbaren Lufthauch erwecke ich alles zu sichtbarem Leben. Die Luft lebt im Grünen und Blühen. Die Wasser fließen, als ob sie lebten. Die Sonne lebt in ihrem Licht, und der schwindende Mond wird vom Licht der Sonne wieder entzündet und von neuem belebt... Denn Ich bin das Leben. Ich bin das ganze heile Leben: nicht aus Steinen geschlagen, nicht aus Zweigen erblüht, nicht wurzelnd in eines Mannes Zeugungskraft. Alles hat seine Wurzel in mir. Die Vernunft ist die Wurzel, und das tönende Wort erblühet aus ihr.«

Nach seinem Bild schuf der urlebendige Gott den Menschen und zeichnete jedes seiner Geschöpfe ein in die Gestalt dieses Menschen. Und da Er seine Werke vollendet, übergab Gott dem Menschen die ganze Schöpfung, damit er mit ihr wirken könne, so wie auch Gott sein Werk gebildet hatte.

13

Das gewaltige Bild vom Menschen als Kosmos finden wir bei Hildegard von Bingen, einer der bedeutendsten Frauengestalten des hohen Mittelalters, bedeutend nicht nur als Lehrerin der Kirche, sondern auch als Meisterin der Heilkunst. Hildegard wurde im Jahre 1098 im rheinpfälzischen Bermersheim geboren, und sie starb hochbetagt 1179 auf ihrem Kloster Rupertsberg bei Bingen. Hildegard sagt immer nur, was sie weiß und was sie sieht, und sie hat es niedergeschrieben in einem Lebenswerk, das wir erst heute wieder ganz zu erschließen begonnen haben.

Im Mittelpunkt der ›Opera Hildegardis‹ steht zunächst einmal ihre visionäre Trilogie. Zehn Jahre lang schrieb sie am ›Liber Scivias‹, einer Glaubenslehre, die Kosmologie und Anthropologie aufs engste mit der Theologie verknüpft. Zwischen 1158 und 1163 entstand der ›Liber vitae meritorum‹, Wechselgespräche der Tugenden und Laster. In das Jahrzehnt von 1163 bis 1173 fallen die Kosmosvisionen des ›Liber divinorum operum‹. Dieses ›Buch der Gotteswerke‹ wird mit Recht als Hildegards zentrale schöpferische Leistung angesehen. In zehn Visionen entfaltet sie eine Heilsgeschichte von der Genesis bis zur Apokalypse, wobei die Deutung des Johannes-Prologs den Menschen als die leibhaftige Mitte des Kosmos darstellt.

Zwischen 1150 und 1160 schreibt Hildegard dann auch ihre Natur- und Heilkunde nieder, den ›Liber subtilitatum diversarum naturarum creaturarum‹. In diesem Buch über die ›Feinheiten der verschiedenen Naturen innerhalb der Schöpfung‹ wird im traditionellen Stil mittelalterlicher Naturkunde (De natura rerum) ein Buch der einfachen Heilmittel (Liber simplicis medicinae), eine Naturkunde gegeben, während im Buch der zusammengesetzten Heilmittel (Liber compositae medicinae) die einzelnen Krankheiten, ihre Ursachen und die Heilungen der Krankheiten dargestellt werden.

Bei Hildegards Naturkunde handelt es sich um ein aus der Volksmedizin der Zeit hervorgegangenes und auch für den Volksgebrauch bestimmtes Arzneibuch, wobei Hildegard durchlaufend eigene Beobachtungen und Erfahrungen einfließen läßt. Über die Systematik der Naturreiche bringt sie in neun Büchern eine detaillierte Tier- und Pflanzenkunde, ferner ein Kapitel über den Ursprung der Metalle und die Bedeutung der Edelsteine. Wo ihr die lateinischen Bezeichnungen nicht zur Verfügung stehen, fügt sie die einheimischen deutschen Namen ein, wodurch die ›Physica‹ auch für den Sprachforscher von besonderem Interesse geworden ist.

Auch die Heilkunde Hildegards ist eingebaut in eine großzügig durchgegliederte Weltenkunde, gleichsam eingebettet in die anthropologisch durchstimmte Glaubenskunde, die jeder naturalistischen Aussage auch ein prophetisches Gepräge gibt und in allem ihr persönliches Charisma ausstrahlt. Die ›Ursachen und Heilungen der Krankheiten‹ beginnen mit der Schöpfung der Welt und gehen über das Bauwerk des Kosmos auf die Weltelemente über. Hildegard beschreibt die Zeugung des Menschen, seine embryonale Entwicklung, seine Wachstumsphasen und die Zustände des gesunden wie des kranken Leibes.

Was uns mit ihrem Werk als Ganzes vor Augen steht, ist nicht weniger als eine prophetisch erschaute *Physiologie* – des Menschen Urstand –, eine *Pathologie* – der Mensch im Mißstand – und eine *Therapeutik*: Wege zu Heilung und Heil im Endstand.


2. Des Menschen Urstand, Mißstand und Endstand


Auf einer eindrucksvollen Tafel erblicken wir den Menschen in seiner Welt, einem Weltall, das gehalten wird von den Händen der dreifaltigen Gottheit. Rotglühend erscheint das Antlitz der göttlichen Liebe, überhöht von dem väterlichen Haupte eines älteren Mannes, durchstrahlt von der Feuerkraft des Geistes, Sinnbild des dreifaltigen Gottes, der die ganze Welt wie ein Rad vor sich hält. Als ein gewaltiges Rad (rota) zeigt sich das Weltall: glühend im Feuerkreise, umflossen von Wasserwällen, überflutet vom luftigen Fluidum der Atmosphäre, konzentriert auf den Erdball.

Mitten im Weltenbau aber erscheint nun mit riesenhaften Ausmaßen der Mensch. Er überragt die festumrissene Kontur der Erde und stellt sich erhobenen Hauptes und mit weit ausgespannten Armen in das Weltenrad. Er hält die Weltelemente gleichsam in seinem Blick und in seiner Hand, so wie ein Mann, der ein Netz in seiner Hand hält und dieses bewegt. »O Mensch, so schaue dir doch den Menschen nur richtig an: Der Mensch hat nämlich Himmel und Erde und alles, was geschaffen ward, in sich vereinigt in einer Gestalt, und die ganze Welt liegt in ihm verborgen!«

Der Mensch als Ganzes ist in dieses Weltennetz verflochten. In einem dichten Gefüge von über die Generationen hinweg vererbten Anlagen und in einem ebenso konkreten Geschick von Verhältnissen seiner Umwelt hat er sein Leben zu führen. Er ist nicht nur weitgehend bestimmt von kosmischen Mächten; er hat es auch in seiner eigenen Macht, die Welt zu gestalten und sich in aller Freiheit zu orientieren und in voller Verantwortung zu entscheiden. Der Mensch ist eingebunden in die Kräfte der Natur und wirkt auf diese wiederum gestaltend ein; er ist eingeflochten in das Rad der Geschichte, das zu einem Ende, seiner Bestimmung hin rollt; er ist ein Sinnbild des fleischgewordenen Logos, der uns in allen Gestaltungen des menschlichen Organismus begegnet. Und so existieren denn auch beide, der Leib wie die Seele, als eine einzige Wirklichkeit (unum opus). Dies begreift man, wenn man sieht, wie die Seele ihrem Leib im Denken das Pneuma zuführt, bei jeder Konzentration die Wärme, mit der Stoffaufnahme das Feuer, bei der Einverleibung das Wasser und bei den Zeugungsvorgängen die Grünkraft (viriditas). Und dann heißt es weiter, sehr bestimmt und erfrischend eindeutig: »Und so ist der Mensch gestaltet von Anbeginn an: Oben wie unten, außen wie innen, allüberall existiert er als Leib (corpus ubique est).« Und dann noch einmal: »Und das ist das Wesen des Menschen (et hoc modo est homo).«

Mit dem Leib, diesem universellen Medium, haben wir die ganze Welt leibhaftig in uns. Und so ist denn

*Der Kosmos-Mensch inmitten der Elemente des Weltenrades, das gehalten wird von der dreifaltigen Gottheit*

auch unser Magen fähig, die Welt zu erfassen, wie auch der ganze Weltenraum nichts ist als ein Riesenmagen. Als ein Arsenal der Weltstoffe aber dient dieser Magen unserer existentiellen Weltverbundenheit. Daher verlangt der Magen, wie es weiter heißt, immerfort nach den inneren Kräften der Geschöpfe, die er aufnimmt und wieder von sich gibt, um in dieser kosmischen Korrespondenz unterhalten zu werden.

Das so einfache und eindringliche Bild vom Magen will aber auch zeigen, daß all unser Essen und Trinken ursprünglich – in unserer paradiesischen Existenz (genitura mystica) – nur dem theoretischen Austausch der Elemente, einem kosmischen Dialog, gedient hatte, einer Korrespondenz mit der Welt, während doch offensichtlich jetzt all unser Essen der Restauration dient – einem tagtäglichen Wiederbelebungsversuch –, wie auch alles Schlafen der allnächtlichen Erholung, einer künstlichen Rekreation. Beide Fakten erinnern uns zeitlebens, lebenslänglich, an unsere physiologische Konstitution, unseren ursprünglichen Wohl-Stand, beide sind aber auch Symptom für unsere pathologische Destitution, unseren jetzigen Not-Stand, und beide stetiger Hinweis auf die Restitution, den zu erwartenden End-Stand des Heils.

»Auf diese Weise hat Gott den Menschen mit allen Kräften der Natur gefestigt. Er hat den Menschen mit der Rüstung der Schöpfung angezogen, damit er alle Welt im Sehen erkenne, im Hören verstehe und im Geruch unterscheide, damit er im Geschmack von ihr genährt werde und sie im Tasten beherrsche. So sollte der Mensch zur Erkenntnis des wahren Gottes kommen, der da ist der Schöpfer der gesamten Kreatur.« Denn Gott hat die Gestalt des Menschen nach dem Bauwerk des Weltgefüges gebildet, so wie ein Künstler mit seinen Formen die Gefäße macht. »Und wie Gott das riesige Instrument des Kosmos nach ausgewogenen Maßen gemessen hat, so hat er auch die Gestalt des Menschen in seiner kleinen Gestalt abgemessen...«

Nur vor dem Hintergrund der ursprünglich heilen Schöpfung wird man nun auch die augenblickliche Situation des Menschen begreifen. Denn der Mensch befindet sich offensichtlich in einem Mißstand, einem Mißverhältnis, einer Mißbefindlichkeit. Er ist hinfällig und notleidend, hilfsbedürftig und gebrechlich, wahrhaftig ein »homo patiens«, ein leidender Mensch, der Heilung sucht und eine Wende der Not.

Diese Situation tritt uns auf den Kosmostafeln der heiligen Hildegard von Bingen bestürzend vor Augen: Der Mensch hat sich aus den Händen der dreifaltigen Gottheit gelöst; er steht nun – mitsamt der ganzen Welt – allein im Universum. Das Rad des Kosmos beginnt sich zu drehen, und von dieser Bewegung mitgerissen vollzieht sich das Schicksal der Welt.

Mit seinem Fall hat der Mensch ein für allemal die schöne Ordnung des Kosmos zerstört und alle Elemente in Verwirrung gebracht. Die Elemente selber beginnen mit einem wilden Schrei zu klagen: »Wir können nicht mehr laufen und unsere Bahn vollenden, wie es uns bestimmt war. Denn die Menschen kehren uns mit ihren schlechten Taten um und um wie in einer Mühle. Wir stinken schon wie die Pest und vergehen vor Hunger nach der Gerechtigkeit.«

Ein jedes Geschöpf, so klagen die Elemente, strebt hin zu seinem Schöpfer. Der Mensch allein ist ein Rebell (homo rebellis). Er steht quer zur Schöpfung und zerreißt gleichsam die ganze Natur in die Vielzahl der Geschöpfe. Er bringt die Elemente seines Säftesystems in eine unheilvolle Verwirrung. »Denn bevor Adam das göttliche Gebot übertreten hatte, leuchtete das, was jetzt als Galle im Organismus existiert, in ihm wie ein Kristall. Es hatte den Geschmack aller guten Werke in seinem Wesen. Und auch das, was jetzt im Menschen als Schwarzgalle ist, leuchtete in ihm wie die Morgenröte und hatte in sich das Wissen und die Vollkommenheit aller guten Werke.«

Das alles wurde zerstört, verändert, pervertiert, umgewandelt. Denn von dem Zeitpunkt des Versagens des ersten Menschen an wurde der Glanz der Unschuld in ihm verdunkelt. »Seine Augen, die vorher die himmlische Herrlichkeit geschaut hatten, erloschen; seine Galle wurde in Bitterkeit umgewandelt und die Schwarzgalle in die Finsternis der Gottlosigkeit. So wurde der Mensch ganz und gar in eine andere Existenzweise umgewandelt. Da befiel ihn eine große Traurigkeit (melancolia).«

Es ist fortan die schwarzgallige Verdüsterung des gesamten Organismus, die zum Sinnbild einer jeden Erkrankung geworden ist, Symbol auch für den gebrechlichen Zustand des gefallenen und nunmehr hinfällig gewordenen Menschen. Damit aber fällt ein entscheidendes Licht auf den Zustand alles Krankseins: Krankheit ist ein Fehlen und Verfehlen, ein Mangel an Sein, eine Deformation und Degeneration, ein Zuwenig oder Daneben, immer aber ein nur negativ zu definierender Zustand (modus deficiens), kein Krankheitsprozeß, wie dies die moderne Pathologie erwartet, sondern das genaue Gegenteil von einem Prozeß: ein Unterbleiben und Unterlassen, ein Fehlgreifen und Fehlverhalten, während die Gesundheit positiv, als ein Prozeß, verstanden wird, eine Ordnung, die eine ganze Welt in Gang setzt, erhält oder wiederherstellt.

Gleichwohl dienen alle krankhaften Zustände nicht nur der Erinnerung an den ursprünglichen Zustand, unseren »Wohlstand«, sondern auch als Hinweis auf die letzte Bestimmung im Endstand. Alle Krankheiten sind Hinweis auf Heilung und letztlich auf das Heil.

Auch in seinem gefallenen Zustand bleibt der Mensch die Mitte des Kosmos und macht sich auf den Weg zum Heil. Von Natur aus und mit aller Welt ist er unter Weges, ein Pilger und Sucher (in statu viatoris), am Kreuzweg der irdischen Sorge (in quadruvio saecularium curarum), und er sucht nun sein Maß, die Mitte, das Ziel, einen Sinn. Er will im Stande der Gnade sein, im Frieden des Heiles; er will »gesund sein«!

Dieser Hintergrund von Heilung und Heil will ganz ernst genommen werden, wenn man die Sprache der mittelalterlichen Heilkunde verstehen will. Als das geschaffene Werk Gottes (opus operationis Dei) hat der Mensch vom Ursprung her eine optimale Verfassung und damit seine bevorzugte Stellung in der Welt. Der Mensch als ein gestaltendes Wesen (homo operans) ist berufen, die gesamte Kreatur zu repräsentieren und als Spiegel des Weltganzen (speculum universi) sein Werk

*Der Mensch als Rebell: Er stellt sich gegen die Weltordnung und liegt nun quer zur Schöpfung, die über den Fall des Menschen ihre Klage erhebt*

an der Welt (opus cum creatura) zu vollenden. Als Vernunftwesen (homo rationalis) unterhält er ein permanentes Gespräch mit der Welt, wodurch er verantwortlich für die Schöpfung der Welt und deren Heilsbestimmung wird (homo responsurus).

Durch sein Versagen ist er das gebrechliche Wesen (homo destitutus) geworden, hinfällig und krank und dem Tod unterworfen. Sein Autonomiestreben (superbia) störte den natürlichen Bezug zur Kreatur; der Mensch ward zum Rebell (homo rebellis), der seinen inneren Widerspruch nun auch durch die Geschichte hindurchzutragen hat. Krankheit ist dabei das signifikante Merkmal dieser existentiellen Destitution und Deformation, die unter dem Schlüsselbegriff der Schwarzgalle (melancolia) gedeutet wird. Dieser Schwermut als dem Symbol der Krankheit wirkt ständig die Grünheit (viriditas) als naturhafte Lebenskraft entgegen, so daß wir immer neben den Risikofaktoren auch die Restitutionsfaktoren zu berücksichtigen haben, die den Menschen zum Heil geleiten (homo restitutus).

Leitbild dieses Heils ist auch für den Arzt jener »Christus Medicus«, der von Hildegard als der »medicus magnus« gepriesen wird. Alle, die Gott berufen hat, Menschen zu führen, zu betreuen, sie zu heilen, haben Christus als Vorbild. Ihn müssen sie nachahmen mit den Tugenden der Umsicht (discretio) und der Barmherzigkeit (misericordia). Das Ethos des Arztes liegt daher nicht im Sanieren, sondern in der Barmherzigkeit, die einer dem anderen zuteil werden läßt.

In der Situation der Not aber ist es immer die Hilfe, die getragen wird von der Barmherzigkeit, so wie dies zu allen Zeiten des Mittelalters mit dem Gleichnis vom Samaritan gedeutet wurde. Hildegard von Bingen erhebt das Gleichnis gleichsam in eine kosmische Dimension und deutet es vor dem heilsgeschichtlichen Horizont. Mit dem Mann, der von Jerusalem nach Jericho ging, meint der Sohn Gottes den ersten Menschen, der unter die Räuber fiel, das heißt: seinem Eigenwillen verfiel, der ihn hinterlistig betrog. Die Räuber zogen ihn aus, beraubten ihn all seiner Herrlichkeit, die er im Paradiese besaß. So verfiel der Mensch der Entfremdung, aus der ihn der göttliche Samariter wieder aufhob, indem er in seine Wunden das Öl seiner Menschwerdung goß, das dem Wein der Bußgesinnung entgegenkam. Durch die Last seiner Menschwerdung mit allen Geschöpfen verbunden, konnte der Mensch mitsamt aller Kreatur seinen Gott erkennen. »Und Gott gab dem Menschen die ganze Welt zur Herberge, als er ihn durch sein Leiden freimachte von der Schuld und in Mitleid und Buße Sorge für ihn trug.«

Diese ethische Einstellung Hildegards zur Welt im ganzen wirkt auf uns um so bemerkenswerter, als sie in einen bescheidenen Briefwechsel gekleidet ist, den die Äbtissin mit einem geistlichen Armenpfleger geführt hat. Da bittet der Pfleger aus seinem Spital um einen heilsamen Rat in einer persönlichen Krise. Er habe sich zwar verpflichtet, den Armen und Kranken zu dienen, sehe sich aber in seiner jetzigen kritischen Situation kaum noch in der Lage, sein Amt auszuführen. Er fragt, ob es nicht ratsamer sei, sich wieder ins Klosterleben zurückzuziehen, statt in dieser Unruhe auszuharren. Die Äbtissin antwortet ihm mit obigem Gleichnis und schließt: »Du aber, o Verwalter Gottes, tue desgleichen, wie Er getan, und hüte dich, daß dein Sinn verdunkelt werde und ohne Sonne, Mond und Sterne sei. Blicke vielmehr auf jenen wahren Samaritan, und handle in dem Dienst, zu dem du von deinem Meister bestimmt bist. Tue so, wie Er getan. Denn es gefällt Gott, daß den Bedürftigen Barmherzigkeit gespendet wird.«

3. Des Menschen Leben – eine Pilgerfahrt

Der Weg des Menschen zu wahrer Bildung und zu ewigem Heile gleicht einer Pilgerfahrt, auf der verschiedene Stationen durchlaufen werden müssen, Stationen, die uns als eine Reise durch zehn Städte vor Augen gestellt werden. Das eindrucksvolle Bild stammt von Honorius von Regensburg, einem der großen Unbekannten des hohen Mittelalters. Wir wissen von ihm lediglich, daß er aus der Klosterschule von Canterbury stammt, um sich als Einsiedler, als ein »solitarius«, in der Nähe von Regensburg niederzulassen, wo er um das Jahr 1150 verstarb.

In dieser Welt voller Symbolik ist für Honorius auch der Mensch nur ein Bild des Kosmos, ein Kompendium der Natur, das Haus Gottes. Honorius begreift die Daseinsverfassung eines gebildeten, eines sich stetig zu bildenden Menschen als eine Pilgerfahrt durch die Wissenschaften. In einer Schrift mit dem Titel: ›De animae exilio et patria‹ (Der Seele Verbannung und Heimat), die in anderen Fassungen auch ›De artibus‹ heißt, das ›Buch von den freien Künsten‹, wird die Pilgerreise durch zehn verschiedene Städte eindrucksvoll geschildert. Die fünfte Stadt etwa ist voll von jener Musik, in der die Wanderer lernen, durch den Einklang der Sitten zur himmlischen Harmonie zu gelangen.

Besondere Faszination übt auf diesem Weg die Wissenschaft von der Natur aus. Sie ist in einer prachtvollen Stadt beheimatet, deren Tore und Straßen und Türme und Brücken und Bauwerke jeweils etwas Charakteristisches an dieser Natur-Wissenschaft zu offenbaren haben. In dieser achten Stadt auf dem Pilgerweg, der aus dem Exil in das Vaterland führt, residiert kein Geringerer als Hippokrates. Er lehrt die Wanderer die besonderen Heilkräfte, die den Kräutern, den Bäumen, den Steinen und allen Lebewesen innewohnen (vires et naturas herbarum, arborum, lapidum, animalium). Und so führt er über die Heilung des Leibes zum Heil der Seele (per medelam corporum ad medelam animarum). Heilung des Leibes bewirkt, nach der alten sakramentalen Vorstellung vom »tutamentum mentis et corporis«, Heilung des ganzen Menschen.

In der neunten Stadt beherrscht die Technik alle Künste, die mit der Hand ausgeübt werden, und in der zehnten Stadt schließlich führt die Haushaltslehre (oeconomica) das Regiment. Mit der Natur- und Heilkunde im weitesten Sinne aber ist erst der Bildungsprozeß abgeschlossen, der als ein in sich geschlossenes Welt-Bild vorgestellt wird: als »formula totius orbis«, eine »Welt-Formel«, die nunmehr im einzelnen ausgedeutet wird.

Mit seinem Haupte wird der Mensch dem Himmel ähnlich, aus dem mit Sonne und Mond zwei Augen leuchten. Der Brustraum gleicht dem Luftraum, vom Husten und Schnauben erschüttert wie draußen von Sturm und Gewitter. Der Magen ist einem Meere ähnlich, das seine Flüsse aufnimmt wie der Bauch Speise und Trank. Die Füße haben eine Ähnlichkeit mit der Erde, da sie das Gewicht des Leibes tragen wie die Erde jedwedes Ding. Das Leben des Menschen hat vier Jahreszeiten: den Lenz der Kindheit, der Jugend Sommer, einen mannhaften Herbst und das winterliche Greisenalter. Im Hirn sitzt seine Weisheit, auf der Stirn die Scham, über den Augenbrauen der Hochmut, in den Schläfen der Schlaf, im Herzen das Wollen, in der Leber die Lust, im Magen die Kühnheit, in der Milz das Lachen, in der Galle der Zorn und unter den Nieren die Libido, in den Lenden schließlich der erotische Kitzel, in den Genitalien die Potenz.

Mit der Tierwelt hat der Mensch seine Sinnlichkeit, mit den Engeln die Vernunft. Er ist in der Tat »minor mundus«, eine Welt im Kleinen: Mikrokosmos! Es ist durchgehend diese Maschinerie der Welt (machina universitatis), die das dynamische Gefüge des Universums an jedem Punkte, mit jeder Phase erkennen läßt. Die Unendlichkeit der Welt, vor der Zeit im göttlichen Geist konzipiert, wird verkörpert in jenem »archetypus mundi«, der als exemplarisch gilt für die faktische Konstitution der Welt.

Von der Natur aus ist daher der Mensch bestimmt zum »opus Dei«, zu Gottes Dienst. In der Bauhütte der Welt soll der Mensch durch die Baukunst (architectura) seiner Verdienste ein sinnvolles Leben gestalten. Er wird damit nicht nur die Werke des Schöpfers enthüllen, sondern auch zum Lobe Gottes sein eigenes Licht vor den Menschen leuchten lassen. Für dieses »opus« ist nicht einmal die Krankheit eine Beeinträchtigung; sie wird vielmehr positiv gedeutet als die »Rute des Herrn«, die den Menschen an dem unnützen Umherschweifen in der Welt (terrena vagatio) hindert, die ihn vielmehr anhält, sich auf das Lebenswerk zu besinnen.

In der Hand des Schöpfergottes erscheint das Universum als eine eigenständig tätige Natur, »erfüllt von Grün«. »Alle Elemente«, sagt Hildegard von Bingen in ihrer ›Physica‹, »sie dienten dem Menschen freiwillig, weil sie spürten, daß er das Leben habe; sie kamen seinen Unternehmungen entgegen und wirkten zusammen mit ihm, wie er mit ihnen. Bei solchem gegenseitigen Bund gab die Erde ihre Lebensgrüne, je nach Art und der Natur des Menschen, wie auch entsprechend seiner Denkweise und seinem Lebenswandel.«

Auch die Medizin ist die Wissenschaft von der spirituellen Exegese der gesamten geschaffenen Welt, des Makro- wie des Mikrokosmos, und darin eingeschlossen des gesunden, des krank gewordenen, des zu heilenden Menschen. Physiologie umfaßt unter diesem kosmologischen Aspekt auch alle ökologischen Verhältnisse einer gesunden Umwelt des Menschen, weniger Orthodoxie als Orthobiotik, die Kunst, vernünftig zu leben. Pathologie erstreckt sich ebenso auf die kosmischen Katastrophen wie auch die biographischen Krisen und alles existentielle Defizit eines »homo patiens«. Therapie aber ist Dienst am Notleidenden und Elenden und letztlich Heimholung der verlorenen Welt in eine verklärte Schöpfung.

Beim Durchgang durch diese Welten des Mittelalters stoßen wir nun auf einige überraschende Erlebnisse und Begegnungen, auf Erfahrungen, die sich vertiefen, je mehr wir in diese uns so verwandte und doch so fremde Welt hineinwachsen. Auf der einen Seite erscheint uns diese Welt der Symbole und Signaturen, die Welt der Heiligen und der Sünder, der Wunder und Wahrzeichen unheimlich fremd, und auf der anderen Seite begegnet uns dann doch wieder der Mensch in seiner Gebrechlichkeit, in den Nöten und Krisen seines Alltags, so verwandt und vertraut. Es sind einfach die Grundkonstanten menschlicher Bedürfnisse, die uns wie eine gewaltige Herausforderung erscheinen, diesen Alltag zu gestalten, zu formen, zu bilden und zu kultivieren.

Der gesamte Alltag des mittelalterlichen Menschen ist durchpulst von einem reichen religiösen Leben. Leben und Sterben, Leiden und Krisen, Arbeiten und Feiern –

alles war eingespannt in die große sakramentale Heilsordnung, nicht nur die großen markanten Ereignisse:
Geburt, Hochzeit und Tod, sondern auch die weniger
dramatischen: eine Reise, die Arbeit, Besuche, Krankheiten, Begegnungen. Äußeres Zeichen dafür sind all die
Weihungen und Segnungen, die Feiertage und die Wallfahrten, ein Brauchtum, das auch heidnische Elemente
aufzunehmen verstand in eine Feierlichkeit, ohne die uns
eine Kultur des Alltags einfach nicht möglich scheint.
Vor dem Hintergrund eines solchen Welt-Bildes, einer
so üppigen Bild-Welt, wollen nun auch alle Ereignisse
im konkreten Alltag gesehen und gedeutet werden: des
Menschen Geborenwerden und Sterben, seine Krisen
und Kränkungen und alle Krankheiten.

## III. Geburt, Reifung und Tod

### 1. Geburt und Kindheit

Die Geburt gehört zum Leben, so selbstverständlich wie der Tod und die Liebe. Schon immer waren Ärzte die Zeugen der großen und kleinen Szenen des Lebens, Zeugen vor allem vom Geborenwerden und Sterben. Die moderne Medizin scheint dieses Wissen und solchen Anspruch verloren zu haben, auch wenn sie von Tag zu Tag mehr über den Alltag zu herrschen versteht. Der Tod ist längst schon aus der Gemeinschaft verbannt; die Geburt ist zum klinischen Fall geworden.

Grenzbereiche des Lebens aber – wie das Sterben oder die Geburt – können einfach nicht aus der Welt des Menschen verdrängt werden; sie konnten vor allem nicht ausgeklammert werden in jenem Mittelalter, das bis weit in die Neuzeit hinein für die große Mehrheit der Menschen als ein Leben auf dem Lande zu betrachten ist. Es ist die bäuerliche Gesellschaft in ihrem elementaren Umgang mit der Natur, in täglicher Arbeit, im Ablauf des Jahres, mit allem Geborenwerden und Sterbenmüssen, die wir uns vorzustellen haben: Die Einstellungen zur Geburt, zum Tod und zur Liebe, sie erscheinen unmittelbar eingebunden in den Rhythmus des Alltags. Es ist immer dieser Lebensbereich des handelnden und leidenden Menschen insgesamt, der in unseren Horizont tritt.

Man behauptet immer wieder und immer noch, für das Mittelalter habe eine eigene »Kindheit« gar nicht bestanden und als Kind sei allenfalls noch der »Jesusknabe« aufgefaßt und dargestellt worden. Die Quellen zeigen ein völlig anderes Bild! Wir finden in Texten und Illustrationen alle Stadien der Kindheit und Jugend, den Säugling wie das Wickelkind, eine Diätetik für Kinder und Spielzeug für das Kleinkind, Texte zu Erziehung und Zucht. Welche Sorgfalt allein schon dem Neugebo-

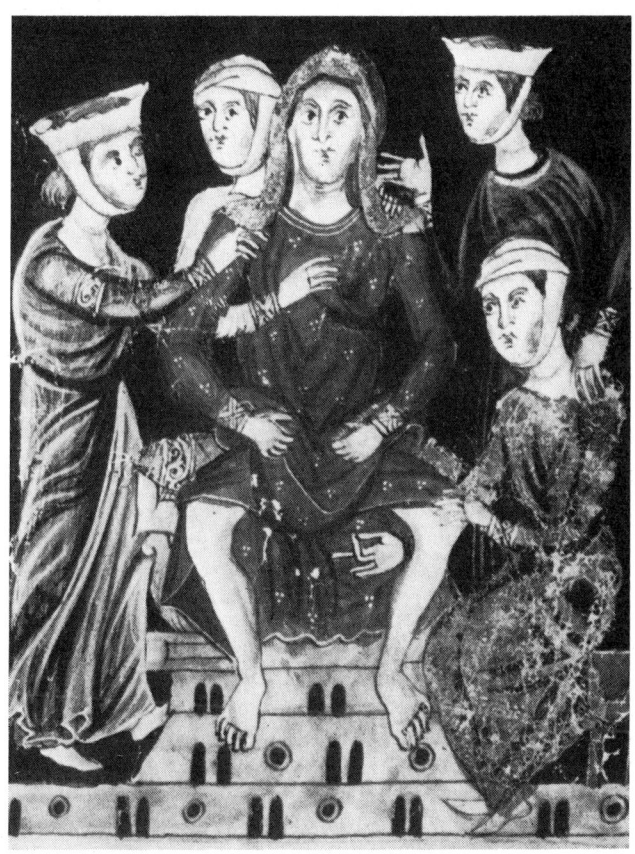

*Geburtsszene mit unterstützender Hilfe heilkundiger Frauen*

renen zuteil wird, ersehen wir aus zahlreichen Altar-
tafeln: Da findet sich regelmäßig die flache Holzwanne
mit dem warmen Wasser; vorgewärmte Tücher trocknen
den Säugling ab, der nicht in die Wiege gelegt wird,
ohne vorher gestreckt und gebündelt, geschnürt und gewickelt worden zu sein. Abgestillt wurden die Säuglinge
zwischen dem ersten und zweiten Jahr. Und auch hier
erscheinen in allen Stadien genaue Vorschriften für die

Kost und die Verdauung, Maßnahmen zur Erleichterung beim Zahnen.

In einem Kapitel ›Von der schweren Geburt‹ empfiehlt die heilige Hildegard: »Hat ein schwangeres Weib in der Geburt viel auszuhalten, dann soll man behutsam und mit großer Vorsicht zarte Kräuter, das heißt: Fenchel und Gundelrebe, in Wasser kochen und sie, nachdem das Wasser ausgepreßt ist, warm, wie sie sind, auf die Schenkel und den Rücken auflegen und durch ein darüber gedecktes Tuch leicht befestigen, damit der Schmerz gelindert und ihre verschlossenen Geburtswege um so gelinder und leichter geöffnet werden. Denn die schlechten und kalten Säfte, die in der Frau sind, ziehen sich während der Schwangerschaft zuweilen zusammen und verschließen sie. Wenn aber die milde Wärme des Fenchels und die gelinde Wärme der Gundelrebe durch die zarte Eigenschaft des Wassers auf dem Feuer angeregt und so auf ihre Schenkel und den Rücken aufgelegt werden, regen sie diese Körperteile zur Öffnung an.«

Die Frau als Mutter ist allein schon wegen der geheimnisvollen Mutterschaft der Jungfrau Maria geachtet worden. Reinmar von Zweter preist zu Beginn des 13. Jahrhunderts diese Mutterschaft mit den traulichen Versen: »Sie legte ihn minniglich auf ihren Schoß / Kindlich lehnte er sich an ihre Brust, / Mütterlich stillte sie ihn, / Sie wandte ihm immer wieder die Augen zu...«

In seinen ›Lebenserinnerungen‹ (De vita sua) erzählt uns der Abt Guibert von Nogent von seiner Geburt (um das Jahr 1064) und seiner ersten Erziehung folgendes: »Meine Mutter hatte beinahe die ganze Fastenzeit über mit ungewöhnlichen Schmerzen im Kindbett gelegen – und oft hat sie mir diese Beschwerden später vorgeworfen, als ich vom Weg abkam und bedenkliche Pfade ging. Endlich kam der Karsamstag, der Tag vor Ostern. Sie wurde von langdauernden Martern gequält, und wie ihre Stunde kam, steigerten sich die Wehen. Als man nach dem natürlichen Verlauf meinen konnte, ich käme heraus, wurde ich nur höher in ihren Leib gepreßt. Vater, Freunde und Verwandte waren über uns beide ganz tief betrübt, denn das Kind brachte die Mutter dem Tod nahe, und ebenso gab der drohende Tod des Kindes,

*Darstellung einer Wochenstube aus bäuerlichem Milieu: Wöchnerin, Hebamme und erstes Bad des Kindes*

dem der Ausgang versperrt war, für alle Anlaß zum Mitleid. In der Not berät man sich, eilt gemeinsam zum Altar der Gottesmutter, bringt ihr, der einzigen, die gebar und doch für immer Jungfrau blieb, ein Gelübde dar und legt es anstelle eines Geschenkes auf den Altar der gnädigen Herrin: Wenn ein Junge geboren werden sollte, würde er Gott und ihr dienen und Kleriker werden; wenn es etwas Schlechteres würde, sollte das Mädchen in einen passenden Orden gebracht werden.

Gleich darauf kam ein schlaffes Etwas, beinahe eine Fehlgeburt, zum Vorschein, und weil es endlich heraus war, freute man sich, einem so verächtlichen Wurm angemessen, bloß über die Entbindung der Mutter. Dieses neugeborene Menschlein war so winzig klein, daß es wie eine tote Frühgeburt aussah, so klein, daß damals, ungefähr Mitte April, das Schilfrohr, das in dieser Gegend besonders dünn wächst, neben die Fingerchen gehalten dicker als sie erschien. Am selben Tag, als ich zum Taufbecken gebracht wurde, wog mich eine Frau von der einen Hand in die andere – man hat es mir als Knaben und noch als jungem Mann oft zum Spaß erzählt – und sagte: ›Glaubt ihr denn von dem da, es werde am Leben bleiben? Die Natur hat es fehlerhaft, fast ohne Glieder gemacht und ihm etwas gegeben, was eher wie ein Strich als wie ein Körper aussieht.‹«

Ist das Kind endlich – glücklich – geboren, wird es gewaschen, gestillt, gewickelt. Im Hebammenbüchlein des Eucharius Rösslin mit dem schönen Titel ›Der Schwangeren Frauen und Hebammen Rosengarten‹ (1513) lesen wir: »Und wann man daz kind will ynbinden, so soll man im syn glyder senfftiglich angriffen und tasten, yeglichs glid erstrecken, fügen und ordnen, als es sein soll.« Das Wickelkind wird im ganzen Mittelalter besonders kultiviert. Die Methode wird bereits bei Soranos von Ephesos, einem griechischen Arzt der römischen Kaiserzeit, ausführlich beschrieben. Da werden die Binden und Tücher geschildert, die Art und Weise des Anlegens, der Vorgang des Wickelns selbst: beginnend am Unterarm, abwärts wickelnd um die gestreckten Finger, um dann über den Unterarm zu Ellenbogen und Oberarm aufzusteigen. Der Rumpf wird mit einer breiteren Binde gewickelt, die Beine dann wieder wie die Arme. Zwischen Fußknöchel und Knie legt man ein Stück Wolle, um Druckstellen zu vermeiden. Alsdann streckt man die Arme des Säuglings längs des Rumpfes, legt die Füße aneinander und umwickelt nun das ganze Kind wie eine Mumie: Das Wickelkind ist fertig! Das Wickeln verhindert – so argumentierte man –, daß die noch zarten Glieder verrenkt würden, daß sich der Säugling mit seinen Fingern verletze; es verhindert das Entstehen krummer Beine, da die Kinder nun ruhiger liegen und besser schlafen würden.

Über allzu »moderne« Kindererziehung beklagte sich noch Abraham à Sancta Clara (1644–1709): »Die Kinder kommen aus der Wiege, so werden sie schon geschmiert, geschnürt, geschmückt, gedrückt, und die Seel' hat in ih-

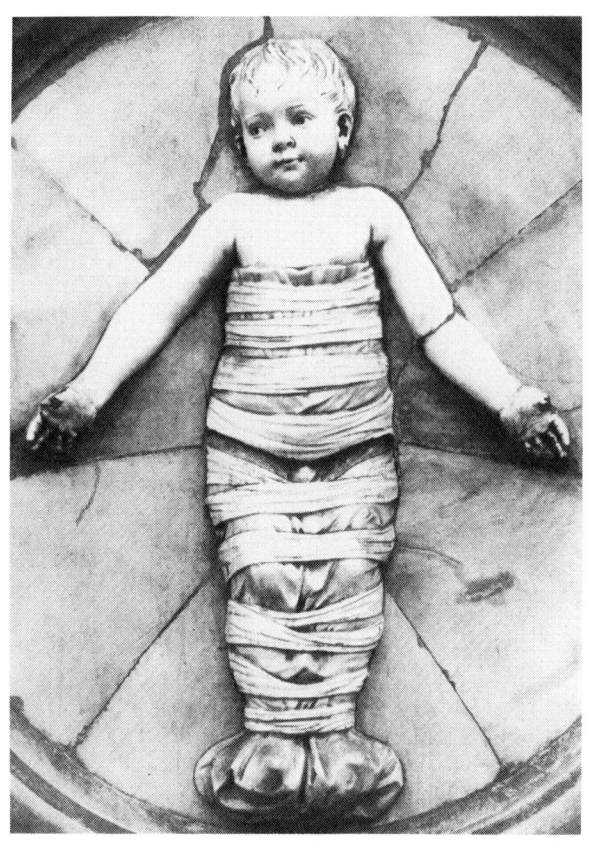

*Wickelkind. Andrea della Robbia (1437–1525), Relief aus glasier-
tem Ton am Waisenhaus zu Florenz*

rem zarten Leib gar hartes Quartier, indem die Kinder
gleich von Jugend auf mit Brusteisen und Halseisen derart zusammengepreßt werden, daß sie fast keinen Atem
schöpfen können. Das alles geschieht, damit man sie ge-
wöhnt, einen geraden Leib zu bekommen – und sollte
man ihnen auch einen Bratspieß durchziehen, so ist es
eben der Brauch der Welt.«

Die Wochenstube, sie war in diesen Jahrhunderten sicherlich eine Stätte der Freuden, nur zu oft aber auch der Ort höchster Verzweiflung. Die durchschnittliche Lebenserwartung eines Menschen wird mit 35 Jahren angegeben, doch haben solche Zahlen nur geringe Aussagekraft. Wer die Schwelle der Säuglingssterblichkeit überschritten hatte, und die war zu Beginn unseres Jahrhunderts noch erschreckend hoch, konnte mit höherem Alter rechnen. Der Kindersterblichkeit entsprechen die rasche Geburtsfolge und eine enorme Kinderzahl. Der Nürnberger Patrizier Stromer hatte aus drei Ehen 33 Kinder zu versorgen. Die Gattin des Nürnberger Anton Tucher gebar in 18 Ehejahren elf Kinder, die längst nicht alle am Leben blieben. In der Fürstengruft des Merseburger Domes finden wir neben den 20 Fürstensärgen auch 17 winzige Kindersärge, allein aus dem 12. Jahrhundert. Und so auch in anderen Landen: Im Jahre 1226 starb Isabella, Gemahlin Kaiser Friedrichs II., am Kindbettfieber. Im Jahre 1160 erlag Konstanze, die Gattin König Ludwigs VII. von Frankreich, den Strapazen einer Geburt.

Mit der Wochenstube verbunden ist die Kinderstube, die in allen Abbildungen als ausgesprochen lebendigwarm in Erscheinung tritt: eine Welt an Zärtlichkeit für die Aufzucht. Eine Menge von Spielzeug ist uns überliefert: Tonpuppen und Steckenpferde und Kreisel; wir kennen Fang- und Suchspiele, die dann nahtlos übergehen in alle Arten von Sport, mit Reiten und Schwimmen, Fechten und Wettlauf, mit Ringen und Tanzen. Auch Leon Battista Alberti hat in seinem Dialog ›Della famiglia‹ (um 1440) sehr bewußt dem Kind eine eigene Rolle zugespielt.

Genaue Vorschriften zur Stillung und Aufzucht des Kleinkindes erhielten die Ärzte aus ihrem Avicenna, wo es heißt: »Wenn irgend möglich, wird das Kind von seiner Mutter gestillt; denn Muttermilch nährt am besten, weil sie der Ernährung im Mutterleib am nächsten kommt.« Das Kind soll zwei- bis dreimal täglich angelegt und möglichst zwei Jahre lang gestillt werden. »Vor dem Einschlafen kräftigt und freut sich das Kind an mäßiger Bewegung – gut für den Körper – und an Musik und Gesang – gut für die Seele... Erwacht es aus seinem Schlaf, so soll es sich an das Licht gewöhnen und die Sterne am Himmel sehen. Am Tage soll es sich über die verschiedenen Farben freuen. Damit es singen lernt, singe man ihm etwas Schönes vor.«

Zur Ernährung der Kleinkinder rät Berthold von Regensburg: »Ihr Eltern sollt eure Kinder nicht überfüttern, wenn euch Leib und Leben, Gesundheit und hohes Alter lieb sind. Denn ihr möchtet doch allesamt gern gesund bleiben und alt werden.« Eltern durften ihr Kind gelegentlich auch hart strafen, aber – so Berthold – »ihr sollt es nicht mit einem Stock schlagen«. Strenge und Fürsorge, sie sollen möglichst in einem Gleichgewicht bleiben.

Wir kennen in allen Einzelheiten eine ›Ordnung der Kinder im Kindshaus‹ zu Memmingen (aus dem Jahre 1500), wo alle Lebensbelange sorgfältig bedacht sind, von den Waschregeln über den Speiseplan bis zur Nachtruhe. Die Kinder bekamen »alle Tage am Morgen ein gebranntes Mus und zu Mittag zwei Gerichte, Erbsen oder Hafer, und immer zudem eine süße oder saure Milch«. Dreimal in der Woche gab es dazu noch Kraut und Fleisch. »Die kleinen Kinder, die in der Wiege liegen, erhalten jeden Tag dreimal Milchmus und zwei- oder dreimal jeden Tag eine Milchsuppe.« Die Kinder werden regelmäßig gewaschen, gebürstet und gebadet. »Durch das ganze Jahr sollen sie alle 14 Tage dienstags in die Badestube gehen. Und damit keinem Kinde etwas widerfahre, sollen Vater und auch Mutter mit ihnen gehen.« Zu St. Martin und Neujahr erhalten alle Kinder Nüsse, Äpfel und Lebkuchen, ebenso zu St. Nikolaus »eine ganze Bratwurst, zwei Äpfel und sechs Nüsse«.

Aus den Erziehungstexten des Mittelalters spricht ein eindrucksvolles Bemühen um Mitte und Maß in der Kindererziehung; nicht zuletzt auch das Wissen um die Wichtigkeit liebevoller Zuwendung. Auch hierüber weiß uns ein Chronist zu berichten, wenn er von einem Experiment erzählt, das der Staufer Friedrich II. angestellt haben soll. Die Ammen – so befahl es der Kaiser –, sie sollten den Kindern Milch geben, sie waschen und baden, aber nicht mit ihnen reden und in keiner Weise mit ihnen schön tun. Er wollte nämlich in Erfahrung bringen, welche Sprache die Kinder von Natur aus sprechen, ob Hebräisch oder Griechisch oder die Sprache der Eltern. Aber er mühte sich vergebens! Denn die Kinder, so der Chronist, sie starben allesamt! »Denn sie konnten nicht leben ohne das Händepatschen und Winken, das fröhliche Gesichterschneiden und die Koseworte ihrer Ammen und Pflegerinnen.«

## 2. Reifungsprozesse und Sexualität

Wir haben es im Mittelalter mit einer Welt zu tun, in der es noch keine deutliche Trennung von Wohnung, Arbeitsplatz und Freizeitbereichen gab; in der die Kinder unmittelbar in die Welt der Erwachsenen hineinwuchsen, um das Leben am Leben zu lernen und nicht an den didaktischen Modellen der Pädagogen; wo es nicht genügte, ein guter Handwerker zu sein, wenn man nicht auch ein guter Nachbar war, wo die Tauglichkeit (virtus) immer auch mit der sozialen Verbindlichkeit verknüpft war.

Es kann daher auch keine Rede davon sein, daß im Mittelalter das Kind nur als »kleiner Erwachsener« betrachtet worden sei, so daß es erst zur »Entdeckung der Kindheit« kommen mußte. Wir finden eher in den Bildern des Haushaltes (oeconomia) erstaunlich geschlossene Lebenseinheiten, in denen gelebt wurde und zugleich gelernt werden konnte, wie man lebt. Wir finden ganze Kataloge, Stufenleitern von Lebensphasen und Lebensaltern, die aber nicht isoliert betrachtet wurden, sondern immer eingebunden erscheinen in die Bereiche der Natur wie auch in den sozialen Raum. Hierzu ein Beispiel aus dem ›Buch der Eigenschaften der Dinge‹ (Liber de proprietatibus rerum) des Magister Bartholomaeus Anglicus aus der Mitte des 13. Jahrhunderts:

»Die erste Altersstufe ist die *Kindheit*, die die Zähne einpflanzt, und es beginnt diese Altersstufe, wenn das

Kind geboren ist und dauert bis zu sieben Jahren, und in diesem Alter wird das, was geboren ist, das Kind genannt, was soviel besagt wie: nicht sprechend (infans), weil es doch in diesem Alter nicht recht sprechen und auch die Worte noch nicht ordentlich bilden kann, denn es hat noch keine wohlgeordneten und gefestigten Zähne, wie Isidor und Konstantin sagen. Nach der Kindheit kommt die zweite Altersstufe... man nennt sie *pueritia*, und sie wird so genannt, weil das Kind sich in diesem Alter noch etwa so verhält wie die Pupille zum Auge, wie Isidor sagt, und es dauert dieses Alter bis zum 14. Lebensjahr.

Danach folgt die dritte Lebensstufe, die man *Adoleszenz* nennt und die laut Konstantins Viaticum mit dem einundzwanzigsten Lebensjahr endet, während sie laut Isidor bis zum achtundzwanzigsten Lebensjahr dauert. Sie erstreckt sich oft sogar bis zu dreißig und fünfunddreißig Jahren. Diese Lebensstufe wird Adoleszenz genannt, weil die Person groß genug ist, um zu zeugen, wie Isidor gesagt hat. In diesem Alter sind die Glieder geschmeidig und bereit zu wachsen und die Kraft und Stärke zu gewinnen, die für die natürliche Hitze nötig ist, und so wächst der Mensch in diesem Alter, bis er die Größe hat, die ihm von Natur aus zukommt.

Darauf folgt die *Jugend*, die die Mitte zwischen den Altersstufen hält, und gleichwohl steht der Mensch dann in der Blüte seiner Kraft, und es dauert dieses Alter laut Isidor bis zum fünfundvierzigsten Lebensjahr oder auch bis zum fünfzigsten, wie andere meinen. Diese Altersstufe heißt Jugend, weil sie die Kraft besitzt, sich und anderen zu helfen, hat Aristoteles gesagt. Darauf folgt dann laut Isidor die *Reifezeit*, die zwischen Jugend und Alter liegt; Isidor nennt sie die Zeit der Gewichtigkeit, weil der Mensch sich in diesem Alter in seinen Sitten und in seiner ganzen Art ein gewichtiges Ansehen gibt; und in diesem Alter ist der Mensch nicht alt, sondern hat, wie Isidor sagt, die Jugend überschritten.

Auf diese Altersstufe folgt das *Alter*, von dem einige meinen, daß es bis zum siebzigsten Lebensjahr dauert, während andere meinen, daß es bis zum Tode nicht aufhört. Das Alter wird von Isidor so genannt, weil die

Leute dann wieder klein werden, denn die Alten sind nicht mehr wie früher bei Verstand und reden im Alter dummes Zeug... Der letzte Abschnitt des Alters heißt auf lateinisch *senies*. Der Greis ist voller Husten, Auswurf und Schmutz, bis er dann zu Staub und Asche wird, daraus er genommen ist.«

Im Weltbild der Hildegard von Bingen werden ähnlich systematisch die Lebensalter mit den Jahreszeiten in Verbindung gebracht, um daraus eine physisch-moralische Ordnung der Zeit abzulesen. Hieraus ein paar Bilder und Hinweise:

Im *ersten* Monat erhebt die Sonne sich wieder. Dem gleicht die Kinderzeit, in der sich die Seele so freudig ans Werk macht. Doch mit zunehmendem Alter nehmen die Säfte im Körper zu, werden zu üppig und bringen dem jugendlichen Menschen mancherlei Versuchung und Laster, von denen ihn wiederum die Tränen der Reue reinigen.

So ist vor allem der *zweite* Monat eine Periode der äußeren und inneren Reinigung, indes im *dritten* mit wildem Wirbel die Stürme heraufziehen. Hier gleicht der heranwachsende Mensch einem jungen Baum, der zunächst nur grobes Geäst und erst später die Früchte ans Licht bringt. Sein Charakter ist noch nicht zur Harmonie gelangt, weil er immer wieder zu überlegen beginnt, was er wohl anfangen soll. Eine Lebensphase voller Ambivalenz ist angebrochen, voll wehleidiger Stimmung und Minderwertigkeit einerseits und andererseits voll Ehrsucht und Arroganz, eine Ambivalenz, von der erst die Kräfte des *nächsten* Monats heilen, wo der Mensch nämlich »kraft des Vernunfthauches seiner Geistigkeit in seinem Gewissen die grüne Lebensfrische der guten Werke einsichtig auszuwählen beginnt«.

Zur vollen Blüte und Reife kommt der Mensch erst im Mai seines Lebens, einem Monat, der uns besonders lebendig als »lieblich und leicht und herrlich in allen Dingen der Erde« gepriesen wird. Hier wird der junge Mensch »mündig«, indem er seinen Mund gebrauchen lernt, um Geschmack zu finden an all den köstlichen Dingen der Welt. Weiterhin kommt in diesem Entwicklungsstadium der »Sinn der Augen« zu seiner vollen

Entfaltung. »Daher ist dieses Sehen mit den Augen so angenehm und so herrlich, weil der Mensch durch sein Erkennen und Auswählen Wertvolles und Unnützes zu unterscheiden lernt.« Der Mai aber im Duft seiner Blüten, er macht das Herz des Menschen einfach froh, da nun alle Früchte der Erde dem Menschen zur Freude ans Licht sprießen. »Und so erkennt der Mensch mit der Schau seiner Augen den vollen Gebrauch der natürlichen Dinge auf eine ganz natürliche Weise.«

Auf diese Weise erleben wir mit dem wachsenden Jahr die reifenden Lebensphasen des Menschen, die aufs engste mit seiner sinnenhaften Ausstattung verknüpft sind. Wie in der wechselnden Natur alles immer wieder sein Gleichgewicht findet, so sollte auch der Mensch zu seinem inneren Rhythmus kommen. So trägt der *neunte* Monat alles Reife wie in einem Sack sicher durch die Zeit. Mit dem Herbst konzentriert sich der alternde Mensch dann wieder auf sich selbst, wird weiser, aber auch eigensinniger und wankelmütiger, isoliert sich und erstarrt.

»Der *elfte* Monat kommt gebückt. Er baut die Kälte auf. Keine Sommerfreuden hat er aufzuweisen. Er bringt vielmehr die Schwermut des Winters. Die Kälte bricht aus ihm heraus, fällt über die Erde und wühlt den Schmutz auf. Dem gleicht der Mensch. Er beugt in Trauer seine Knie, häuft in seinem Herzen leidvolle Gedanken und hält sich und sein Leben für einen Dreck.« Und so schließlich der *letzte* Monat: hart und kalt und unfruchtbar. So auch der Mensch (ohne jede sentimentale Verklärung des Greisenalters!): unfruchtbar, verhärtet und »gleich einem Kamel beladen mit dem Gestank seiner Laster, und er befleckt sich immerfort« – in der Tat: eine nüchterne Bilanz!

In einem spätmittelalterlichen Kommentar zum Psalm 89,10 heißt es: Von Tausend wird kaum einer über siebzig. Unser Leben währt siebzig Jahre, bei besonders Kräftigen achtzig! »Und was weiter ist, so ist es Mühe (labor) und Leiden (dolor) gewesen« (Ps. 89,10). Altern ist das Schicksal unseres Lebens, wobei deutlich unterschieden wird zwischen dem »senium«, der ganz natürlichen Alternsphase, und der »senectus«, der Hinfälligkeit des Alters. In einer Pariser Bilderbibel aus dem 14. Jahrhundert sehen wir sie um Hilfe flehend am Boden liegen, die hinfälligen Alten, deren innere Wärme, das Lebensfeuer, verglimmt, alle die Greise und Greisinnen, die nun Angst haben vor der »mors immatura«, daß das Leben sie nicht reif werden ließ zu natürlichem Ende, daß sie nicht mehr das Barmherzigsein ausüben können, die »misericordia«, die doch der Alten Amt sein sollte.

Mit diesem Reifwerden sind wir auf die wichtigste Periode des Alterungsprozesses gestoßen, auf die Phasen der Reifung selbst, die ja letztlich dem ganzen Leben ihr Profil geben.

Trotz etlicher neuerer Untersuchungen sind unsere Hand- und Lehrbücher von einem eigenartigen Vorurteil geprägt, wenn es um die Rolle der Sexualität oder gar um die Stellung der Frau im Mittelalter geht. Da heißt es immer wieder, nie habe die Kirche davon abgelassen, die Frau als Werkzeug des Teufels zu verketzern. Die Kirchengesetze hätten zum einzigen Ziel gehabt, dem Eros die Schwingen zu rupfen und den Geschlechtsakt so freudlos wie nur möglich zu gestalten. Die Unterordnung des Weiblichen unter das Männliche sei im ganzen Mittelalter als »natürliches Faktum« hingenommen worden: Die kirchliche Sittenlehre habe – so Taylor in ›Sex in History‹ (1957) – auf dem Grundsatz basiert, daß der Geschlechtsverkehr wie die Pest zu meiden sei. Zwar sei die Ehe geduldet worden, aber nur zu dem einen Zweck, Kinder zu zeugen und die Welt mit Jungfrauen zu versorgen.

Nun hat es zwar im gesamten Mittelalter zweifellos sexualfeindliche Strömungen gegeben; die Verketzerung der Frau, die so bedenkenlos auf das ganze Mittelalter projiziert wird, ist jedoch, wie wir noch sehen werden, das Produkt einer späteren Zeit. Die Geschichte der Medizin zeigt uns ein wesentlich differenzierteres Bild, wenn wir es nur wagen, an die Quellen zu gehen. So schreibt bereits der griechische Kirchenvater Basilius in erfrischender Eindeutigkeit: »Die Frau besitzt nicht weniger als der Mann den Vorzug, nach Gottes Bild geschaffen zu sein. Beide Geschlechter haben dieselbe

Würde, beide die gleichen Tugenden. Beiden ist dieselbe Belohnung, beiden die nämliche Auferstehung des Fleisches in Aussicht gestellt.«

Es war vor allem im frühen und hohen Mittelalter ganz selbstverständlich, daß Ärzte wie auch Laien öffentlich über Erotik und Sexualität sprechen durften. Das Geheimnis der Geschlechtlichkeit war nicht durchweg mit einer Mauer des Schweigens umgeben. Auch Liebesszenen werden nicht hinter die Kulissen verlegt, und Darstellungen aus dem Intimbereich gelten keineswegs als obszön. Physiologie und Pathologie des Sexualverhaltens werden in aller Öffentlichkeit ausführlich beschrieben. Als ein besonders konkretes Beispiel kann uns die Auffassung der Geschlechtlichkeit bei der heiligen Hildegard von Bingen dienen.

In der ›Heilkunde‹ der Hildegard, den ›Causae et curae‹, wird uns um die Mitte des 12. Jahrhunderts der Mensch in seiner leibhaftigen Verfassung – als »homo corpus ubique«, als Leib ganz und gar – vorgestellt mit seinen drei fundamentalen anthropologischen Kategorien. Der Mensch ist danach 1. »opus Dei«, geschaffen, geworden, geworfen, und damit abhängig, und nicht autonom oder autark. Er ist 2. ein »opus alterum per alterum«, nicht als »Mensch« als solcher zu denken, sondern immer nur zu finden als Mann oder als Frau, in einem Verhältnis, wo einer sich am anderen und mit dem anderen verwirklicht. Der Mensch ist 3. ein »opus cum creatura«, ein Werk an der Welt, nicht um seiner selbst da, in Selbsterfüllung oder Selbstverwurzelung, und auch nicht, um das »Heil seiner Seele« zu wirken. Sein Wirkfeld ist die Welt im kreativen Umgang mit der Natur und den anderen. Es ist dieses Wirken (opus), durch welches der Mensch nicht nur die Natur umwandelt und seinen Bedürfnissen anpaßt, sondern auch sich selbst als Mensch verwirklicht, wo er gleichsam mehr Mensch wird.

Dieses »opus alterum per alterum« beschreibt Hildegard von Bingen sehr konkret mit folgenden Zügen: Die Sexualität gehört zum Urstand, zur »constitutio prima« oder »genitura mystica«. Im Anbeginn wurden Mann und Frau füreinander »in aller Ehrenhaftigkeit« geschaffen. So war es in Ordnung von Anfang an. Beide sind geschaffen zu einem Liebesbund. Ausdruck dafür ist die fleischliche Vereinigung; Sinn der Kopulation ist neben der Fruchtbarkeit immer auch die Lebensentfaltung der Partner. Mann und Frau verwirklichen sich gegenseitig. Dieses Zusammenkommen von Mann und Frau, das mit den drei Phasen der Libido, der Potenz und dem Akt beschrieben wird, dieses Geschlechts-Leben ist nichts Geringeres als ein Abbild für das innertrinitarische Leben der Gottheit.

Da heißt es in der so schlichten wie nüchternen Denkweise – eine der Stellen übrigens, die in der Übersetzung moderner Theologen einfach weggelassen wurden – wörtlich: »Bei seinem Zeugungswerk besitzt der Mann drei Vermögen: die Geschlechtsbegierde (concupiscentia), die Geschlechtskraft (fortitudo) und den Geschlechtsakt (studium). Die Libido steckt die Potenz zunächst in Brand, so daß der Geschlechtsakt der Partner in beiderseitigem inbrünstigem Verlangen vor sich gehen kann. So geschah es bereits bei der Erschaffung des ersten Menschen, wo Gottes Willen in aller Macht den Menschen bildete, und dies in großer Güte vollbrachte, da er den Menschen zu seinem Bild und Gleichnis schuf. Daher sollst du unter dem Wollen Gottes die Geschlechtsbegierde verstehen, in der Macht Gottes des Mannes Geschlechtskraft, in der Güte Gottes, die Wollen und Können vereint, den Geschlechtsakt, der beides, Libido und Potenz, in sich trägt. Auf diese Weise wird durch den Mann aus der Frau das menschliche Geschlecht hervorgebracht.«

In einem Kapitel ›Von der Erschaffung Adams und Evas Gestaltung‹ lesen wir: »Nachdem Gott Adam erschaffen hatte, empfand Adam im Schlaf ein starkes Liebesgefühl, als Gott den Schlaf in ihn sandte. Und Gott schuf eine Gestalt für die Liebe des Mannes, und so ist die Frau die Liebe des Mannes. Sobald die Frau nun gebildet war, verlieh Gott dem Manne den Trieb zur Zeugung, damit er aus seiner Liebe, welche die Frau ist, Kinder erzeuge. Als nämlich Adam Eva erblickte, wurde er ganz mit Weisheit erfüllt, weil er die Mutter vor sich sah, durch die er Kinder erzeugen sollte. Als aber Eva

Adam ansah, schaute sie ihn so an, wie wenn sie in den Himmel sähe und wie die Seele aufwärts strebt, die nach dem Himmlischen begehrt, weil ihre Hoffnung auf den Mann gerichtet war. So wird und darf auch nur *eine* gegenseitige Liebe zwischen Mann und Frau sein und keine andere. Die Liebe des Mannes verhält sich in der Hitze der Leidenschaft der Liebe der Frau gegenüber wie das Feuer brennender Berge, das nur schwer erstickt werden kann, gegenüber dem Holzfeuer, das leicht gelöscht wird. Die Liebe der Frau aber steht dem hochlodernden Feuer des Mannes gegenüber wie die milde, von der Sonne ausgehende Wärme, die Früchte hervorbringt, weil sie mit ihrer gemäßigten Wärme in ihrer Nachkommenschaft Frucht bringt.«

Bei grundsätzlicher Gleichberechtigung beider Partner erscheint die Frau als das Wesen, das Antwort gibt. In Hildegards ›Heilkunde‹ heißt es daher weiter ganz klar und eindeutig: »Die Frau ist um des Mannes willen geschaffen, und der Mann ist für die Frau gebildet worden. Wie sich die Frau nicht vom Manne, so soll auch der Mann sich nicht von der Frau und keiner vom anderen mehr trennen. Das liegt einfach in der Einheit ihrer Naturen, da sie ja beide in einem Werke eines wirken, so wie Luft und Wind ihre Werke zusammen verrichten.«

Denn der Geschlechtsgenuß gründet sich auf die verantwortliche Wahl, auf die Vernunft. Daher hängen beide Partner aneinander, laufen sich nach und erwärmen sich füreinander, haben Sehnsucht und Durst wie ein Hirsch nach der Quelle; sie empfinden beide die Glut und die Süßigkeit, aber auch die Erschütterung in der Erschließung, beide auch alle Möglichkeiten einer Verkehrung, jener »Perversionen«, die sehr ausführlich beschrieben werden, die allerdings nicht als pathologische Entgleisungen zu deuten sind, sondern als anthropologische Fehlhaltungen, die nur vom Du, vom Platz des anderen her, zu sehen und zu verstehen sind.

Und wie die Sexualität bereits zum ursprünglichen Wohlstande, der »constitutio prima« in einer »genitura mystica«, gehörte, so bleibt sie dem »homo destitutus« noch hilfreich und trostreich im jetzigen Notstand, und sie wird dereinst im endgültigen Wohlstand, der »restitutio« einer verklärten Schöpfung, zum Symbol ewiger Beseligung, wenn nämlich, wie es im ›Scivias‹ heißt, alle Menschen auferstehen werden in ihren Leibern und mit ihrem Geschlecht (omnes homines integris membris et corporibus suis in sexu suo surrexerunt), und an anderer Stelle: Sie alle werden aufstehen in ihrer vollen und unverkürzten Leiblichkeit (in integritate et corporis et sexus sui).

Diese im Geschlecht aufblühende Vernunftkraft wird in einer detaillierten Sexuallehre näher ausgeführt. Hildegard beschreibt eingehend die Geschlechtsreife, den Zeitpunkt der Zeugung, die Defloration, den Akt selber. Im Akt wird nach Hildegard der weibliche Acker umbrochen vom männlichen Pflug, bis Schweiß und Blut und Säfte durchgekocht sind, und so werden sie eins im Orgasmus. Im Gegensatz zur antiken Auffassung kennt Hildegard keinen »weiblichen Samen«, sondern lediglich eine Art von Schaum (spuma), der sich beim Orgasmus löst. Die Menstruation ergreift das gesamte Gefäßsystem und lockert insbesondere das Gefüge der Kopf- und Bauchadern. Ein Konzeptionsoptimum liegt gegen die Mitte des Zyklus; an den sicheren Tagen sind die Geschlechtsorgane der Frau verschlossen wie ein Baum im Winter.

Hildegard beschreibt sodann das Geschlechtsverhalten von Männern und Frauen, gesondert nach den vier Elementen und den vier Temperamenten der antiken Säftelehre, und sie kommt zu einer umfassenden Typenlehre des sexuellen Verhaltens. Da wird jeweils die körperliche Konstitution beschrieben, die Neigung zu Krankheiten, der psychische Habitus, die Anlage zu Gewohnheiten und Umgangsformen wie auch das Verhalten während des Geschlechtsverkehrs.

Dem Modus der Kopulation entspricht im übrigen durchweg auch die soziologische Rolle. Die Frau ist gebrechlicher, dafür elastischer, auch des Zuspruchs bedürftiger. Der Mann schützt seine Frau; er hat zu werben, sie zu gewähren. Beide sind einander zugesprochen, erkennen und beanspruchen einander und erfüllen sich so gegenseitig. Und obschon der Mann stärker ist, ist seine Potenz doch nur ein Teil, ein Anteil, den die Frau zur Vollendung führt. »Die Frau aber ist ein Quell der Weisheit und ein Brunnen voller Freude, ein köstlicher Anteil, den nunmehr wiederum der Mann mit seinem mehr schöpferischen Vermögen vollendet.«

Auch für Albertus Magnus (um 1193–1280) ist der Geschlechtsakt nicht nur ein sinnenhafter Akt der Natur (actus naturae), sondern immer auch »actus hominis«, ein spezifisch menschlicher Akt personaler und auch sozialer Hingabe. Daher der erstaunliche Satz: Der Mensch ist eher ein ehehaftes als ein politisches Wesen (homo est animal magis conjugale quam politicum); die eheliche Hausgemeinschaft, sie wird hier gleichsam zum Modell der Staatsverfassung. Gerade im Sexualverkehr zeigt sich besonders eindrucksvoll, wie aus einer natürlichen Gegebenheit (res naturalis) eine kulturelle Aufgabe (res non naturalis) werden kann und muß, da nun einmal alle Natur aus ist auf Kultur. »Weil aber alles nach Lust strebt, Menschen wie Tiere, so ist das ein gewisses Zeichen dafür, daß die Lust irgendwie das Höchste ist, was alle erstreben.«

Und auch bei Bonaventura (gest. 1274) lesen wir noch in erfrischender Klarheit und Eindeutigkeit: »Was das Wesen des Ebenbildes Gottes in der Seele und in deren Vermögen angeht, so gibt es zwischen Mann und Frau keinen Unterschied.«

Nun lassen sich jedoch neben solchen Texten auch Zeugnisse schwerwiegender Veränderungen nicht übersehen, die sich gerade auf dem Gebiet der Sexualpathologie im hohen und ausgehenden Mittelalter und vor allem beim Übergang in die Neuzeit ereignet haben.

War bei Hildegard von Bingen noch die Sinnlichkeit eine »Erinnerung« an die »genitura mystica« des Paradieses, so wird sie bald schon zum Memento des Sündenfalls. Die Lust beim Koitus muß daher durch »höhere« Güter motiviert werden. Der sonst so gütige Schöpfer in seiner weisen Vorsehung hat offensichtlich in diesem Falle seiner zweigeschlechtlichen Kreatur eine »Falle« stellen wollen, in die dann diese Lüstlinge auch unaufhörlich hineinpurzeln.

Albertus Magnus sieht Mann und Frau zwar noch in einem elementaren Verhältnis von »animal« zu »animal«;

mit Aristoteles empfindet aber auch er schon die Libido als die dem Geiste am meisten entfremdete Macht. Ist sie doch – so Thomas von Aquin – korrupt und infekt, daher schändlich (turpe) und unwürdig (foedum) –, die gleiche Libido und Potenz im gleichen Akt, der Hildegard von Bingen hundert Jahre zuvor noch zu ihrem hymnischen Vergleich mit dem inneren Leben der Dreifaltigkeit inspirieren konnte.

Der zentrale Ort aller intimen Erfahrung blieb sicherlich die Ehe, das einzige Sakrament in der Himmel und Erde umspannenden sakramentalen Heilsordnung, das die Partner sich selber spenden mußten, einer dem anderen im verbindlichen »opus alterum per alterum«. Mann und Frau sind hier gleichberechtigt. Selbstverständlich galt die Ehe als immerwährender Bund, als ein Gelübde in einem Orden. Auch die Ehe ist eine Art Kloster, mit allem »ordo« und aller »regula«. In einer Flugschrift (1515) lesen wir noch: »Du sollst dir merken, daß ein jeder Orden seine Regel hat. Und so wurde dem Orden der Ehe den Männern die Regel gegeben, wie sie leben sollen und auch den Frauen, wie sie sich halten sollen.«

Es gab im hohen Mittelalter, wie wir wissen, erbitterte Auseinandersetzungen zwischen den beiden extremen Auffassungen: das Gelöbnis mache die Ehe (consensus, non copula, facit nuptias), oder: Ehe werde erst durch den Akt als solchen rechtswirksam. Jetzt erst wird auch deutlicher differenziert zwischen dem »actus naturae«, dem auf Zeugung gerichteten Geschlechtsakt, und dem »actus hominis«, einem das Übel des Geschlechtsverkehrs kompensierenden Hingabeakt, wodurch allein auch das gezeugte Kind zu einem »bonum naturae« wird. Die sinnliche Liebe ist nicht mehr in der Ehe integriert, sondern nur noch ein »adjunctum«, bloß drangehängt: wird doch Vernunftordnung nur als »ordo superadditus« eingeschätzt. Und wo bei Hildegard von Bingen die Seele begeistert ihr »opus corporis« vollbringt, wird hier die Vernunft durch das Fleisch immer wieder neu geschändet und gedemütigt. Und selbst Martin Luther folgt in diesem Punkte noch Albertus und damit Augustinus, wenn er von der heiligen Paradieses-Ehe schwärmt und sich entsetzt vor dem jetzigen

Akt in »epileptischer, apoplektischer Lust«. Und so wurde die Ehe letztlich zu einer Medizin gegen die Sünde und wurde dementsprechend dann auch geschluckt – als mehr oder weniger bittere Arznei!

Neben einer solchen restriktiven Sichtweise finden wir im späteren Mittelalter auch weiterhin – freilich nur als Ausnahme – Auffassungen wie die des Petrus Hispanus, des späteren Papstes Johannes XXI.: Nur weil im Liebesakt der eine vom anderen empfängt, findet eine Einigung der Partner (unio convenientis cum conveniente) statt. Um diese Einigung optimal zu erreichen, schreibt Petrus Hispanus mit erstaunlicher Unverblümtheit, sei eine maximale Reibung (confricatio) von Scheide und Glied vonnöten, wobei das Maximum der Libido bei enger Scheide auf den Hals der Gebärmutter lokalisiert wird. Ferner reizen zum Koitus und Orgasmus Küssen und Spiel an den Brüsten; die Erregung (titillatio) wird, über die gleichermaßen sensibilisierte »virga« wie »vulva«, gekrönt durch die »emissio seminis«. Hier wird zum Vergleich der Genuß beim Essen herangezogen; nur daß dieses partielle Lust gewährt, der Akt aber eine generelle; er ist ein »opus nobilissimum«. So in einer noch nicht veröffentlichten Handschrift des 13. Jahrhunderts, den ›Opera Medica Petri Hispani‹ zu Madrid!

Einen besonders originellen Beitrag zu Physiologie, Pathologie und Therapie des Sexualverhaltens verdanken wir im Übergang vom Mittelalter zur Neuzeit dem Arzt und Humanisten Paracelsus (1493–1541). Für Paracelsus ist die Frau insofern eine einzigartige Erscheinung, als wir in ihr – neben dem Makrokosmos und dem Mikrokosmos – einen besonderen Kosmos zu sehen haben, eine dritte, die »kleinste« Welt!

Um das Faszinosum an der Geschlechtlichkeit zu zeigen, greift Paracelsus auf den biblischen Mythos zurück, wonach Eva aus dem Adam gemacht wurde, »auf daß eine Konkordanz da sei«. Aus seiner Seite ward sie geschaffen: »an die Seite gehört sie«. Und wie die Welt gleichsam ein Loch hat, durch das Gottes Hand immerfort noch schöpferisch eingreift, so wirkt auch der Mann produktiv über die Gebärmutter (Matrix), aus der erblühet das Kind, »und ist das zarteste Ding«. Die Frau ist das Ackerland, der Lebensbaum, der Mutterschoß; »sie ist die Welt des Mannes; sie hat auch ein ander Amt, sie ist eine andere Welt«. Beide zusammen aber ergeben erst den ganzen Menschen.

Aus diesem geschlechtlichen Grundverhältnis werden weitreichende anthropologische Konsequenzen gezogen: In der Libido zweier Menschen entzündet sich der Lebenssaft und wird zum Samen eines anderen. Nach dem Gesetz des »eins vom andern« werden Samen und Sperma angezogen von der Gebärmutter, wo dann das neue Wesen wächst. »Denn von zweien und nit von einem will Gott einen Menschen haben.« Im Wachstum der Schwangerschaft wird die ganze Gliederung schließlich durchgeistigt: »Auf das folgt die Gebärung.«

Mit der Sexualtheorie des Paracelsus sind wir nun schon weit vorgestoßen in die Neuzeit, die sich keineswegs eindeutig abgrenzen läßt vom Mittelalter, die alles andere darstellt als jene gerade Entwicklungslinie, die uns über Renaissance und Reformation, über den Humanismus oder die Aufklärung jenem Gipfel der Kultur zuführen möchte, auf dem wir heute zu stehen vermeinen. Das ließe sich besonders einprägsam illustrieren am Beispiel der Hexenprozesse, die mit ihren sexualpathologischen Monstrositäten immer noch das Bild vom »finsteren Mittelalter« belasten, während sie doch – mit ihrer Blüte zwischen dem 15. und 18. Jahrhundert – zeitlich mit Humanismus und Aufklärung zusammenfallen. Jedenfalls entspricht es, wie wir gesehen haben, keineswegs den Tatsachen, daß erst die Aufklärung psychologische oder biologische Fakten auf sexuelle Vorgänge wissenschaftlich angewandt habe. Wir sehen gerade auf diesem Gebiet – mitten in der Aufklärung – eine der größten Verdunkelungsstrategien anheben, die die Menschheit je gekannt hat.

## 3. Sterben und Tod

Der Tod stand zu allen Zeiten zentral im Horizont der Heilkunde. Nicht von ungefähr sah man im Arzt nicht nur den »Zeugen der Szenen des Lebens«, sondern auch den repräsentativen Zeugen des Sterbens. An den Tod hat der Arzt noch von jeher jeden Patienten verloren, wie dies das alte ›Regimen Sanitatis Salernitanum‹ schon wußte, wenn es schreibt: »Gegen den Tod, ach, den harten / Kein Kraut ist gewachsen im Garten.« Erst mit der Konversion der Medizin zu einer Naturwissenschaft ist der Tod geschrumpft zum bloßen »exitus letalis«, zu einem anscheinend nackten »factum brutum«, demgegenüber metaphysische Fragen um Unsterblichkeit oder Auferstehung von vornherein methodisch ausgeklammert waren. Die moderne Medizin hat – so scheint es – den Tod verloren, hat ihn vergessen, verdrängt, tabuisiert. Man begegnet ihm immer seltener, dem Sterben, obschon uns nichts sicherer, nichts konkreter begegnen wird. Tod wird deklariert als »Beendigung des Lebens«, und Leben gilt als Zustand, in dem Organe lediglich ihre Funktionen ausüben. Es kam zur Diskriminierung des Todes durch eine Ideologisierung des »glücklichen Lebens«, das in einer notwendig befristeten Existenz doch so fragwürdig ist.

Nun haben gerade die Ärzte mit dem ›Ackermann aus Böhmen‹ schon immer gewußt, daß »sobald ein Mensch zum Leben kommt«, er sogleich ist »alt genug zu sterben«. Geboren, um sterbend zu leben, sieht sich alles organische Leben stufenweise dem anorganischen Dasein angenähert, löst sich auf, geht zu Ende.

In Hildegards ›Heilkunde‹ ist des öfteren von bestimmten »Kennzeichen des Todes« die Rede: »Wenn ein Mensch, der stets, solange er körperlich gesund war, gewohnheitsmäßig besonnen und vernünftig war, während einer Krankheit den Verstand verliert, wie ein Mann, der in seinem Verstande stark erschüttert ist, und in seinem Unverstand verharrt, wird er sterben und nicht am Leben bleiben. Wenn er in seinem gewohnten Lebensgang klug und überlegt war, so bewirkten dies

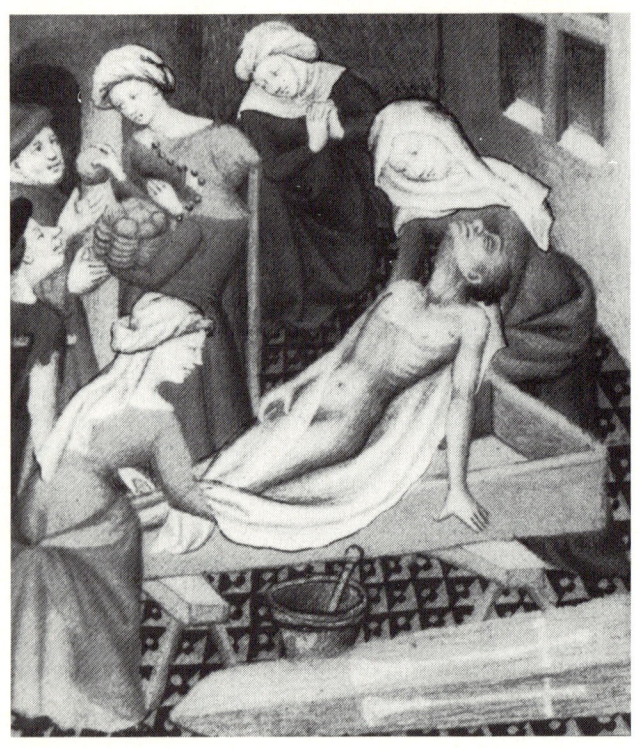

*Sterbestunde. Totenklage und Zurüstung des Verstorbenen*

sozusagen die Schwingen seiner seelischen Einsicht. Ist er dann während seiner Krankheit dauernd verwirrt, so faltet die Seele die Flügel ihrer Vernunft zusammen und rüstet sich zum Weggehen.«

Das Weggehen aus dem Leben ist freilich nicht zu verwechseln mit dem »exitus«, dem tödlichen Ausgang einer Krankheit. »Exitus« meint auch das Lebensziel und beginnt bereits mit der Geburt, so bei Hildegard von Bingen, wo unter »exitus« das Herausgehen, die Ausstoßung, das Austreiben und Austreten der Frucht verstanden wird. Und so ist auch Sterben eine Art Ausstoßungsprozeß, nur weniger dramatisch, da hier die

Seele ganz allmählich die »Flügel der Vernunft« einzieht, um sich auf das Weggehen vorzubereiten.

Die Schilderungen der Todesstunde erscheinen uns, die wir in der Medizin das Sterben weitgehend tabuisiert haben, überraschend lebendig. So lesen wir: »Und da der Strom des lebendigen Atems stockte, stand dem nahen Tode der Weg offen. Und er versuchte durch die Pforte des geöffneten Mundes einzudringen.« Der Mensch stirbt offenen Mundes; er öffnete dem Tod die »Schwelle des Mundes«.

Leben ist eben kein geschlossener Kreislauf, sondern ein offenes System, eine sich transzendierende Existenz, und der Tod ein sicheres Indiz dafür, daß als Bezugssystem zum Leben etwas anderes dient als das Leben selbst. Erst im aufgeklärten Selbstverständnis der Neuzeit ist diese eigene, volle Lebenssphäre denn auch zusammengeschrumpft auf das punktförmige »letale Ende«, auf einen »exitus«, gleichsam nur als »Ausgang« gedacht durch die Wand des Lebens in das Dunkel.

Daß die Toten auferstehen werden, mit Leib und Seele, war der selbstverständliche Glaube der ersten christlichen Jahrhunderte. Noch das IV. Laterankonzil von 1215 betont eindeutig und klar: »Alle Menschen werden mit ihren Körpern, die sie jetzt mit sich herumtragen, auferstehen.« Auch in Hildegards ›Heilkunde‹ heißt es lapidar: Der Mensch als Ganzes wird leibhaftig auferstehen (in integritate membrorum et cum sexu).

Großartig in seiner geschlossenen Dramaturgie zeigt sich im hohen Mittelalter noch einmal der Tod bei Petrus Hispanus, dem bereits erwähnten Papst Johannes XXI. Der Tod steht hier mitten im Leben, im Mittelpunkt einer Lebensführung (ars vivendi), die unmittelbar mit der Kunst zu sterben (ars moriendi) in Verbindung gebracht wird. Zwar repräsentiert der Mensch von seiner biologischen Substanz her die gesamte Natur und bildet damit auch die Norm für alle Lebewesen. Unter dem Aspekt der Geschichtlichkeit aber fällt der Mensch aus der Naturordnung heraus, sieht sich der Zeit ausgesetzt und damit entgegengeworfen dem Tode. Im natürlichen Gefälle von Werden und Verfallen nämlich reiben sich mit der Zeit alle Dinge in sich selbst auf. Leben zeitigt den Tod; die Zeit bildet den Grund des Verfallens (tempus est causa corruptionis).

Und wie das Krankwerden niemals als ein Prozeß aufgefaßt werden kann, sondern als Unterbleiben und Unterlassen verstanden werden muß, als ein »modus deficiens«, so hat auch der Tod kein Sein, wird vielmehr immer nur negativ umschrieben als »privatio«, als Auflösung und Zerbrechung, als Zerstörung und Auslöschung, als die letzte Regression der lebendigen Komposition. Es ist dieses Wissen um das eigene leibhaftige Sterben, das den Menschen zu einem »homo patiens« macht, zu einem labilen und leidenden Wesen, das sehr bewußt sein Leben beschließt.

Mit dem Beginn der Neuzeit erscheinen dann erstmals all die künstlichen Gegenbilder des Todes: der Sensenmann, das Knochengerüst, die Parze, die den Lebensfaden abschneidet, der ungebetene Gast auf der Schaubühne des Lebens. Im Herbst des Mittelalters erst tritt der Tod mit seinem vollen Pathos auf: der Ritter Tod, der Schnitter Tod, der Jäger und Spielmann und Tänzer im Totentanz, der apokalyptische Reiter, das Skelett mit Sense und Sanduhr, die Megäre mit Fledermausflügeln, das Gespenst der Friedhöfe. Aus der Lebenskunst wird jetzt erst eine Todeskunst mit ihrer barocken Stilistik des Sterbens, die berühmte »Ars moriendi«.

Ein letztes Mal noch erscheint alle »Ars moriendi« eingebettet und eingeborgen in die »Ars vivendi«, bei Theophrastus von Hohenheim nämlich, der sich später Paracelsus nannte. Die gesamte Physiologie und Pathologie des Paracelsus ist getragen von einer systematischen Thanatologie. Der Mensch erkennt im Tod sein natürliches Ziel, und dieser Tod ist geradezu »der Schnitter der Ernte des Menschen, er ist sein Winzer im Weingarten, ist seines Obstes Abklauber«. Der Tod hockt da wie ein Nachbar, ganz nahe bei uns, in todträchtiger Koexistenz. Er nistet sich ein, nach und nach, und endlich ganz. Er stiehlt das Leben, unsern köstlichsten Schatz, ständig, und einmal endgültig. Paracelsus beschreibt daher ganz folgerichtig alle Krankheiten als »anteambulationes mortis«: Sie spazieren dem Tod nur voraus. Es ist die gleiche Meisterschaft, zu schmieden die Blumen wie zu schmieden die Krankheiten. In beiden Prozessen erkennt Paracelsus den gleichen Meister: im Zerbrechen und im Ganzmachen, in der Konstruktion wie in der Destruktion.

Der Arzt soll daher in erster Linie ein Wissen haben vom Tod des Menschen. Er hat zu achten auf die »Stund der Zeit« und ihre »Reifung«, auf die »Zerbrechung« der Zeit und die damit verbundene Korruption. »Darum erkenne der Arzt die Zeit, die Herr über ihm ist und mit ihm spielt wie die Katz' mit den Mäusen.«

Und so ist der Tod letzten Endes nichts anderes als »ein End des Tagwerks, eine Hinnehmung der Luft, ein Verschwinden des Balsams und eine Ablöschung des natürlichen Lichts, eine große Separation der drei Substanzen, Leib, Seele und Geist, und eine Hingebung wiederum in seiner Mutter Leib«. In den Leib seiner Mutter Erde aber muß der Mensch wieder eingehen, damit er »am Jüngsten Tag in einem neuen himmlischen und klarifizierten Fleisch zum anderen Male geboren werde, wie Christus zu Nikodemus sagte, da er zu ihm kam bei der Nacht«.

Bei Paracelsus war der Tod niemals nur ein »factum brutum«; er bringt vielmehr eine Umkehrung und Veränderung der Kräfte mit sich. Er besiegelt die »Austilgung der ersten Natur« und wird zum Garanten der »Generation der andern und neuen Natur«. So soll denn auch der Mensch »nit mit Geschrei, sondern von innen aus dem Herzen heraus den Tod annehmen und auf das angepriesene Leben hoffen«. Das Mysterium mortis wird in dieser Theorie der Heilkunst noch einmal ganz und gar in die Lebenskunde und damit auch in die Therapeutik hineingenommen.

Mit dem Ausgang des Mittelalters aber und im Übergang in die Neuzeit treten nun ganz neuartige Lebensmotive auf, die Huizinga in seinem berühmten ›Herbst des Mittelalters‹ so eindringlich geschildert hat.

Die »Vado mori«-Literatur breitet sich aus: »Ich gehe sterben, ich Staub zerfalle in Staub und in Asche...« Mitten im Leben sind wir im Tode (media vita in morte sumus). Der Tod ist es, der wie im Tanz den Menschen

*Totengebete mit Bestattungszeremoniell*

mit sich zerrt, aus jedem Beruf, aus jedem Alter, in jedem Moment.

Den Wandel des Zeitgeistes im Verlaufe des Mittelalters, den Umbruch vor allem beim Übergang in die Neuzeit, können wir am deutlichsten an den Totentänzen ablesen, den »Danses macabres«. Die älteste Darstellung eines Totentanzes finden wir im Kreuzgang zu Klingenthal, einem Nonnenkloster in Klein-Basel, bereits im Jahre 1312 dokumentiert. Wesentlich plastischer erscheint der Tod im Groß-Baseler Totentanz, wie er im Jahre 1439, in Erinnerung an die große Pestepidemie, an die Kirchhofsmauer des Dominikanerklosters gemalt wurde. Während die Totentanzdichtung und ihre oft so dramatische Illustrierung als Ausdruck mittelalterlicher Frömmigkeit angesehen werden dürfen, als eine äußerst lebendige Todessymbolik, werden sie in der Renaissance zu einer bloßen Allegorik der Vergänglichkeit, um dann im Barock in einem pathetischen Manierismus zu erstarren.

In dieser Übergangszeit entsteht nun eine der merkwürdigsten Literaturgattungen des Abendlandes, die »Ars moriendi«, beflügelt durch die Reformbewegungen, vor allem der Bettelorden, konkretisiert aber durch die wachsenden sozialen und physischen Bedrohungen des ausgehenden Mittelalters. Das Wort »Ars« bedeutet hier – ganz im Sinne der scholastischen Artes-Tradition und analog zur »Ars venandi«, »Ars amandi« oder den »Artes mechanicae« – einfach Lehre, in Regeln gebrachtes Wissen. »Ars moriendi« wäre demnach die »Sterbelehre« oder – wie sie in zahlreichen Traktaten heißt – die »Kunst des heilsamen Sterbens«.

Die »Kunst des heilsamen Sterbens« verdrängt mehr und mehr die »Kunst des rechten Lebens«, das »Regiment der Gesundheit«. Um das Jahr 1410 schon kann man in einer Handschrift lesen: »Die Kunst aller Künste und aller Wissenschaften Wissen –, das ist recht zu sterben wissen.« Die »Ars moriendi« wird zu einer eigenständigen Literaturgattung, die ihre bedeutenden Autoren und Gewährsmänner hat: allen voran Johannes Gerson, Kanzler zu Paris, ferner Dominicus de Capranica, Johannes Nider, Bernhard von Waging oder Nikolaus von Dinkelsbühl mit seinem Schüler Thomas Peuntner.

Peuntner schreibt im 15. Jahrhundert ein ›Büchlein von der Liebhabung Gottes‹ und seine ›Kunst des heilsamen Sterbens‹. Von jedermann ist diese Kunst zu pflegen: »Ist doch kein Werk der Barmherzigkeit größer, denn so dem kranken Menschen in seinen letzten Nöten geistlich und heilsam geholfen wird.« Ursprünglich als pastorale Handreichung für den Priester gedacht, wird dieses Buch vom »heilsamen Sterben« mit vielen anderen Trostbüchern bald in alle Volkssprachen übertragen und rasch verbreitet. Jedermann kann es lesen, und jedermann soll helfen, wenn das große Sterben beginnt oder der bittere eigene Tod.

Kein größeres Verdienst im Leben als dieser Beistand in der letzten Stunde, wo über das Menschenleben entschieden wird! Ein Beispiel nur aus einem Sterbebüchlein mit dem Titel ›Himmelstrass‹ des Stephan von Landskrona (1458–1477), Propst des Wiener Chorherren-Stifts St. Dorothea, möge diese Haltung beleuchten. Das 51. Kapitel lautet ›Wie der kranck sol ermant werden‹. Es beginnt mit der Einleitung zur »Ars moriendi« des Gerson und betont die Wichtigkeit der Sterbehilfe sowie die Bedeutung der Todesstunde. Der Kranke wird zunächst ermahnt, nachzuforschen, ob er nicht noch eine geheime oder öffentliche Sünde habe, deretwegen ihm Gott die Krankheit geschickt haben könnte; denn »kein Übel bleibt ungerochen!« Durch die Krankheit gibt Gott Hinweise zur Umkehr, auf daß durch Reue und Buße zuerst die Seele, dann auch der Leib gesunde. Mit der Mahnung zum Empfang der Sakramente ist nicht nur die Erinnerung an die Abfassung eines Testaments verbunden, sondern auch der Hinweis auf den Ernst der Situation. Wenn einer denkt, er müsse nicht sterben, so soll man ihm ganz offen sagen, daß die Ärzte ihn aufgegeben haben. Denn es sei besser, jemanden heilsam zu erschrecken, als ihn ungewiß zu vertrösten, wodurch schon mancher betrogen worden und unvorbereitet gestorben sei. Das 52. Schlußkapitel hat den Titel ›Wie man die krancken menschen sol fragen‹ und schließt mit einem Gebet aus dem »speculum artis bene moriendi«.

Das Studium der Ars moriendi-Literatur lehrt jedoch

auch, daß im ausgehenden Mittelalter das »Jenseits« immer mehr von einer Stätte der Herrlichkeit zu einem Ort des Schreckens wird, der eben keinen Trost mehr zu bieten hat. Man vergleiche nur einmal die schauerlichen Predigtsammlungen des 15. und 16. Jahrhunderts mit den hymnischen Lobpreisungen der »Jenseitsorte« bei Hildegard von Bingen, dem Leben in Fülle, einem »carmen angelicum« in der verklärten Welt, dem »saeculum aureum«!

# IV. Das Panorama der Krankheiten

## 1. Krisen und Kranksein

Wenn von Krisen und Krankheiten in der Welt des Mittelalters die Rede sein soll, dann haben wir es hier wie zu allen Zeiten mit gleichbleibenden existentiellen Grundfiguren zu tun: beim Geborenwerden, im Reifen, beim Sterben. Menschliche Existenz ist nun einmal geworfen in eine kritische Situation und hat sich ein Leben lang einzuüben in der Bewältigung von Elend und Not und Leiden und Kranksein.

Daraus sind in jedem Kulturkreis und zu allen Zeiten gleichbleibende und gleichrangige Grundmuster einer Hilfe im Leid und einer Wende der Not erwachsen: Maßnahmen gegen den Schmerz und die Krankheit, Sorge für Leidende und Sterbende, Hilfen zu Heilung und Tröstung.

Kritische Situationen und Beschwernisse mancherlei Art hatten die Menschen früherer Zeiten vielleicht weitaus mehr zu verkraften als in unseren Tagen. Das Mittelalter ist voll von Klagen über die Nöte der Zeit, Kriegszüge und Hungersnöte und Epidemien aller Art. Dürrezeiten und Überschwemmungen, Pest und Kriege wirken sich weitaus unmittelbarer aus, schließen sich oft zu einem nahezu ausweglosen Circulus vitiosus von Seuchenzügen und Hungersnöten zusammen: Nicht zuletzt infolge von Unterernährung konnte sich der »Schwarze Tod« über ganz Europa ausdehnen.

In einer Londoner Handschrift des 13. Jahrhunderts begegnet uns der Mensch Hiob, wie er redet mit Gott, wie er hadert mit seinem Schöpfer. Die leidende Kreatur Mensch, sie ist qualvoll eingeflochten in die Elemente, angefallen von wilden Tieren, umstellt von Fratzen und Monstern – eine durch und durch pathische Existenz.

Andererseits haben wir es zu tun mit einer Welt, die ganz und gar ausgerichtet ist auf den »ordo«, die Rechts-

*Homo patiens. Miniatur aus dem Hiob-Buch mit Buchstaben »V«*
*(Vir erat in terra hus nomine iob)*

gemeinschaft aller Dinge. Alles steht hier in einem geschlossenen Bezugssystem, in dem auch Tod und Sterben noch Mittelpunkt einer gesunden Gemeinschaft geblieben sind. Der Mensch als Ganzes ist eben von Natur
aus ein Kulturwesen und ein Gemeinschaftswesen: Er
kann und muß sein Leben gestalten, auch wenn er sich
letztlich dem Tode preisgegeben weiß.

Drei Kernbereiche einer befristeten Existenz treten
dabei immer deutlicher in den Horizont: 1. die Grund-
kategorie eines gesunden Lebens, wie sie dem ersten
Menschen vor seinem Fall zur Verfügung stand: als
»constitutio«, die normale Grundverfassung; 2. die Er-

fahrung des Krankgewordenseins, die der gefallene Mensch notwendig erlebt und erleidet als »destitutio«, als Verfall und Verformung, als Entstellung und Gebrechlichkeit; 3. der zu erwartende und stetig erhoffte Endstand des Heiles, die »restitutio«, das Wiedergenesen und Heilgewordensein.

Der Mensch, auf seiner Pilgerfahrt zum ewigen Leben – ein »homo in statu viatoris« – erlebt zeitlebens immer nur und immer neu die mittlere Kategorie: Urerfahrungen seiner Hinfälligkeit und Gebrechlichkeit, als Leid und Schmerz, in Not und Schuld, als stetige Beeinträchtigung des Wohlstandes, Verlust des Gleichgewichts, als Hilfsbedürftigkeit und Hilfesuche. Gesundheit wird dabei als das leibhaftige Wohlbefinden des ganzen Menschen verstanden. Gesundsein ist mehr als bloße Abwesenheit von Krankheit; es wird positiv gedeutet als Optimum an Lebensfähigkeit und Genußfreudigkeit. Gesund- und heil-sein bedeutet letztlich: im Einklang mit dem Sinn des Lebens stehen.

Als Leitfaden zu dieser Auffassung dient in erster Linie die klassische Lebensordnung (Ars vivendi) mit ihren sechs Regelkreisen (sex res non naturales) einer Diätetik und Hygiene. Der Mensch lebt und stirbt nach diesem fundamentalen Konzept mit und in seiner Umgebung. Er war sich des kritischen Zustandes einer befristeten Existenz bewußter, als dies heute noch der Fall ist. Geburt und Tod waren noch nicht delegiert an Institutionen, die die wichtigsten Stadien in einem menschlichen Lebenslauf lediglich verwalten. Auch Gesundheit und Krankheit sind keine eigenständigen Kategorien, sondern lediglich polare Existenzweisen, die das große Übergangsfeld der »neutralitas« umspannen und abgrenzen.

Damit ist aber auch für den Stellenwert von Kranksein eine entscheidende Aussage getroffen: Es ist in allem der Bereich der »neutralitas«, das Brachfeld zwischen »gesund« und »krank«, das es zwischen »Physiologie« und »Pathologie« zu deuten und zu gestalten galt. Heilkunde als Vorsorgekunde war in den älteren Hochkulturen immer auch ein Wissen um gesunde Lebensführung und die Bildung einer gesunden Lebensordnung.

Galenische Physiologie und stoische Philosophie verbinden sich hier mit christlichem Denken. Kranksein ist zutiefst in einem anthropologisch orientierten Erfahrungskonzept verwurzelt, wie sich auch der Heilauftrag auf alle Ebenen humaner Kultivierung erstreckt. So kann Isidor von Sevilla die Medizin kategorisch zur »zweiten Philosophie« (secunda philosophia) erklären; »denn auch diese Disziplin verpflichtet sich dem gesamten Menschen.« Die Heilkunde berührt alle Wissenschaften und Künste, und es ist der Arzt, der es – essentiell und nicht bloß zufällig – mit allen Bereichen der Kultur zu tun hat. Die frühchristliche Krankheitslehre übernimmt dabei die Schemata der naturalistischen Säftepathologie der Antike wie auch die personalistischen Konzeptionen des Alten Testaments als Erbschaft und Auftrag; sie rezipiert die beiden, in sich so konträren Menschenbilder und Krankheitslehren, und sie hat sie weitgehend auch zu assimilieren vermocht.

In der christlichen Überlieferung hat nicht von ungefähr die Heilung von Krankheiten gerade dort eine zentrale Rolle gespielt, wo das Wesen des leibhaftigen Menschen gezeigt und gedeutet werden soll. Der kranke Mensch dient geradezu als der exemplarische Mensch, exemplarisch in der Gefährdung, Bedrohung und Hinfälligkeit seines Leibes. Und auch Gesundheit des Leibes ist alles andere als die Abwesenheit von Störungen. Sie ist eher die Kraft, trotz aller Beschwernisse ein sinnvolles Leben zu führen.

Der Leib ist in der Tat das Medium unseres In-der-Welt-Seins. Mit diesem unserem Leibe sind wir durch und durch eingepaßt in die Umwelt, die wir uns wiederum gleichsam einverleiben, um sie leibhaftig zu gestalten und zu Inhalten unseres geistigen Erlebens zu machen. In der konkreten Einverleibung von Welt wird uns die Welt immer mehr vertraut, wie uns andererseits im Krankgewordensein gerade diese Vertrautheit schwindet und wir der Welt entfremdet werden. Nicht zuletzt demonstriert uns wiederum der Leib, etwa bei »seelischen« Krankheiten oder im Altern, die Gebundenheit und Gebrechlichkeit unserer Existenz.

Kranksein ist nun einmal weniger ein Prozeß als eine

Beeinträchtigung, ein »modus deficiens«, eine Un-Ordnung, etwas, das einem im Wege ist, aber eben nicht wie ein Stein im Wege, den man beseitigt, sondern wie ein Loch in der Straße, das man ausbessert, um weitergehen zu können. So Thomas von Aquin! Und so ist auch Gesundsein kein Zustand und kein Besitz, Gesundheit keine Kategorie, sondern eher eine Haltung und Erwartung, ein »Umgang mit etwas«, ein Habitus. Gesundheit ist ein Weg, der sich bildet, indem man ihn geht. Und erst wenn man sich auf den Weg gemacht hat, öffnet sich im Erfahren und mit allen Erfahrungen der Horizont.

## 2. Krankheitslehre und Krankheitsbeschreibung

Die Krankheitslehre des Mittelalters fußt im einzelnen auf der Lehre von den vier Säften, wie sie von Galen mit der antiken Elementenlehre zu einem geschlossenen System ausgebildet wurde. Jeder lebendige Körper besteht demnach aus Blut, Schleim, roter Galle und schwarzer Galle. Die Säfte korrespondieren mit den vier Elementen und bilden die gleichen Qualitäten. Sie stehen schließlich noch in Verbindung mit den Tageszeiten, den Jahreszeiten, den Lebensaltern, den Himmelsrichtungen.

Einem Text aus der Schule von Salerno entnehmen wir die knappe Beschreibung: »Vier Säfte gibt es im menschlichen Körper: Blut, Schleim, rote Galle und schwarze Galle... Das Blut ist feucht und warm, das Phlegma ist kalt und feucht, die rote Galle warm und trocken, die schwarze Galle trocken und kalt. Also ist das Blut von Natur aus bitter, der Schleim salzig und süß, die rote Galle herb, die schwarze Galle stark und scharf.«

Dann heißt es weiter, mit Bezug auf die verschiedenen Lebensalter und die Jahreszeiten: »Bei den Kindern herrscht die rote Galle mit Blut vor, bei den Jugendlichen die schwarze Galle, im reifen Alter das Blut, im Greisenalter der Schleim. Und während des Frühjahrs,

# Elementen-Schema

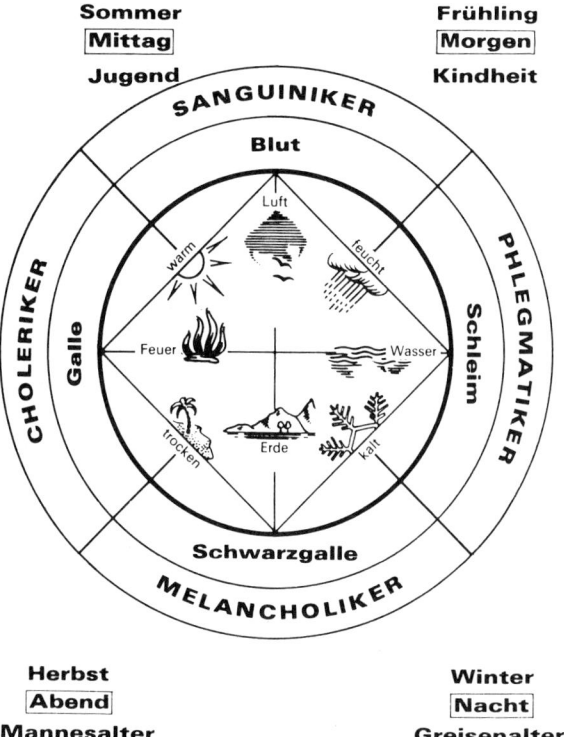

*Elementen-Schema. Darstellung der vier Elemente in ihrer Ver-
flochtenheit mit den Säften, den Temperamenten, den Lebensaltern und Jahreszeiten*

des Sommers, des Herbstes und Winters herrschen die
Säfte auf mannigfache Weise durch ihre Mischungen vor.
Im Frühjahr ist das Blut im Überschuß vorhanden, im
Sommer die rote Galle, im Herbst die schwarze Galle,
im Winter der Schleim.«

Jeder einzelne Mensch hat nun, bei aller Mischung der
vier verschiedenen Säfte, von Natur aus *einen* Saft im

Übergewicht, der denn auch seinen Charakter besonders zu bestimmen vermag: sein Temperament. Auf diese Weise entstand aus der Säftelehre die Lehre von den vier Temperamenten, dem Sanguiniker, Choleriker, Melancholiker und Phlegmatiker, eine Lehre, die über die Konstitutionstypen hinaus jedes Individuum zu erfassen suchte.

Gesundheit bedeutet nun die ausgewogene Mischung der Säfte, das rechte »temperamentum«; Krankheit ist die gestörte Mischung, wobei zwei Krankheitsursachen entscheidend werden: einmal der Überfluß (abundantia) eines Saftes, zum anderen die Verdorbenheit (corruptio) der verschiedenen Säfte. In beiden Fällen muß das schädliche Etwas (materia peccans) aus dem Organismus entfernt werden.

Die Krankheiten als solche werden in der Regel nach dem Galenischen Schema »von Kopf bis Fuß« durchgesprochen, so in einer Abhandlung über die Heilung von Krankheiten (Tractatus de aegritudinum curatione), die aus der Schule von Salerno stammt. Da findet man zunächst alle Kopf- und Halskrankheiten, die Augen- und Ohrenleiden sowie die Zahnschmerzen. Es folgen die Krankheiten der Brust und des Bauchraumes sowie die der Extremitäten. Gesondert dargestellt werden allgemeine Krankheiten oder auch die Fieberarten. Als ein eigenständiges Universalorgan wird die Haut angesehen. Ein eigenes Kapitel ist den Vergiftungen gewidmet.

Man wird sicherlich nicht aus den Quellen systematische Schilderungen bestimmter Krankheiten oder gar bestimmte Diagnosen erwarten; eine Klassifikation von Krankheiten wird erst am Ausgang des 18. Jahrhunderts versucht. Immerhin finden wir konkrete Krankheitsbeschreibungen mit überraschenden Einzelheiten. Blättern wir in einem solchen Buch der Krankheiten, so begegnen uns zahlreiche Leiden, die uns auch heute noch geläufig sind, andere hinwiederum, die wir kaum zu identifizieren vermögen. Häufig werden die Krankheiten aber auch nur mit augenfälligen Symptomen höchst ungenau umschrieben. Da ist dann einfach die Rede von Verunstalteten (abhominabiles) oder Schwachen (debiles) oder Krätzekrankheiten (scabiosi). Deutlicher schon werden die Krankheitsbilder bei den Blinden und Krüppeln und Blutflüssigen, so wie sie allenthalben in mittelalterlichen Illustrationen in Erscheinung treten.

Einen auffallend großen Raum nehmen die Augenkrankheiten ein, beschrieben als »üble weiße Flecken« (mala albuginaria), die man auch »Perlen« nennt, vermutlich weißliche Hornhautnarben, die einen »Star« verursachen und den operativen Eingriff herausfordern. Im Mirakelbuch des Wolfhard werden Fälle einer Blindenheilung mehrfach beschrieben. »Und es geschah, daß die Augäpfel wieder in der Burg des Hauptes kreisten und die Strahlen der Sonne sehen konnten.«

Unter den Krankheiten des Brustraumes findet man Asthma und Husten, die Lungenentzündung und Rippenfellentzündung sowie zahlreiche Atembeschwerden. Als Zeichen der Lungenentzündung (peripleumonia) werden angegeben: Schwierigkeiten beim Atmen, Hustenanfälle, kontinuierliches Fieber, stechender Schmerz am Schulterblatt, Wangenröte mit blaugrünlichem Augenglanz sowie roter und feiner Urin. Daneben wird häufig auch die Lungenschwindsucht (ptisis) erwähnt.

Als ein Sammelname muß die Herzkrankheit (cardiaca) aufgefaßt werden, von der es heißt: »Eine ›cardiaca‹ liegt dann vor, wenn der ganze Organismus in einen kontinuierlichen Schweiß gerät. Hierbei ist zu beachten, daß dieses Leiden einmal vom Herzen, zum anderen vom Magen, manchmal von der Leber und manchmal von der Überfülle an Blut herkommt. Aber eigentlich wird kein Leiden ›cardiaca‹ genannt, außer was seinen Ursprung im Herzen hat.«

Eine große Rolle spielen im Mittelalter die Erkrankungen des Magen-Darm-Traktes, wenngleich auch hier die Diagnostik äußerst ungenau bleibt. Im Vordergrund stehen die Symptome: Erbrechen und Luftfülle, die ungenügende Verdauungstätigkeit, die Verstopfung oder der Durchfall. Häufig ist auch von einer allgemeinen Schwäche die Rede oder von der Kälte im Verdauungssystem. Vielfach ist die Leber beteiligt, erkenntlich etwa an der Leberschwellung (tumor hepatis), der schlechten Säftemischung (cacocimia) oder der Gelbsucht. Zu den Leberkrankheiten zählte auch die Wassersucht, die einfach als ein Irrtum des Verdauungssystems angesehen wird. Sie äußerte sich in Schwellungen der Extremitäten (oedema), wie auch in der Bauchwassersucht oder Blähsucht. Der Klang beim Abklopfen soll dem einer Trommel gleichen.

Immer wieder begegnet uns als Krankheitseinheit die Gicht, dramatisch beschrieben mit den daraus entstehenden Lähmungen und Kontrakturen, Folgezuständen aus dem damals schon kaum abzugrenzenden rheumatischen Formenkreis. Im Mirakelbuch des Wolfhard lesen wir: »Ein armer Mann namens Leibolf war vom Mutterschoß an so verkrüppelt und verkrümmt, daß er wie eine Mißgeburt von allen betrachtet wurde.« Er ward in der Basilika der hl. Walburgis unter Zuckungen und Windungen geheilt. »Und nachdem alle seine Glieder gekräftigt und gestreckt wurden, stand er auf und ging umher, er, der zuvor erbärmlich auf dem Gesäß kriechend mühselig die Wege seines Lebens zurückgelegt hatte.« Ähnliches wird von einem Knaben aus dem Breisgau berichtet, der mit den Händen auf dem Gesäß daherkroch. Auch er ward geheilt: Seine Glieder lösten und entkrampften sich. Und seine Füße erwiesen sich erstmals als fähig, »die weichen Rasenflächen der Mutter Erde zu betreten«. Es war damals Mai, der 7. Mai, wie das Mirakelbuch vermerkt.

In den ›Causae et curae‹ der Hildegard von Bingen wird das Krankheitsbild der Gicht als »Seuche« geschildert: »Menschen, die weiches, mit viel Poren durchsetztes Fleisch haben und übermäßigem Genuß von schwerem Wein sehr ergeben sind, werden häufig von der Seuche heimgesucht, welche ›der Tropfen‹ (gutta) genannt wird. Bei Leuten mit weichem Fleisch fallen nämlich infolge des unmäßigen Trinkens die schlechten Säfte, die in ihnen sind, plötzlich in irgendeines ihrer Glieder und zerstören es wie Brandpfeile oder große, unvorhergesehene Überschwemmungen, die zuweilen die Mühlen und andere Baulichkeiten in ihrer nächsten Nähe zerstören. Ebenso würden diese Säfte die Glieder, auf die sie herabtröpfeln, zerstören, wenn es nicht die göttliche Gnade und der Lebensgeist, der im Menschen ist, verhinderten. Indessen zerstören sie doch manches Glied und machen auch einige ganz unbrauchbar, wie wenn sie tot wären.«

Einen großen Raum nehmen in der mittelalterlichen Krankheitslehre die Hautkrankheiten ein. Bei Constantinus Africanus lesen wir, daß die Natur bestrebt sei, die schlechten Säfte an die Oberfläche zu treiben, damit das Innere des Organismus gereinigt werde. Hier an der Oberfläche treiben dann die verdorbenen Säfte die wunderlichsten Blüten und bilden Flecken und Pusteln. Sie verursachen das lästige Hautjucken und bilden die Blässe oder auch die Wundrose, machen kriechende Flechten oder den Linsenfleck. Ausführlich beschrieben werden die Pocken und nässende Hautleiden.

Aus der Säftelehre werden vornehmlich auch die Frauenleiden erklärt. So galt die Menstruation bereits in der arabischen Heilkultur als normaler Prozeß der Säftereinigung. Auch wir sprechen ja noch vom »monatlichen Reinigungsfluß« und versprechen uns Wunder von den »Blutreinigungskuren«. Auf humoralpathologischen Grundlagen werden dann auch die Kinderkrankheiten abgehandelt, in erster Linie die Rachitis mit der Folge oft monströser Verkrüppelungen. Appetitlosigkeit von Kindern und Jugendlichen wird beschrieben als »Krankheit des Ekels«.

Aufhorchen läßt uns ein Bericht aus dem arabischen Mittelalter, in dem wir lesen: »In einem bestimmten Dorf bin ich einem Mann begegnet, der mir erzählte, daß immer, wenn einer seiner Nachbarn von einer bestimmten Krankheit befallen werde, dieser so lange blute, bis er schließlich daran starb. Und der Mann fügte hinzu, daß, wenn sich ein Kind kräftig das Zahnfleisch reibe, dieses dann ununterbrochen blute, was schließlich zum Tod des Kindes führe. Ein anderer Bewohner des Dorfes, dem ein Aderlasser eine Vene geöffnet habe, sei daran verblutet. Der Mann fügte hinzu, daß auf diese Weise die meisten Leute aus diesem Geschlecht starben. Ich kann mich nicht erinnern, jemals etwas ähnliches wie in diesem Dorf gesehen zu haben, noch habe ich bei den alten Gelehrten Angaben darüber gefunden. Ich kenne den Grund dieser Krankheit nicht, aber was die Heilung betrifft, so nehme ich an, daß man gleich zu Beginn die

Kauterisation anwenden sollte. Ich habe diese jedoch niemals angewandt, und das Ganze erfüllt mich wirklich mit Entsetzen.« Soweit die erste uns bekannte Beschreibung der Bluterkrankheit. Sie findet sich im ›Tasrif‹ des Abu'l-Qāsim und wurde im 12. Jahrhundert von Gerhard von Cremona in Toledo ins Lateinische übersetzt.

Auch bei einer Übersicht über die Todesursachen sind wir weitgehend auf Vermutungen angewiesen. Wir können sicher sein – und so war die Situation noch bis weit ins 18. Jahrhundert hinein –, daß ein Fünftel aller Todesfälle auf das Konto von Kinderkrankheiten, vor allem der Säuglinge, ging. Als Sammelgruppen müssen gelten: Fieberkrankheiten, Magen- und Darmleiden, die Lungenschwindsucht. Erschreckend häufig war auch der gewaltsame Tod: durch Hinrichtung und Mord, tödliche Unfälle, Hungersnöte und besonders die Folgen der vielen Kriege und Schlachten.

Vor allem aber erscheint die Welt des mittelalterlichen Menschen geprägt durch die großen Volkskrankheiten, die in der Regel epidemischen Charakter trugen und nur zu oft unheilvoll verknüpft waren mit Sozialkatastrophen. Wir sollten dabei nicht vergessen, wie sehr die durchweg bäuerlich fundierte Kultur des Mittelalters von Naturkatastrophen und wirtschaftlichen Krisen abhängig war. Klöster und Städte haben zu karitativen Hilfsmaßnahmen Zuflucht genommen, ohne der Hungersnöte oder der Seuchen Herr zu werden. Regelmäßige Begleiterscheinungen der großen Krisen waren daher die epidemischen Krankheiten, der Aussatz und die Pest, das Antoniusfeuer oder auch die psychischen Epidemien, Volkskrankheiten, denen wir nun im einzelnen nachgehen wollen.

## 3. Die großen Seuchenzüge

*Der Aussatz*

Unter dem »Aussatz« versteht man in der Regel die Lepra, eine tückische Infektionskrankheit, deren Erreger, das »Mycobacterium leprae«, erst im Jahre 1873 von dem norwegischen Arzt Armauer Hansen entdeckt wurde. Erstaunlich lang ist die Inkubationszeit; sie reicht von drei Monaten bis zu 20 Jahren und hat zu manchen Fehldiagnosen Anlaß gegeben. Die mittelalterlichen Ärzte jedenfalls sprechen ganz allgemein beim Aussatz von der »Miselsucht«, was von »misellus« kommt und soviel meint wie »arm« oder »elend«. Und sie waren arm dran!

Der Aussatz war bereits den Ärzten der Spätantike gut bekannt. So beschreibt der byzantinische Arzt Aretaios von Kappadokien um das Jahr 100 n. Chr. die Isolierung der Kranken: »Wer möchte vor der Lepra nicht fliehen? Und wen graut es nicht vor ihr, selbst wenn sie den Sohn, den Vater oder den eigenen Bruder befallen hat, da man Furcht haben muß, daß man sich an der Krankheit ansteckt.«

Von Ansteckungsgefahren und Verhütungsmaßnahmen ist auf den Konzilen des 6. und 7. Jahrhunderts immer wieder die Rede. Walahfrid Strabo, Abt des Klosters Reichenau, berichtete von einem kleinen Hospiz (hospitiolum), das in Klosternähe, aber außerhalb der Ortschaft, zur Aufnahme von Leprakranken errichtet wurde.

Im 10. Jahrhundert war es allgemeiner Brauch geworden, Aussätzige aus den Wohngemeinschaften auszustoßen und sie für bürgerlich tot zu erklären. Allerdings erhielten die Angehörigen auch den Auftrag, für die Kranken zu sorgen, soweit Mittel zur Verfügung standen. Mittellose Aussätzige aber lebten von Almosen, hausten als »Feldsieche«, zogen bettelnd durch die Gegend und wurden zu wandernden Infektionsherden.

Die Lepra war bereits im 5. und 6. Jahrhundert n. Chr. nach Mitteleuropa vorgedrungen und hatte von

*Aussatz: Der Mensch Hiob zeigt seine Drangsal und Gebrechen*

Anfang an drastische Gegenmaßnahmen hervorgerufen. So erließ das Konzil von Lyon bereits im Jahre 583 strenge Vorschriften, die den Verkehr mit Aussätzigen einschränkten. In den folgenden Jahrhunderten wurden diese Schutzmaßnahmen systematisiert und eigene Institutionen für die Aussätzigen errichtet. Erste Leprosorien sind bereits im 7. und 8. Jahrhundert in Metz (636), Verdun (656) und St. Gallen (736) dokumentiert.

Frühe Gesetzbücher befassen sich ausführlich mit dem

Rechtsstatus und der Versorgung von Aussätzigen. So enthält das langobardische Gesetzbuch des Königs Rothari, der ›Edictus Rothari‹ (643), Bestimmungen über die Ausstoßung aus der Gemeinde und die Toterklärung. Der ›Sachsenspiegel‹ des Eike von Repgow (1220) registriert die Erbunfähigkeit des Aussätzigen, regelt aber auch dessen Versorgung. Die Leprösen wurden vielfach wie Zwangspfründner behandelt. Ihre Eherechte wurden immer wieder diskutiert. Das ›Decretum Gratiani‹ (1140) bestimmte etwa, daß die Krankheit nicht als Scheidungsgrund gelten könne.

In der Schule von Salerno unterschied man bereits vier Arten von Lepra: die »allopicia«, die im Blut ihre Ursache hatte, die »leonina«, die von der Galle herrührte, die »elefantia«, verursacht durch schwarze Galle, und die »tyria«, die aus zu viel Phlegma kam. Beschrieben wurden die Schwellungen der Extremitäten, vermutlich durch den Stau des Lymphabflusses, sowie die Geschwulstbildungen. Erst später erkannte man die Knotenbildungen unter der Haut, die sich zu offenen Geschwüren entwickelten und die Gelenkbänder zerrissen. Finger und Zehen, oft auch Hände und Füße, fielen ab. Das Gesicht der Aussätzigen färbte sich kupferrot, die Nase schwoll an, der Blick wurde wild, der Atem stinkend, die Stimme heiser. Nach langem Leiden trat der erlösende Tod ein.

Wir sollten uns dabei stets vor Augen halten, daß mit »Aussatz« keine streng abzugrenzende Krankheit oder Krankheitsgruppe gemeint sein kann. Neben der Lepra hat man zahlreiche Hautkrankheiten zu suchen, vor allem die Schuppenflechte (Psoriasis), aber auch die Hauttuberkulose.

Im späten Mittelalter waren es die Medizinischen Fakultäten, denen die »Lepraschau« übertragen wurde. Bei diesem »Examen leprosorum« mußte auf bestimmte diagnostische Symptome geachtet werden. So galten als »signa leprae« etwa: die rauhe Stimme (vox rauca), knollige Veränderungen der Nase, Schwellungen der Stirn oberhalb der Augen, das Löwengesicht (facies leonina) sowie eine Schmerzunempfindlichkeit bestimmter Hautpartien u. a.

Was die öffentliche Lepraschau anbelangt, so war in der Regel die Medizinische Fakultät die Instanz für die Aussatz- oder Malzeyschau. Das Wort »Malzey« kommt vom mittelhochdeutschen »malzie« und geht auf das romanische »malattia« und das französische »maladie« zurück; es bedeutet soviel wie Übelbefinden oder Krankheit, im speziellen dann die auffälligste Krankheit des Mittelalters: die Lepra. Der Lepra-Verdächtige wurde auf Anzeige hin einer Kommission zur Untersuchung zugeführt, einer Kommission, die in der Regel aus Amtsärzten (physici) und Wundärzten (chirurgi) bestand. Der Kranke wurde einem »examen leprosorum« unterzogen; das Ergebnis der Untersuchung wurde in einem Lepra-Schaubrief niedergelegt.

So kamen noch am 25. Januar 1662 Hartmann Selig von Eberstadt aus der Wetterau und seine Hausfrau Appolonia, wohnhaft »zur Aue alhie am Neckar oberhalb Schlierbach« vor die Heidelberger Fakultät zur Beschauung, wobei zur Debatte stand, »ob sie mit der abscheulich ansteckenden Sucht der Malzey oder Aussatzes behaftet« seien. Das Protokoll führt die »Quaestiones praeliminares« auf, Fragen zur Person und Vorgeschichte, schildert die eingehende Untersuchung, forscht nach »verdächtigen Zeichen« und kommt zu dem Ergebnis, daß beide »von der abscheulichen Seuche der Malzey durchaus los und ledig« gesprochen seien und ihnen »dessen zu wahrhafter Kundtschaft gegenwärtiger Schein ertheilet« wird.

Wir sind immer wieder erstaunt über die Genauigkeit der Diagnostik. So wurden bei Beginn der Erkrankung »Vormäler« beobachtet: kleine Flecken und Ausschläge, hauptsächlich im Gesicht und dort um die Nase herum. Man erkannte die charakteristischen Gewebsverdichtungen um die Augenbrauen, Knoten auf der Kopfschwarte und an den Gelenken. Das alles ging einher mit Veränderungen der Nasenschleimhaut. Die Hautveränderungen wiesen verschiedene Färbungen auf, die als »citrinus, albus, niger« beschrieben wurden und die den Erkrankten als »unrein« erscheinen ließen. Henri de Mondeville beschreibt Anfang des 14. Jahrhunderts zwölf sichere Zeichen des Aussatzes, im einzelnen: das Ausfallen der

Augenbrauen, eine Verdickung der Orbitalränder, das Heraustreten der Augen, das Anschwellen der Nase, die typisch blaurote Gesichtsfarbe, den starren Blick, Knoten an den Ohren, weiße und dunkle Flecken, das Schwinden des Muskels zwischen Daumen und Zeigefinger, die glänzende Spannung der Stirnhaut sowie eine Gefühllosigkeit an den unteren Teilen des Schienbeins und den kleinen Zehen. Andere beschrieben darüber hinaus eine rauhe näselnde Stimme und den starren wilden Blick. Auch sollen Lepröse, wenn sie der Kälte ausgesetzt werden, keine Gänsehaut bekommen.

Fiel die Lepraschau positiv aus, so kam der Kranke ins Siechenhaus. Nahezu jede Stadt besaß am Ausgang des Mittelalters ihr eigenes Siechenhaus oder Leprosorium, etwas euphemistisch auch »Gutleutehaus« genannt. Hier kamen die Aussätzigen zusammen, nachdem sie aus ihren Familien und Gemeinden ausgestoßen worden waren, ausgestoßen werden mußten. Sie verloren nicht nur ihr gesamtes Hab und Gut, sondern auch ihre bürgerlichen Rechte; sie waren praktisch tot, weshalb denn auch während der Ausstoßung in der Regel eine Totenmesse gelesen wurde; sie waren »Tote auf Abruf«.

Wer von der Lepra befallen war, mußte weit außerhalb der Stadtmauer sein Leben fristen, eine Zeitlang durch Betteln und Hausieren, ehe er in eines der Leprösenhäuser aufgenommen wurde, die meist an Brücken und Kreuzwegen, an den Hauptzufahrtsstraßen der Städte oder an den Pilgerstraßen lagen. Lepröse trugen denn auch eine eigene Tracht, hatten Handschuhe anzulegen, mußten Warninstrumente bei sich führen, durften nur gegen die Windrichtung sprechen oder konnten am Gottesdienst nur durch einen Schlitz in der Mauer teilnehmen. Die Aussätzigen trugen das sog. »Lazaruskleid der Demütigen«; sie bekamen einen Korb (für die Almosen), ein Fäßchen mit Wasser sowie eine Klapper, Ratsche oder Glocke, um sich rechtzeitig bemerkbar zu machen.

Vom heiligen Franziskus von Assisi wird uns berichtet, wie er bevorzugt mit Aussätzigen Umgang pflegte. Er rief sie alle zusammen, küßte jedem die Hand und gab ihm ein Almosen. Als er aber zurückkehrte, so heißt

*Darstellung eines Leprösen mit Utensilien (Stab, Rassel, Tasche)*

es, »da war ihm tatsächlich in Lust verwandelt, was ihm früher widerlich gewesen war, nämlich Aussätzige zu sehen und zu berühren«. Weiter wird erzählt, wie er einmal mit einem Aussätzigen aus einer Schüssel aß. »Der Aussätzige war voller Wunden und Geschwüre. Vor allem die Finger, mit denen er aß, waren verkrümmt und blutig, so daß immer, wenn er sie in die Schüssel eintauchte, Blut in diese floß.«

Die Kranken legten in der Regel beim Einzug in das Gutleutehaus ein Gelübde ab, das etwa lautete: »O Jesus, mein Erlöser, du hast mich aus Erde gemacht, du hast mich mit einem Leib bekleidet, laß mich zum Leben erwachen am letzten Tage!«

Mitte des 13. Jahrhunderts gab es in Europa an die 20000 Leprösenhäuser. Unter einem Leprosorium versteht man ein Haus vor der Stadt, den Aussätzigen vorbehalten, zur Pflege geeignet, gestiftet von einem Wohltäter oder der Kirche. Urkundlich erwähnt werden Leprosorien in Echternach (992), Münster (1249), Koblenz (1267), Dortmund (1319), Bonn u. a. Vor der Aufnahme in ein Leprosorium wurde dem Kranken eine Totenmesse gelesen, das »Requiem coram vivo defuncto«; ein Geistlicher begleitete den Aussätzigen zum Siechenhaus und las ihm, so in Trier, die Leprösen-Vorschrift vor, die unter anderem lautete: »Es ist dir verboten, jemals in die Kirchen, auf den Markt, in die Mühle, an den Backofen und in die Volksversammlung zu gehen. / Ich befehle dir, nicht mit irgendeinem Weibe, auch nicht mit deiner Frau, umzugehen. / Ferner befehle ich dir, wenn auf dem Wege dir jemand begegnet und dich befragt, daß du nicht antwortest, bis du aus der Windrichtung gegangen bist, damit er nicht von dir den Tod empfange, und sollst du nicht geraden Weges auf jemanden zugehen.«

Ein ganzes Bündel an Maßnahmen schien notwendig, um mit dieser Volkskrankheit fertig zu werden: die Isolierung der Betroffenen, eigene Pflegeorden, die Anrufung der Heiligen, kommunale Maßnahmen, spitalähnliche Einrichtungen. Die Darstellungen der bildenden Kunst zeigen eindrucksvoll, wie intensiv sich die Gesellschaft mit dem Phänomen der Massenerkrankung auseinandergesetzt hat. Medizinische Maßnahmen im eigentlichen Sinne werden hingegen nur am Rande erwähnt und waren kaum von entscheidendem Einfluß.

Ein eigener Orden zur Pflege der Aussätzigen war im 13. Jahrhundert gegründet worden, der Orden vom heiligen Lazarus, und unser »Lazarett« erinnert lebhaft an die Zeit, wo diese Krankheit einer der großen Alpträume der Menschheit war, die Geißel Europas, tausendfältig dargestellt in Kunst und Literatur. Ein grausames Leiden, das wir endgültig überwunden zu haben glauben, auch wenn es für andere – für Millionen der heutigen Weltbevölkerung – immer noch die alltägliche Wirklichkeit ist. Nicht weniger grausam ist eine zweite Volkskrankheit aufgetreten, die bezeichnet wurde als »Der Schwarze Tod«.

Um die Mitte des 6. Jahrhunderts bereits wütete in Europa die Pest, der »Schwarze Tod«, aus dem Orient eingeschleppt und bis zur Jahrhundertwende in Italien, Spanien und Gallien grassierend. Noch Paulus Diaconus konnte im 8. Jahrhundert schreiben: »Landgüter und Städte versanken von einem Tag auf den anderen in Totenstille... Die Welt verfiel in ein vormenschliches Schweigen.« Einer Chronik über die Pest in Sizilien (1347) entnehmen wir den knappen Bericht: »Und er war da nicht der einzige aus seinem Hause, der starb: Die übrigen Familienmitglieder, die Hunde, die Tiere, die sich in besagtem Hause befanden, sie alle folgten dem Familienvater in den Tod.« In alten Kirchenbüchern steht denn auch – in all den Schreckensjahren voll von Natur- und Sozialkatastrophen – zu lesen: »Die Seuche suchte den Hof heim und wich nicht eher von der Schwelle, als bis alle dahingerafft waren«; oder auch: »Die Seuche tötete einen nach dem anderen, bis das ganze Haus leer und verlassen dastand.«

Wenn vom »Schwarzen Tod« die Rede ist, denkt man in erster Linie an die große Pestepidemie zwischen den Jahren 1348 und 1350, der in Europa nach Schätzungen 25 Millionen, etwa ein Viertel der Gesamtbevölkerung, zum Opfer gefallen sind. Wie konnte es zu einer Katastrophe solchen Ausmaßes kommen? Die Seuche hatte im Jahre 1347, von Indien ausgehend, das Mündungsgebiet des Don und die Küste des Asowschen Meeres erreicht. Von Feodosia [Kaffa] aus – dem wichtigsten genuesischen Handelsstützpunkt auf der Krim – wurde sie ins Abendland eingeschleppt. Man konnte damals nicht ahnen, daß pestkranke Ratten die Handelsschiffe bestiegen hatten und nun über die Rattenflöhe die Häfen und Städte verseuchten. 1348 war ganz Oberitalien von der Epidemie befallen.

Giovanni Boccaccio hat in seinem ›Decamerone‹ (um 1350) das Wüten der Pest in Florenz ausführlich beschrieben: »Gegen dieses Übel half keine Klugheit oder Vorkehrung, obgleich man es daran nicht fehlen und die Stadt durch eigens dazu ernannte Beamte von allem Un-

*Triumph des Todes. Der Tod auf dem Triumphwagen, umgeben von den Opfern der Pest*

rat reinigen ließ, auch jedem Kranken den Eintritt verwehrte und manchen Ratschlag über die Bewahrung der Gesundheit erteilte. Ebensowenig nützten die demütigen Gebete, die von den Frommen nicht ein, sondern viele Male in feierlichen Bittgängen und auf andere Weise Gott vorgetragen wurden.«

Bereits im Frühjahr des Jahres 1348 begann die Pest ihre verheerenden Wirkungen zu zeigen: »Dabei war aber nicht, wie im Orient, das Nasenbluten ein offenbares Zeichen unvermeidlichen Todes, sondern es kamen zu Anfang der Krankheit gleichermaßen bei Mann und Weib an den Leisten oder in den Achselhöhlen gewisse Geschwulste zum Vorschein, die manchmal so groß wie ein gewöhnlicher Apfel, manchmal wie ein Ei wurden, bei den einen sich in größerer, bei den andern in geringerer Anzahl zeigten und schlechtweg Pestbeulen genannt wurden. Später aber gewann die Krankheit eine neue Gestalt, und viele bekamen auf den Armen, den Lenden und allen übrigen Teilen des Körpers schwarze und bräunliche Flecke, die bei einigen groß und gering an Zahl, bei andern aber klein und dicht waren. Und so wie früher die Pestbeule ein sicheres Zeichen unvermeidlichen Todes gewesen und bei manchen noch war, so waren es nun diese Flecke für alle, bei denen sie sich zeigten.

Dabei schien es, als ob zur Heilung dieses Übels kein ärztlicher Rat und die Kraft keiner Arznei wirksam oder förderlich wäre. Sei es, daß die Art dieser Seuche es nicht zuließ oder daß die Unwissenheit der Ärzte (deren Zahl in dieser Zeit, außer den wissenschaftlich gebildeten, an Männern und Frauen, die nie die geringste ärztliche Unterweisung genossen hatten, übermäßig groß geworden war) den rechten Grund der Krankheit nicht zu erkennen und daher ihr auch kein wirksames Heilmittel entgegenzusetzen vermochte, genug, die wenigsten genasen, und fast alle starben innerhalb dreier Tage nach dem Erscheinen der beschriebenen Zeichen...

Die Seuche gewann um so größere Kraft, da sie durch den Verkehr von den Kranken auf die Gesunden überging, wie das Feuer trockene oder brennbare Stoffe ergreift, wenn sie ihm nahe gebracht werden...

Daraus entstand fast unvermeidlich unter denen, die am Leben blieben, manche Unregelmäßigkeit, die den früheren bürgerlichen Sitten widersprach... Es gab viele, die bei Tag oder Nacht auf offener Straße verschieden, viele, die ihren Geist in den Häusern aufgaben und ihren Nachbarn erst durch den Gestank, der aus ihren faulenden Leichen aufstieg, Kunde von ihrem Tode brachten... Dabei wurden dann die Verstorbenen mit keiner Kerze, Träne oder Begleitung geehrt, vielmehr war es so weit gekommen, daß man sich nicht mehr darum kümmerte, wenn Menschen starben, als man es jetzt um den Tod einer Geiß täte. Man hob auf den Kirchhöfen, als alles belegt war, große Gruben aus und warf die Leichen zu Hunderten hinein. Hier wurden die Leichen aufgehäuft wie die Waren in einem Schiff und von Schicht zu Schicht mit ein wenig Erde bedeckt, bis die Grube bis zum Rand voll war...« Soweit Boccaccio!

Gabriel de Mussis, ein Rechtsgelehrter aus Piacenza, beschrieb die Situation nicht weniger dramatisch: »Allein in seinem Elend lag der Kranke in seiner Behausung. Kein Verwandter wagte sich ihm zu nahen, kein Arzt seine Wohnung zu betreten; selbst der Priester reichte ihm nur mit Entsetzen das Sakrament. Mit herzzerreißendem Flehen riefen Kinder ihre Eltern, Väter und Mütter ihre Söhne und Töchter, ein Gatte die Hilfe des anderen an. – Vergebens!«

Petrarca erlebte die Schreckensjahre damals in Parma und berichtet seinem Bruder: »Was soll ich sagen? Wo soll ich beginnen? Wohin soll ich mich wenden! Überall Leid! Überall Schrecken! O wäre ich, Bruder, nie geboren oder schon gestorben! Dieses Jahr hat uns nicht nur unserer Freunde, sondern die ganze Welt ihrer Völker beraubt.« Und dann immer leidenschaftlicher die Klage: »Wo hat man je in den Annalen gelesen, daß die Häuser verlassen, die Felder unbebaut, die Fluren mit Leichen bedeckt und der ganze Erdkreis eine unermeßliche, schreckliche Wüste gewesen sei? Wende dich an die Historiker: sie schweigen! Frage die Ärzte: sie sind erstarrt! Suche bei den Philosophen Rat: sie zucken die Achseln, runzeln die Stirn und gebieten Schweigen, indem sie den Finger auf die Lippen legen. Wirst du das glauben, o Nachwelt?«

Die Seuche verlief in zwei Formen: Die Lungenpest war gekennzeichnet durch blutigen Auswurf und stinkenden Atem, und sie führte innerhalb weniger Tage – oft Stunden – zum Tode. Die Beulenpest begann mit einer schmerzhaften Anschwellung und Vereiterung der Achsel- und Leisten-Lymphknoten und endete in der Regel vor Ablauf einer Woche mit dem Tod.

Von Oberitalien sprang die Pest Anfang 1348 auf Frankreich über, im Juni wütete sie in Paris, im Oktober 1348 erreichte sie London. Das große Sterben reduzierte die Bevölkerung Englands von vier auf zweieinhalb Millionen. 1349 und 1350 grassierte der »Schwarze Tod« in ganz Europa. Allein in Wien fielen im Sommer 1349 über 40000 Menschen der Seuche zum Opfer.

In seiner ›Chirurgia‹ schildert uns Guy de Chauliac recht fachkundig, wie zu Avignon im Jahre 1348 die Pest gewütet hat: »Das große Sterben begann im Januar und dauerte sieben Monate. Zu unterscheiden waren zwei Krankheitsformen: Die erste zeigte sich in den ersten beiden Monaten mit anhaltendem Fieber und blutigem Auswurf. Alle starben innerhalb von drei Tagen. Die zweite Form ging ebenfalls mit ständigem Fieber einher, zeigte aber auch Geschwüre und Beulen auf der Körperoberfläche, zumal in den Achsel- und Leistengegenden. Diese Kranken starben binnen fünf Tagen. Die Krankheit war so ansteckend, besonders die Form mit dem blutigen Auswurf, daß nicht nur ein Verweilen bei dem Kranken, sondern ein bloßer Anblick schon zur Ansteckung genügte. Einer empfing sie vom anderen in dem Maße, daß ganze Familien starben, ohne jede Pflege, und begraben wurden sie ohne Priester.«

Der große Chirurg unterscheidet schon deutlich die Beulenpest von der Lungenpest, muß aber auch die Ohnmacht der Ärzte beklagen, wenn er fortfährt: »Ärztliche Tätigkeit war nicht nur nutzlos, sondern auch gefährlich; denn keinen Kranken wagten die Ärzte aus Furcht vor Ansteckung mehr zu besuchen. Taten sie es doch, so vermochten sie nichts auszurichten, weil doch alle starben, abgesehen von den wenigen Ausnahmen, die am Ende der Seuche dem Tode entrannen, wenn ihre Pestbeulen reif geworden waren.«

Im Oktober 1348 war die Medizinische Fakultät der Universität Paris auf Befehl des Königs Philipp zusammengetreten, um über die Ursachen der Pest, die Folgen und über mögliche therapeutische Maßnahmen zu beraten. Das Gutachten hatte repräsentativen Charakter, wurde zum Modell zahlreicher Pestregimina, Gesundheitsregeln und Pflegeanleitungen, und verdient auch heute noch unsere Aufmerksamkeit.

Die erste Ursache der Seuche wurde in einer makrokosmischen Konstellation gesehen: in der unheilvollen Konjunktion nämlich der Planeten Saturn, Jupiter und Mars, die damals im Zeichen des Wassermanns standen. Als weitere Verursachung, als die »causae particulares et propinquae«, nannte das Pariser Gutachten verdorbenes Wasser und schädliche Nahrung. Auch war man von einer direkten Übertragbarkeit der Seuche überzeugt und sprach von einem »contagium pestis«.

Was aber konnte man tun gegen den »Schwarzen Tod«, und was wurde an medizinischen Maßnahmen durchgeführt? Der Magister Simon de Couvin, Mitglied des Pestkomitees der Pariser Fakultät, schrieb damals: »Wer mit wenig nahrhaften Lebensmitteln schlecht ernährt war, erlag bereits dem leisesten Hauch der Krankheit«, und dann, resigniert generalisierend: »Der bettelarme Mensch aus dem niederen Volk (pauperrima turba) nimmt den Tod gern in Kauf, denn für ihn heißt leben sterben. Fürsten, Ritter und Richter aber verschonte die grausame Parze.« Aber letztlich verschonte sie niemanden, die grausame Parze, weder Kaiser noch Bettler!

In dem Pariser Pestgutachten (Compendium de Epidemia) wurde allerdings auch eine ganze Reihe von hygienischen und diätetischen Maßnahmen empfohlen: Man soll auf öffentlichen Plätzen wie auch im Inneren der Häuser Weihrauch und Kamillen verbrennen. Man soll kein Geflügel oder zu fettes Fleisch essen. Der Schlaf darf nicht länger als bis zum Morgengrauen dauern. Zum Frühstück soll man nur wenig trinken. Gefährlich ist das Ausgehen zur Nachtzeit. Zu große Enthaltsamkeit, Gemütserregungen und Trunkenheit sind zu meiden. Durchfälle sind bedenklich, Bäder gefährlich. Umgang mit Weibern ist tödlich.

Aus dem Ende des 14. Jahrhunderts sind uns detaillierte Vorschriften über den Arztbesuch bei Pestkranken überliefert: Man soll sich das Harnglas in einem Leinentuch herausreichen lassen, damit der Dunst des Urins nicht ausrauchen kann. Notfalls soll man den Urin auf der Straße, und nicht im Krankenzimmer, beschauen; das gleiche gilt für die Stuhlgänge. Überhaupt soll man allen direkten Kontakt mit dem Kranken meiden. Haus und Geräte sollen geräuchert, die Luft ständig erneuert werden. Auch soll man Edelsteine an sich tragen, besonders Hyazinth und Smaragd.

Ob die damals üblichen Heilmaßnahmen gegen die Pest erfolgreich waren, darf bezweifelt werden. So führt eine Pariser Handschrift aus dem ausgehenden 15. Jahrhundert einen niederländischen Text, in dem neben zahlreichen Aderlaßvorschriften folgendes Rezept gegeben wird: »Nehmt Feigen, Raute, Walnüsse, je zu gleichen Teilen, und zerstoßt das jeweils für sich in einem Mörser, und dann stampft die drei zusammen in dem Mörser und nehmt von diesem Mittel jeden Tag ein wenig auf nüchternen Magen, ehe ihr aus dem Hause geht. Das vertreibt das Gift, das man die Beulen oder Blattern oder Pestilenz nennt.«

Schon Hildegard von Bingen hatte in ihrer ›Physica‹ pflanzliche Pestrezepte beschrieben: »Bei der Pest mit schwarzen Beulen, welche mit schmerzhaftem Tod endet, soll man lediglich Blätter und Wurzeln von der ›Herba Aaron‹ geben, um ein ruhiges Ende zu bewirken«, ein Rezept freilich, das eher als Sedativum im Sinne einer passiven Euthanasie gedacht gewesen sein mag.

Wirksamer waren sicherlich die prophylaktischen Vorschriften, wie sie immer wiederholt wurden: Man soll Maß halten in Speise und Trank wie auch in der Liebe, sich nicht zu lange in Menschenansammlungen aufhalten, öfters Feuer in seinem Zimmer machen und häufig die Luft und die Kleider wechseln. Man soll sich die Haut öfters mit Weinessig und Rosenwasser einreiben oder sich in der Apotheke einen Riechapfel aus Moschus (pomum ambrae) machen lassen. Auch unser »Kölnisch Wasser« war ursprünglich ein Pestmittel. Zorn, Unzufriedenheit und Traurigkeit des Herzens soll man meiden, soweit man das kann, und man soll fröhlich sein und nicht allzu ängstlich. »Vor allem aber soll man seinen Frieden mit Gott machen; denn wer Frieden mit Gott hat, der hat vor der Pest viel weniger Angst.«

Eigene Pestspitäler wurden allenthalben errichtet, so 1403 in Venedig, 1464 in Pisa, 1467 in Genua und 1479 in Florenz. Menschenansammlungen auf Märkten und Plätzen wurden verboten. In Paris wurden 1450 sogar die öffentlichen Badestuben geschlossen.

Als besonders wirkungsvoll aber erwies sich die Quarantäne, abgeleitet von »Quarantana«, was soviel wie 40tägige Absonderung bedeutet, zum ersten Male 1377 in Ragusa angewandt, bald erweitert von 30 Tagen (Trentina) auf 40 Tage (Quarantana), so erstmals 1383 in Marseille. Der Quarantäne der Häfen entsprach im Landesinneren der »Pestkordon«, die Landsperre der Städte.

Es war nur eine politische Konsequenz, daß zur Regulierung dieser vielfältigen Maßnahmen eigene Gesundheitsbehörden errichtet wurden. Exemplarisch ist hier die Republik Venedig vorangegangen, wo im Jahre 1485 der Doge Marco Barbarigo einen »Magistrato della sanità« einrichtete. Verseuchte Häuser wurden gelüftet, mit Schwefel ausgeräuchert, mit Kalk geweißt. Betten und Hausrat sollten gereinigt und tagelang in die Sonne gestellt werden. Verschmutzte Matratzen und Kleider mußten verbrannt werden. Handelsgüter wurden einer besonderen Kontrolle unterzogen. Obwohl man den Infektionsmodus nicht kannte, wurde so verfahren, als ob zwischen dem Kranken und seiner Umwelt eine Infektkette bestünde.

Die sozialhygienischen Maßnahmen gegen die Pest gehören sicherlich zu den hervorragendsten Leistungen des Mittelalters. Aus der reinen Pflegepraxis entwickelte sich ein komplettes Abwehrsystem mit Hafensperren, Isolierungsplätzen, Quarantänen. Anzeigepflicht und Absonderung der Kranken und ihrer Pfleger, mit der Desinfektion der Betten, der Verbrennung aller Gegenstände aus der unmittelbaren Umgebung der Kranken oder Gestorbenen, der Desinfektion der Waren, der Geldstücke, sogar der Briefe. Pesthospitäler entstanden, und in den Städten ersann man umfangreiche Maßnahmen zur Sanierung verwahrloster Wohngegenden.

Es konnte nicht ausbleiben, daß sich unter diesen Maßnahmen erste Ansätze eines öffentlichen Gesundheitswesens abzeichneten. Die Verwaltung der Hospitäler ging häufig in städtische Hände über; Stadtarzt (Stadtphysikus) und Stadtwundarzt standen dem Hospital konsiliarisch zur Verfügung. Erst die großen Epidemien haben somit die Zusammenarbeit zwischen Ärzten, Behörden und Pflegegemeinschaften in Gang gebracht.

Die Pest – wie übrigens seit dem 16. Jahrhundert auch die Syphilis – hatte darüber hinaus einen nicht zu unterschätzenden Einfluß auf die gesamte kulturhistorische Situation des Abendlandes. Mit dem großen Sterben ging ein Verfall der bisherigen gesellschaftlichen und sittlichen Bindungen einher. Psychische Epidemien fanden ihren Ausdruck in Massenprozessionen von Flagellanten und in der Verbrennung von Tausenden von Juden, die beschuldigt wurden, durch Brunnenvergiftung die Pest gebracht zu haben. Inquisition und Hexenwahn fanden in der veränderten, in Extremen lebenden Gesellschaft eine ihrer unheilvollen Wurzeln.

*Antoniusfeuer und Veitstanz*

Neben Lepra und Pest grassierte eine dritte Epidemie, der »Ergotismus gangraenosus«, bekannt geworden als »Antoniusfeuer«. Von einer Antoniusfeuerepidemie (plaga magna) ist bereits in den ›Annales Xantenses‹ vom Jahre 857 die Rede. Die Chronik des Flodoardus von Reims berichtet im Jahre 945 über eine Epidemie in der Nähe von Paris. Mehrere Chroniken wissen von einer schweren Seuche in Aquitanien, wo im Jahre 994 über 40000 Menschen ums Leben gekommen sein sollen. Ähnliches berichtet Sigebert von Gembloux in seiner ›Chronographia‹ (1089).

*Vom Antoniusfeuer befallene Bettler. Darstellung zahlreicher Symptome eines Ergotismus gangraenosus*

Robert de Monte gibt in einem Bericht über die Seuche des Jahres 1125 als Ursache bereits ein dunkles, verderbtes Korn an, das dem Getreide beigemischt war, sicherlich ein früher Hinweis auf das Mutterkorn. Wir hören immer wieder, daß die Seuche in den Monaten nach der Ernte eintrat; erschwerend wirkten sich die oftmals grassierenden Hungersnöte aus. Das Elend wurde dann unbeschreiblich; in einigen Fällen soll es zum Kannibalismus gekommen sein.

Damit ist die dritte große Massenerkrankung des Mittelalters schon näher gezeichnet: das »Antoniusfeuer«, auch »Ignis sacer« genannt, eine Mutterkornseuche, genauer: eine auf Pilzbefall des Roggenkorns zurückzuführende Nahrungsmitteltoxikose, die auch als »Ergotismus« bekannt wurde. Infolge der Pilzvergiftung kam es zu Gefäßverschlüssen, verbunden mit brennendem Schmerz in den Gliedern und einer feuerroten Verfärbung der Haut, die schließlich blauschwarz wurde; es kam zu einem Brandigwerden der Extremitäten, zu einer schweren Gangrän, so daß einzelne Glieder sich spontan ablösen konnten.

»Viele verfaulten zu Fetzen«, schreibt der Chronist Sigebert von Gembloux, »wie von einem heiligen Feuer verzehrt, das ihnen die Eingeweide aufreißt. Ihre Glieder, nach und nach zernagt, wurden schwarz wie Kohle. Sie starben schnell unter grauenhaften Qualen, oder sie setzten ohne Füße und Hände ein noch schrecklicheres Leben fort. Viele andere wanden sich in nervösen Krämpfen.« Die Kranken wurden vielfach vom Frost geschüttelt und glaubten zugleich, ein inneres Feuer würde ihnen die Eingeweide verzehren. Sie starben in der Regel nach dem Abfallen einzelner Glieder (manibus et pedibus truncati) oder nach langsamer allgemeiner Auszehrung.

Heute wissen wir, daß die Ursache des »Ergotismus gangraenosus« eine Vergiftung mit dem sogenannten »Mutterkorn« des Roggens war, wobei das Mutterkorn als Dauerstadium des Schlauchpilzes Claviceps purpurae Tulasne beschrieben wurde, eine Überwinterungsform des gefährlichen Pilzes also. Bei dem wirksamen Prinzip dieses Mutterkorns handelte es sich um Alkaloide, in erster Linie um das Ergotamin, das erstmals 1918 in Basel von Arthur Stoll dargestellt werden konnte. Ein Bestandteil des Mutterkorn-Alkaloides ist die Lysergsäure, aus der man das LSD, das Lysergsäure-Diäthylamid herzustellen verstand. Aus dem Gift ist ein Heilmittel geworden, das wiederum auf dem Wege ist, zu einer Geißel der Menschheit zu werden.

Als Schutzpatron dieser Krankheit galt der heilige Antonius, der Einsiedler, dessen Gebeine in der Kirche von St. Didier de la Mothe ruhen. Unter seinem Namen wurde ein eigener Pflegeorden, die Hospitalbruderschaft der Antoniter, gegründet. Sie hatten Erfolge mit rein diätetischer Behandlung, vor allem mit gutem unvergifteten Weizenbrot. War die Krankheit gangränös gewor-

*Darstellung von Besessenen. Aus dem ›Hortus deliciarum‹ der Herrad von Landsberg*

den, so mußten die brandigen Gliedmaßen amputiert werden. Hans von Gersdorff schildert in seinem ›Feldbuch der Wundartzney‹ (1517), wie er im Antoniterhof zu Straßburg nicht weniger als zweihundert solcher Amputationen ausgeführt hat. Antonius-Bruderschaften verbreiteten sich im späten Mittelalter über alle Kreise. So war der Humanist und Arzt Hartmann Schedel aus Nürnberg auf seiner Reise in die Niederlande im Jahre 1486 in die angesehene Antonius-Bruderschaft von Maastricht aufgenommen worden.

Wir kennen erschütternde Berichte von Ergotismus-Epidemien, wo von den unerträglichen Schmerzen der Befallenen die Rede ist, wie sie laut wehklagten und mit den Zähnen knirschten. Wie ein unsichtbares Feuer schwelte das Leiden unter der Haut, fraß sich gleichsam ins Fleisch, trennte die Haut von den Knochen. Die Elenden verlangten nach dem Tod, aber dieser trat erst ein, wenn elementare Organe vom Brand erfaßt waren. Das abgezehrte Antlitz, so lesen wir, die Narben, das Fehlen einzelner Gliedmaßen, all das gab ein schaudervolles Ansehen.

Es wundert uns nicht, wenn es im Gefolge der grassierenden Volkskrankheiten – vor allem gegen Ende des Mittelalters – auch zu psychischen Massenerscheinungen kam, die oftmals geradezu epidemischen Charakter annahmen. Im 14. Jahrhundert kam es erstmals zu einem massenhaften Auftreten der Tanzwut. Eine Limburger Chronik weiß davon zu berichten: »Anno 1374, Mitte des Sommers, erhub sich ein wunderlich Ding auf Erden und sunderlich in deutschen Landen an dem Rhein und an der Mosel, also die Leute anhuben zu tanzen und zu rasen.« Sie rotteten sich in Haufen zusammen, tanzten auf einer Stelle einen halben Tag, bis sie erschöpft umfielen, oder zogen singend und tanzend durch die Lande. Über den St. Veits-Tanz hören wir aus einem Straßburger Chronicon (1418): »Viel hundert fingen zu Straßburg an / Zu tanzen und springen, Fraw und Mann / An offenen Marck, Gassen und Straßen, / Tag und Nacht, ihrer viel nicht aßen, / Bis Veits Tanz war genannt die Plag.«

Nach der Pest des Jahres 1348 zogen ganze Scharen von Geißlern durch die Lande. Wenn sie in einer Stadt auf einem festen Platz erschienen – so berichtet der Chronist –, bildeten sie unter Zulauf des Volkes einen weiten Kreis, in dessen Mitte sie sich entkleideten. Sie ließen die Hemden an den Schenkeln hosenartig herunterfallen. Einer nach dem anderen warf sich in diesem Kreise wie ein Gekreuzigter zu Boden, und jeder von ihnen berührte im Vorübergehen den Hingestreckten mit der Geißel. Nicht vermeiden ließ es sich, daß sich im Zuge solcher psychischer Exzesse kriminelle Randerscheinungen einstellten.

Bei all diesen Krankheitsbildern imponieren zunächst die hysteriformen Manifestationen, die auch heute noch vielfache Deutungen erlauben. Zu berücksichtigen sind für diese Periode aber auch Reaktionen auf die Schrekken der Zeit, ein übersteigerter Mystizismus sowie eindeutig psychopathische Reaktionen. Wir hören von den Tanzwütigen, sie seien übermannt, überflutet und geradezu versenkt worden. Neben den ekstatischen Bewegungen finden sich vereinzelt auch eine kataleptische Starre, teilweise oder völlige Bewußtlosigkeit mit nachfolgendem Gedächtnisschwund.

*Darstellung eines Blinden. Spekulumfenster in der Frauenkirche München, ca. 1480*

Therapeutische Maßnahmen im engeren Sinne sind kaum dokumentiert. Der Magistrat zu Straßburg etwa ließ im Jahre 1418 die Tanzwütigen in einer großen Prozession zu einer St. Veits-Kapelle bei Zabern führen. Gegen kriminelle Auswüchse mußte immer wieder die Obrigkeit eingreifen. Ende des 16. Jahrhunderts ließ die Epidemie nach.

Wer sich mit dem Panorama der Krankheiten des Mittelalters beschäftigt, dem wird bald eines deutlich: Krankheit erscheint in der Welt des Mittelalters nicht als zufälliger Defekt oder vorübergehender Funktionsausfall, und schon gar nicht als rasch zu behebende Panne, sondern als das Schicksal des Menschen.

»Die Natur des Menschengeschlechtes ist von den ersten Anfängen an unzähligen Leiden und dem Tode unterworfen. Mit Mühsal nahm sie ihren Anfang, und in ihr findet sie das Ende.« So lesen wir im Mirakelbuch des Priesters Wolfhard aus dem frühen Mittelalter!

Es ist oft kaum zu beschreiben, all das Elend: »Es treten manche schon bei der Geburt blind ins Leben, andere beginnen jammervoll ihr Dasein, an allen Gliedern gekrümmt und zusammengezogen. Wieder andere hinken an beiden Füßen, andere sind durch eine schreckliche allgemeine Schwäche entkräftet. Sehr viele sind gelähmt. Viele werden von verschiedensten anderen Beschwerden bedrückt.« So das Mirakelbuch, um zu schließen: »Und so tragen all, die vom Anfang bis jetzt geboren sind, das Merkmal der Mühsal und der Sterblichkeit.«

Vergänglichkeit ist das Signum unseres befristeten Daseins. »Denn während die äußere Welt vergeht, verwelkt auch der Leib, der eine Welt im kleinen (minor mundus) genannt wird.« Wenn in mittelalterlichen Texten von der Natur des Menschen die Rede ist, ist daher immer auch schon das Leiden miteinbegriffen. Leiden und Kranksein sind mit der irdischen Existenz untrennbar verbunden, wobei »Leiden« sicherlich noch weit umfassender zu denken ist als das bloße Kranksein. Nicht umsonst betonen die Texte, daß der leidende Mensch geradezu dazu bestimmt sei, in seinem pathischen Zustand über sich hinauszuwachsen, über sich selbst hinauszugehen.

Zugleich stellt das Leiden eine Herausforderung an die Gemeinschaft dar, einen stetigen Aufruf zur Solidarität. Das wird besonders offenkundig am immer wieder aufgegriffenen Bild vom Samaritan, der stehenblieb, zu dem Verwundeten hinging, Öl und Wein in seine Wunden goß und diese verband. Es ist uns nicht erlaubt, gleichgültig zu bleiben, weiterzugehen; wir müssen anhalten, stehenbleiben, uns dem anderen zuwenden, bereit sein, zu helfen. Das allein macht den »homo compatiens« aus, den Helfer in Not.

Aus den zwischenmenschlichen Beziehungen erst zwischen »homo patiens« und »homo compatiens«, wie sie am Gleichnis vom barmherzigen Samaritan deutlich wurden, bauen sich dann auch die vielschichtigen Bereiche der Samariter-Tätigkeit auf. Aus der ganz konkreten Nächstenliebe erwächst ein Bild des sozialen Lebens, wobei jede Art von karitativer Tätigkeit auch schon sozialer Dienst ist, ein höchst komplexer Dienst, der uns nunmehr hinführt auf die Felder der ärztlichen Behandlung.

# V. Die ärztliche Behandlung

## 1. Von der Vielfalt der Heilberufe

Wenn von ärztlicher Tätigkeit im mittelalterlichen Alltag die Rede ist, dann dürfen wir unter solchen »Ärzten« nicht nur die an den Hohen Schulen ausgebildeten »Mediziner« erwarten, dann haben wir eher ein ganzes Heer von »Helfern« und »Heilern« zu suchen. Die Heilkunde im Mittelalter stellt ganz gewiß kein geschlossenes »System Medizin« dar und wird keineswegs repräsentiert durch eine organisierte Ärzteschaft; sie zeigt sich viel eher unter den Aspekten einer weltanschaulich motivierten Lebenskultur.

Die Erstversorgung der Bevölkerung lag denn auch vornehmlich in den Händen von nichtakademischen Heilkundigen. Das gilt für die Apotheker und Heilgehilfen ebenso wie für die Hebammen, die sich oft als Ärztinnen ausgaben. Später zählten sie vielfach zu den »fahrenden Leuten«, unter denen wir dann auch alle die Starstecher und Zahnbrecher und Steinschneider finden, die teilweise auf Jahrmärkten auftraten und zu Possenreißern entarteten – eine kulturhistorisch sicherlich interessante Erscheinung, die jedoch für das Mittelalter im ganzen keineswegs charakteristisch ist.

Im Mittelpunkt dieser weitverzweigten Berufsgruppen finden wir zunächst einmal die *Barbiere*. Ein Teil der »Kleinen Chirurgie« lag schon im frühen Mittelalter in den Händen der Barbiere (barbitonsores, rasores) und war verbunden mit ihrer Funktion des Haarschneidens und Aderlassens. Barbiere versorgten Knochenbrüche (Frakturen) und Verrenkungen (Luxationen), offene Schäden und frische Wunden, die Zahnschmerzen und allgemeine innere Erkrankungen. Hinzu kamen später Begutachtungen bei Verletzungen, beim Aussatz (Lepraschau), die Behandlung von Pestkranken (Pest-Barbiere), die Überwachung der Frauenhäuser, vielfach auch die

Funktion von anatomischen Dienern (Prosektoren) an den medizinischen Fakultäten.

In einer eigenen Zunft, deutlich von den Barbieren getrennt, waren die *Bader* (balneatores) organisiert. Neben ihren Diensten in den Badstuben übernahmen auch sie das Schröpfen und Aderlassen und damit immer mehr die Aufgaben der Kleinen Chirurgie. Vereinzelt war ihnen auch die Einrichtung von Frakturen und Luxationen erlaubt.

Eine kaum zu überschätzende Rolle dürften im mittelalterlichen Alltag die *Hebammen* gespielt haben, Ammen, denen auch das so elementare Geschäft der Geburtshilfe anvertraut war. Um das Jahr 1400 ziehen namhafte Ärzte in Paris geschulte Hebammen zu Konsultationen hinzu. Hebammen werden zur Ausführung des Kaiserschnittes an der unter der Geburt gestorbenen Mutter verpflichtet, um dem Kind das Leben zu retten, und sei es nur für die Nottaufe. Auch kleinere operative Eingriffe wurden von Hebammen ausgeführt, die Eröffnung von Abszessen etwa oder die Abtragung von Polypen an den äußeren Genitalien.

Bei der Geburtshilfe gab es ganz bestimmte Grundregeln: Jede Lage sollte zunächst in jene »natürliche« verwandelt werden, bei der das Kind mit dem Kopf nach vorne in das Becken eintritt. Bei der Austreibung wurden die Schenkel der Mutter in die Höhe gehoben. Der Muttermund konnte durch einen Apparat mit Schraubenwirkung erweitert werden. Die Extraktion der Frucht erfolgte mit den Händen oder auch mit Haken und einer Zange.

Von heilkundigen Frauen und ihrer Krankenpflege ist im übrigen auch in der Dichtung auffallend häufig die Rede. So berichtet uns Gottfried von Straßburg im ›Tristan‹ (um 1210) von dem sagenhaften Können der Isolde, der arznei- und giftkundigen Königin von Irland. In Hartmann von Aues Epos sind es Frauen, die den kranken König Erec heilen. Im ›Parzival‹ des Wolfram von Eschenbach weiß die weise Königin Arnîve den schwerverwundeten Helden mit Hilfe einer Wurzel in den Schlaf zu versetzen, vermutlich der Mandragora, der Alraunwurzel.

Zu den heilkundigen Frauen des Mittelalters zählt auch Elisabeth, die Gattin des thüringischen Landgrafen Ludwig IV. Im Jahre 1226 ließ sie unterhalb der Wartburg bei Eisenach ein eigenes Haus zur Aufnahme von kranken und armen Kindern einrichten, für deren Pflege sie sich persönlich einsetzte. Wie ihre Dienerinnen zu Protokoll gaben, bediente sie »die Kranken eigenhändig und frohen Herzens. Mit ihrem Kopftuch wischte sie Speichel und Auswurf aus ihrem Gesicht sowie Schmutz aus Mund und Nase.« Wir hören dann weiter – und das hat schon die Zeitgenossen entsetzt –: »Den Aussätzigen wusch sie Hände und Füße, warf sich vor ihnen nieder und küßte sie, selbst jene mit grauenhaften Geschwüren übersäten abstoßenden Stellen.«

Wenig später, nach dem Tod des Landgrafen und der Übersiedlung nach Marburg (1228) ließ Elisabeth ein Hospital errichten, um als Schwester den Kranken dienen zu können. Auch für diese Zeit gibt es Berichte, mit welch geduldiger Hingabe Elisabeth die oft ekelerregenden Kranken persönlich betreute, sie badete und lagerte, für ihre Wäsche besorgt war und ihre Exkremente beseitigte. Auch behandelte sie Wunden mit »lindernden Salben«, über deren Zusammensetzung die Quellen allerdings schweigen.

Ende des 15. Jahrhunderts stoßen wir immer stärker auf deutschsprachige Sammelhandschriften, in denen auch heilkundige Frauen zu Wort kommen, »medicae«, wobei man kaum sicher beurteilen kann, ob es sich dabei um Ärztinnen, Hebammen, Kurpfuscherinnen oder »weise Frauen« gehandelt hat. So heißt es in einer Göttinger Handschrift, dieses Mittel gegen den Harnstein »hat mich die Kasper Greten gelehrt, eine Frau, die es an ihr selbst probiert und bewährt hat«.

Unter dem Namen »*Trotula*« hingegen haben wir keineswegs eine Salernitanische Ärztin oder auch nur eine der weisen Frauen des frühen Mittelalters zu verstehen, sondern nur ein Sammelwerk aus antiker und mündlicher Tradition, das unter dem Titel ›Trotula de passionibus mulierum‹ zusammengestellt wurde. Auf die Körperpflege und eine allgemeine Kosmetik wird hier besonderer Wert gelegt.

Da gab es Salben für einen weißlichen Teint und Pasten zum Schminken. Lippenstifte wurden aus Bleiweiß, Lilienwurz, Rosenwein und Fett bereitet. Runzeln im Gesicht wurden mit einer Masse aus in Essig erweichten Eiern, Senfmehl und Pfeffer beseitigt, Haare um den Mund durch eine Paste von Kolophonium, Wachs, gelbem Harz, Honig und Rosenwasser. Die Zähne wurden blendend weiß nach Reiben mit Walnußrinde und warmem gesalzenem Wein. Wer die Haare goldblond wollte, mußte eine kräftige Salbung mit einem Schaum aus Holunderrinde, Ginsterblüte, Safran und Eigelb durchführen. Ihren betörenden Glanz erhielten die Haare durch goldgelbe, in einem Metallgefäß durch Erhitzen getötete Bienen, deren Leiber dann mit Öl zu der begehrten Glanzpomade verrieben wurden.

Wobei nur zu oft des Guten zuviel getan wurde! So vergleicht Andreas de Laguna manche Frau mit einem Chamäleon, und er glaubt, daß es bei den uferlosen Verwandlungskünsten dieser Frauen selbst Gott dem Herrn am Jüngsten Tage kaum noch möglich sei, solchermaßen verzierte Wesen zu identifizieren, um sie danach zu scheiden in Wölfe und Lämmer.

Im 11. Jahrhundert bereits begann sich aus dem Aufgabenbereich des Krankenwartes (infirmarius) eine eigenständige Disziplin zu entwickeln, die sich ausschließlich mit dem *Aderlaß* zu befassen hatte. Schon der St. Galler Klosterplan (um 820) hatte ein eigenes Ärztehaus (domus medicorum), in dessen Räumen auch zur Ader gelassen wurde. Diese Kunst übte der »minutor« aus, auch »phlebotomator« geheißen, der »Venenschlager«, oder einfach »sanguinator«, in den Frauenklöstern auch »minutrix« genannt. Diese »minutores« sollten nicht verwechselt werden mit Badern oder Barbieren, Chirurgen niederen Ranges, wie sie in den Städten tätig waren. Die »minutores« gehörten vielmehr als »famuli« ganz und gar zur »familia« ihres Klosters, was zugleich als Garantie galt für die bei diesem Beruf gleicherweise wichtige Disziplin und Diskretion.

Im unmittelbaren Klosterbereich waren diese »minutores« oft als »ministeriales« tätig, die eigene Dienstrechte

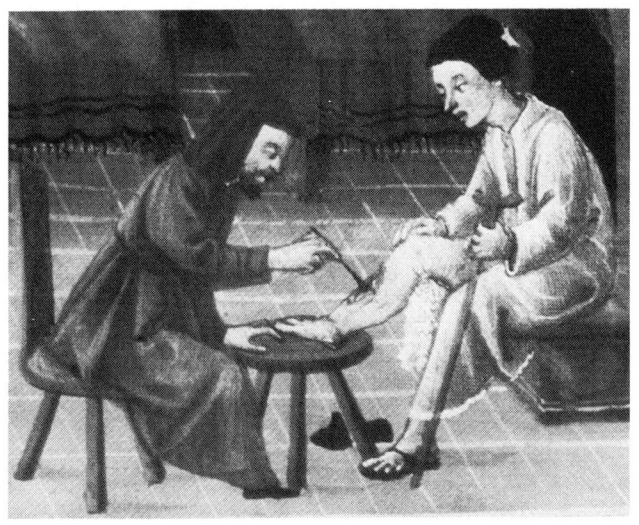

*Chirurg bei der Versorgung einer Beinwunde*

besaßen. Solche Ministerialen hatten die verschiedensten Funktionen zu übernehmen – von der Bewachung der Reliquien im Chor oder bei den Prozessionen bis zum Löschen der Kerzen im Altarraum – und so auch die Durchführung des Aderlasses und die Überwachung der darauf folgenden Ruhezeit.

Der *Klosterarzt* hingegen wirkte allgemein als Internist, Chirurg und Pharmazeut. Die Begriffe »medicus« und »apothecarius« waren lange Zeit synonym. Mit der Spezialisierung gegen Ende des 12. Jahrhunderts erst bilden sich immer stärker ärztliche Hilfsdienste heraus: So kennen wir zur Hilfeleistung beim Aderlaß den »minutor« oder »phlebotomator«, einen »cementarius«, den »carpontarius«, einen »coquus« und »sutor« sowie einen »rasorius«, was unserem Barbier entspricht, dem weitgehende Heilfunktionen zugespielt werden. Im Klostergarten half der Kräuterkundige (herbarius), der als Apotheker (pigmentarius) die weitere Verarbeitung der Medikamente übernahm.

Auch »medicus« und »physicus« finden sich im 12. Jahrhundert durchweg gleichwertig, doch beginnt mit der neuen – vom Arabismus durchrationalisierten – Wissenschaft eine Wertverlagerung zugunsten der »physici« deutlich zu werden. In der Normandie und in England, ferner in Kreisen, die mit der Schule von Chartres in Verbindung stehen, läßt sich zunehmend eine Polemik gegen die bloßen »medici« erkennen. So lesen wir in einer anonymen Microcosmographia (Cod. 1041 Trier), die um das Jahr 1177 geschrieben wurde und vermutlich einen Schüler des Wilhelm von Conches zum Autor hat: »Gar viele kann man mit dem Namen ›medici‹ benennen, wenige aber mit ›physici‹, und während diese den Ehrentitel ›Liebhaber der Weisheit‹ (philosophi) erhalten, werden jene als ›Weisheitsverächter‹ (odiosophi) lächerlich gemacht.«

Einen Blick werfen sollten wir auch auf die *jüdischen Ärzte*, die im hohen und späten Mittelalter eine Sonderstellung innehatten. Wir finden sie allenthalben als Leibärzte am Hofe, aber auch in der gehobenen Bürgerschaft. Vor allem im spanischen Raum begegnete man ihnen mit großer Toleranz. In einem Dekret des Königs Alfons VII. (1130) wurden ihnen gleiche Rechte verliehen wie den Spaniern, den Franken oder den Mauren. Ende des 14. Jahrhunderts besaß eine Stadt wie Sevilla immerhin 23 Synagogen.

Seit der Mitte des 14. Jahrhunderts erst häufen sich Züge von Unduldsamkeit. So sollen Christen möglichst keine jüdischen Ärzte aufsuchen. Christliche Ammen dürfen sich nicht für Judenkinder zur Verfügung stellen. Juden und Christen sollen nicht gemeinsam baden und auch keinen Geschlechtsverkehr pflegen. Ende des 14. Jahrhunderts kamen Juden und Mauren in eigene Stadtviertel, in »Juderias« und »Morerias«, ehe sie dann aus Sevilla und Cordoba (1483) und nach dem Fall von Granada (1492) generell aus Spanien vertrieben wurden.

Jüdische Ärzte finden wir nicht nur im spanischen Raum, sondern auch im übrigen Europa. So wirkte im 14. Jahrhundert in Landshut ein Arzt Jacobus, der aus Schwäbisch Gmünd stammt, sich um 1365 niederließ und um 1368 Leibarzt des Herzogs Stephan des Älteren wurde. »Maister Jacob der Jude« war ebenso versiert in der Wundarznei wie im Geldverleih.

Wundpflege und Geburtshilfe haben zweifellos kräftige Wurzeln in der *Volksmedizin* und schöpfen aus mündlichen Überlieferungen, die auch unser Wissen um die Wirkung von Heilpflanzen befruchtet haben. Im Gegensatz zur Meinung unserer Hand- und Lehrbücher muß jedoch darauf aufmerksam gemacht werden, wie spärlich sich in der Literatur des Mittelalters Magisches, Theurgisches oder Dämonologisches gehalten haben. Dies ist um so erstaunlicher, wenn man das reiche Angebot an Zahlenspekulationen, Beschwörungen, an Astrologischem und Alchimistischem bedenkt, das aus der Überlieferung der Spätantike dem Mittelalter zur Verfügung stand, und das seit dem 13. und 14. Jahrhundert über den arabischen Vermittlungsweg vermehrt ins Abendland eingeflossen ist. Was wir in den Handschriften des 8. bis 11. Jahrhunderts finden, das sind nur vereinzelt Beschwörungstexte, die Zahlenprognostik der sogenannten Sphaeren und erst seit dem 13. Jahrhundert zunehmend auch die Anrufung der Heiligen bei spezifischen Krankheiten.

Einer Handschrift des 9. Jahrhunderts bereits entnehmen wir einen ganzen Katalog von Fragen und Antworten über die wahren Aufgaben der Heilkunde, die Ausbildung zum richtigen Arzt, die Prinzipien der Medizin. Da heißt es, daß alle Theorie experimentell unterbaut sein muß, wobei »experimentum« weniger unser Experiment als die allgemeine Erfahrung meint. Da wird vom Medizinstudenten verlangt, daß er mit allen Zweigen der »Artes« vertraut sein müsse: wohlbewandert in der Grammatik, um die Texte der Alten zu verstehen, bekannt mit den Wendungen der Dialektik und besonders versiert in der Rhetorik, die uns die rechte Sprechweise mit den Patienten oder den Kollegen vermittelt. Als geradezu selbstverständlich werden die Kenntnisse in den Realwissenschaften, dem »Quadrivium«, jenem Viererweg der Naturkunde, angesehen, die ein Arzt voll und ganz zu kennen hat. Denn ein Arzt kann nur derjenige genannt werden – schreibt Dominicus Gundissalinus, Archidiakon von Segovia, der zur Übersetzerschule von

Toledo gehörte –, der die Kunst ausübt und lehrt (qui docet et exercet artem), der sich also – ganz gleich, ob theoretisch oder praktisch – auf eine wissenschaftliche Weise mit der Medizin auseinandergesetzt hat und so die Heilkunde als Ganzes (integrum totum medicinae) beherrscht.

## 2. Behandlungsmethoden in täglicher Praxis

Was aber geschah in der alltäglichen Praxis? Führen wir uns einmal den Aufgabenbereich eines mittelalterlichen Arztes vor Augen! Was gab es an Konsultationen und Operationen, was an diagnostischen und technischen Hilfsmitteln? Wie wurde man mit einer hartnäckigen Blutung fertig, und welche Mittel kannte man zur Schmerzbekämpfung? Wie übte man die Pflege, und wie half man bei der Nachsorge der Verletzten und der Verwundeten?

Was die *Blutstillung* betrifft, und damit das wohl dramatischste Geschehen auf dem Schlachtfeld oder in der Praxis, so behandelte man zunächst durch kräftige Tamponierung mit blutstillender Watte, ferner durch Abbinden der Gefäße, wobei man verschiedenartige Unterbindungen (Ligaturen) kannte. Im äußersten Falle griff man zur Naht, so bei einer größeren Blutung, oder man stillte das Blut durch die Kauterisation, das Brennen mit dem Glüheisen.

Gleichermaßen wichtig erscheint die *Schmerzbekämpfung*, etwa bei einer Amputation, der Abtrennung von Gliedmaßen bei tiefgreifenden Verletzungen oder brandig gewordenen Gliedern. An Maßnahmen zur Schmerzbekämpfung kannte man seit alters her die Kälte, das Abbinden der Gefäße, aber auch eigene Wundtränke oder Inhalationen mit betäubenden Dämpfen. Ein solches schmerzlinderndes Schlafmittel hat Arnaldus von Villanova beschrieben: »Um den Patienten in einen so tiefen Schlaf zu versetzen, daß man ihn operieren kann, ohne daß er etwas spürt, so als sei er tot, nehme man Opium, Mandragorawurzeln und Bilsenkraut zu gleichen Teilen, zerstoße dieses und mische das Ganze mit Wasser. Soll ein Patient amputiert werden, so tränke man ein Tuch mit dieser Flüssigkeit und lege es auf Stirn und Nase des Patienten; bald wird er dann so tief schlafen, daß man mit ihm machen kann, was man will. Um ihn wieder aufzuwecken, tränke man das Tuch mit sehr starkem Essig.«

Zur Schmerzbehandlung diente ebenfalls die *Kauterisation*, das im Mittelalter so häufig geübte Setzen von Brennkegeln. Dabei sollte man nicht zu forsch vorgehen, sondern immer auch Nutzen und Schaden gegeneinander abwägen. Die Kauterisation galt daher als »scientia subtilis«, als ein »arcanum occultum«, bei dessen Anwendung der Arzt besonders erfahren sein sollte und auch geübt. Die Vorteile des Brennens werden darin gesehen, daß man lokal eingreifen kann, dem Übel gleichsam auf den Grund bohrt und einen zeitlich kurzen Schmerz an Stelle eines langwierigen Leidens setzt. Denn der Operateur will ja nicht Schmerz zufügen, sondern durch seinen schmerzhaften Eingriff nur um so rascher und sicherer helfen.

Mit den Brennkegeln hat sich die heilige Hildegard des öfteren auseinandergesetzt. So lesen wir in ihrer ›Heilkunde‹: »Das Brennen, das heißt: das Anbringen eines Brennkegels, ist zu jeder Zeit gut und nützlich, weil es, mit Vorsicht ausgeführt, die unter der Haut befindlichen Säfte und Schleime vermindert und den Körpern Gesundheit bringt. Es paßt für junge wie für alte Leute. Für die jungen deshalb, weil, während ihr Fleisch und Blut in der Jugendzeit noch wachsen, auch die schädlichen Säfte bei ihnen zunehmen, für die alten aber, weil, während Fleisch und Blut bei ihnen mit dem Alter abnehmen, die Schleime zwischen Haut und Fleisch derselben zurückbleiben. Indessen ist es für alte Leute etwas gesünder als für junge, weil infolge der Abnahme von Fleisch und Blut und der eingeschrumpften Haut bei ihnen das Blutwasser in desto größerer Menge zwischen Haut und Fleisch hin- und herfließt. Jungen Leuten aber ist es nicht so zuträglich wie alten, weil, während bei ihnen das Fleisch noch wächst und das Blut in ihnen heiß, auch die Haut dünn und gespannt ist, in vielen Fällen das Gesundheit und Kraft liefernde Blut mit den schädlichen Säften aus der durch die Moxe erzeugten Brandwunde ausfließt.«

Kleinere Hautabschürfungen behandelte man mit Honig oder Spitzwegerich; glatte Wunden wurden nach der Ausblutung trocken verbunden. Es gab Wundwässer, Wundsalben, Wundbalsam.

Geradezu leidenschaftlich diskutiert wurde vor allem im späteren Mittelalter die Notwendigkeit einer Wundeiterung und die damit verbundene Frage, ob man eine Wunde offenhalten oder besser schließen sollte, ob und wie lange man mit dem Verschließen einer Wunde warten könne. Immer wieder ist die Rede vom »pus bonum et laudabile«. Eiterung gilt als notwendige Reinigung; sie begünstigt die Entfernung von Splittern, fördert die Sequestrierung des verletzten Knochens und unterstützt einen scheinbar ganz natürlichen Vorgang.

Zu einer völlig anderen Auffassung kamen am Ende des 13. Jahrhunderts die Ärzte der Schule von Bologna, etwa Hugo von Lucca und sein Sohn Theoderich. Sie verzichteten auf jede Reizung der Wundfläche und begnügten sich mit reinigenden und lindernden Alkoholverbänden. So kamen sie zu einer nicht nur eiterfreien, sondern auch komplikationslosen Narbenbildung. Auch Paracelsus hält nicht viel von einer notwendigen oder gar zu fördernden Vereiterung, dem berüchtigten »pus bonum et laudabile«. Man soll vielmehr die Ursachen der Wundjauche, das »excrementum«, ergründen, dieses beseitigen und die Wunde sauberhalten: »Halt sie sauber und beschirm's vor den äußeren und inneren Feinden: also werden alle Wunden geheilt.« Brandwunden wurden mit Umschlägen mit Lein- oder Lilienöl versorgt, die Brandstelle mit Mehl, Eiweiß oder Eigelb bedeckt.

Einige der operativen Maßnahmen seien kurz geschildert: Bei einem *Knochenbruch* ist vor allem auf geeignete Lagerung und fachkundige Gehilfen zu achten; Eiweiß und Rosenöl sollen zur Hand sein, um die Kompressen zu tränken. Man braucht ferner Schienen, möglichst aus Tannenholz, Horn oder auch Leder, Röhrchen zum Zu-

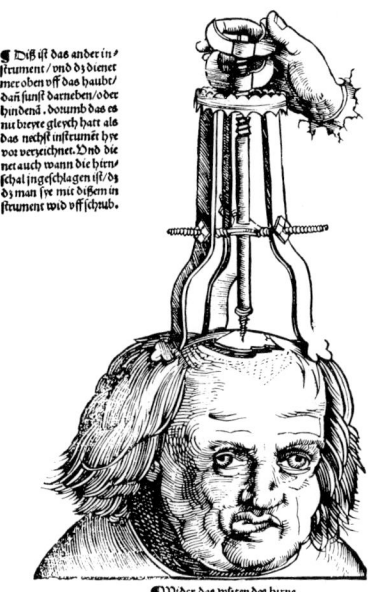

¶Wider das wüten des hirns.

*Trepanation des Schädeldachs*

sammenschnüren der Schienen sowie eine sogenannte »Beinlade« oder »Schwebe« zur Lagerung. Über die *Luxation* der Wirbelsäule informieren uns zahlreiche Illustrationen. Da wird der Kranke mit Seilen auf ein Gestell gespannt, das mit Dreheisen versehen ist; mit beiden Händen leitet der Arzt unter der zunehmenden Spannung der Seile die Einrenkung in die Wege. »Ist dann die Wirbelsäule wieder am Ort und die betreffende Stelle eingeebnet, dann soll man sogleich ein austrocknendes Pflaster mit Eiweiß auflegen, dazu Werg und darauf ein weiteres Pflaster. Anschließend muß man den Leidenden mit einem geeigneten Band schnüren und unter Diät halten, bis er genesen ist.«

Auffallend häufig – und auch hier wieder mit ältesten Erfahrungen – wurde die *Trepanation* durchgeführt, die Eröffnung des knöchernen Schädeldachs. Als Indikation für die Eröffnung galten: komplizierte Frakturen größeren Umfangs, Blutungen unter der harten Hirnhaut (Dura mater), Beseitigung eitriger Absonderungen der Dura, penetrierende Schädelbrüche. Nicht trepanieren solle man bei Vollmond, weil sich dann das Blut im Gehirn vermehrt und das Gehirn unter Druck steht. Ausführlich beschrieben werden die Instrumente zur Trepanation. Lanfrank gab als Zeichen einer Schädelfraktur den rauhen klirrenden Ton beim Beklopfen der Schädeldecke mit einem Stäbchen an, ferner die Schmerzempfindung des Patienten, wenn mit den Nägeln an einem Faden geschabt wurde, den dieser mit den Zähnen halten mußte. Für eine Trepanation entschied er sich allerdings nur bei der Einstülpung (Depression) eines Knochenfragments oder bei starker Reizung der harten Hirnhaut.

Weit verbreitet waren auch im Mittelalter die *Bruchleiden*, der Bruch (Hernie) vor allem an Schwachstellen der Bauchdecke. Die Ursachen der Hernien sah man meist in einem Riß der Bauchdecke. Vor der Zurückschiebung (Reposition) mußte man abführen und diätetisch behandeln; anschließend wurden Bruchpflaster und Bruchbänder angelegt; nur in dringenden Fällen kam es zur Radikaloperation (etwa bei einem Hodenbruch). Im engen Zusammenhang damit finden wir den *Steinschnitt*, später ausgeführt durch eine eigenständige Berufsgruppe: die Steinschneider. Das Blasensteinleiden war sicherlich eine der verbreitetsten Volkskrankheiten. Nierensteine, Blasensteine, auch der Harnleiterstein, wurden zunächst mit Heilkräutern behandelt. Erst im Notfall griff dann der Steinschneider ein. Vor jeder Operation sollte man Bäder, Umschläge, Diät sowie Einspritzungen in die Blase vornehmen, dabei niemals die Entlastung durch Katheter, möglichst in einem warmen Bade, vergessen.

Eine eigene Berufsgruppe bildeten die *Starstecher*, die bei der häufigen Linsentrübung des Auges um Hilfe ersucht wurden. Ihre Methode war recht einfach: Nach Durchstehen der Hornhaut wurde die trüb gewordene Linse ausgelöffelt, die Gewebereste konnten dann niedergedrückt werden (Depression der Linse).

Ebenfalls einer eigenen Zunft überlassen war der be-

*Behandlung eines Augenleidens*

rühmte *Aderlaß* (Phlebotomia). Der Aderlaß galt im
ganzen Mittelalter als besonders geschätztes Heilverfah-
ren, weil nach der damaligen Säftelehre das überschüs-
sige Blut abgezogen und die verdorbenen Säfte gereinigt
werden mußten. Außerdem konnte damit überhitztes
Blut gekühlt, den Blutflüssen begegnet und schädliche
Säfte (materia peccans) abgeleitet werden. Berücksichtigt wurden dabei stets: Alter und Gechlecht, Klima,
Jahreszeit, Windrichtung, die Lebensweise des Kranken
sowie das Stadium der Krankheit. Auffällig ist, daß
man den Aderlaß seltener auf der erkrankten Seite
(Derivation) als auf der entgegengesetzten (Revulsion)
durchführte.

Aufgezählt werden bis zu 30 Venen, an denen man die
Blutentleerung durchführen konnte. Zahlreiche Handschriften bringen hierzu den »*Venenmann*«, eine Ader-
laßstellenfigur mit entsprechender Erklärung im Text.
Da man den Aderlaß zu vermeiden hatte, wenn die
Sterne ungünstig standen, schuf man dazu einen »Tierkreiszeichenmann« mit den dazugehörigen Aderlaßver-
boten. Beide Figuren wurden später kombiniert zum

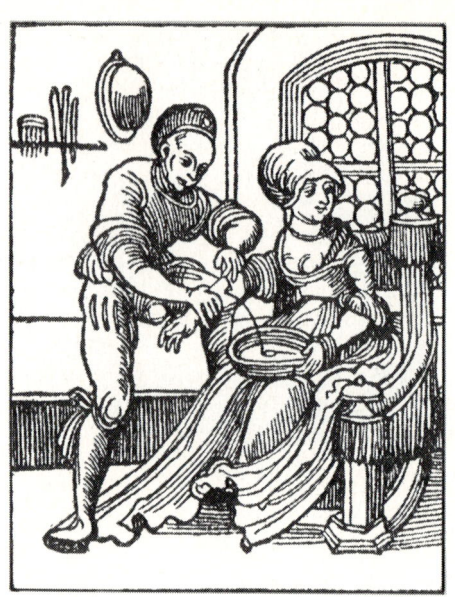

*Aderlaß-Szene*

»*Aderlaßmann*«, der in zahlreichen Kalendern, Praktiken, »Laßzetteln« Eingang fand.

Vom Aderlaß weiß Hildegard von Bingen zu berichten: »Sind bei einem Menschen die Gefäße mit Blut ge-
füllt, so müssen sie von dem schädlichen Schleim und
dem durch die Verdauung gelieferten Saft durch einen
Einschnitt gereinigt werden. Wird bei einem Menschen
ein Gefäß angeschnitten, so erleidet das Blut, wie durch
einen plötzlichen Schrecken, eine Erschütterung, und
was dann zuerst zutage kommt, ist Blut; das faulige und
zersetzte Blut fließt aber gleichzeitig mit ab. Daher
kommt es, daß das, was jetzt ausfließt, verschieden ge-
färbt ist, weil es aus Fäulnis und Blut besteht. Sobald
nun die Fäulnis mit dem Blut ausgeflossen ist, folgt reines Blut, und dann muß man mit der Blutentziehung
aufhören.«

Es werden dann detaillierte Vorschriften gegeben,

wann man Blut entziehen soll: »Will also ein Mensch eine Ader zur Verminderung des Blutes anschneiden, so soll er dies nüchtern tun, denn solange der Mensch nüchtern ist, sind die in ihm vorhandenen Säfte noch einigermaßen vom Blut getrennt, und das Blut fließt dann im Menschen in rechter Weise und nicht zu rasch, wie ein Bach, der in seinem Bette, frei von jeder Bewegung durch Wind und Wetter, richtig und ordentlich dahinfließt. Hat aber ein Mensch Speise zu sich genommen, dann beginnt das Blut in ihm etwas stärker zu strömen, die Säfte vermischen sich so mehr mit ihm, und beide können dann nicht mehr leicht voneinander geschieden werden. Daher also soll der Aderlaß vorgenommen werden, wenn der Mensch nüchtern ist, damit die vom Blut getrennten Säfte um so leichter ausfließen können.«

Alle Arten und Techniken des Aderlassens sind vielfach illustriert worden. Da sitzt in der Regel der Kranke auf einem Stuhl; die Hand umfaßt einen Stab, damit ein stärkerer Blutfluß entstehe; der Arm wird von einer Aderlaßbinde umschnürt; aus der Ellbogengegend spritzt aus der eröffneten Vene das Blut im Strahl in ein Gefäß, wo dann das Blut nach Farbe, Gerinnung und ähnlichen Kriterien diagnostiziert wird, um Hinweise zur Therapie zu bieten. Der »Aderlaßmann« zeigt nun schematisch die verschiedenen Punkte des Eingreifens; er weist hin auf die kosmologischen Entsprechungen, wozu wiederum ein »Tierkreiszeichenmann« die wichtigsten Indikationen des Eingreifens angab.

Lehrbücher und Flugschriften für den praktischen Chirurgen waren in der Regel mit eindrucksvollen Abbildungen versehen, die als Schemata möglicher Verletzungen oder Verwundungen dienten, diagnostische und prognostische Hinweise gaben und vereinzelt auch therapeutische Empfehlungen. Da steht in erster Linie der »*Wundenmann*« vor uns, der uns auf einen Blick zeigt, was einem alles »zustoßen« kann. Unter »Wunden« verstand man dabei alle glatten Gewebstrennungen, während offene Verletzungen als »Geschwüre« oder »Löcher« bezeichnet wurden. Der als Gutachter hinzugezogene Wundarzt konnte an Hand eines solchen Schemas

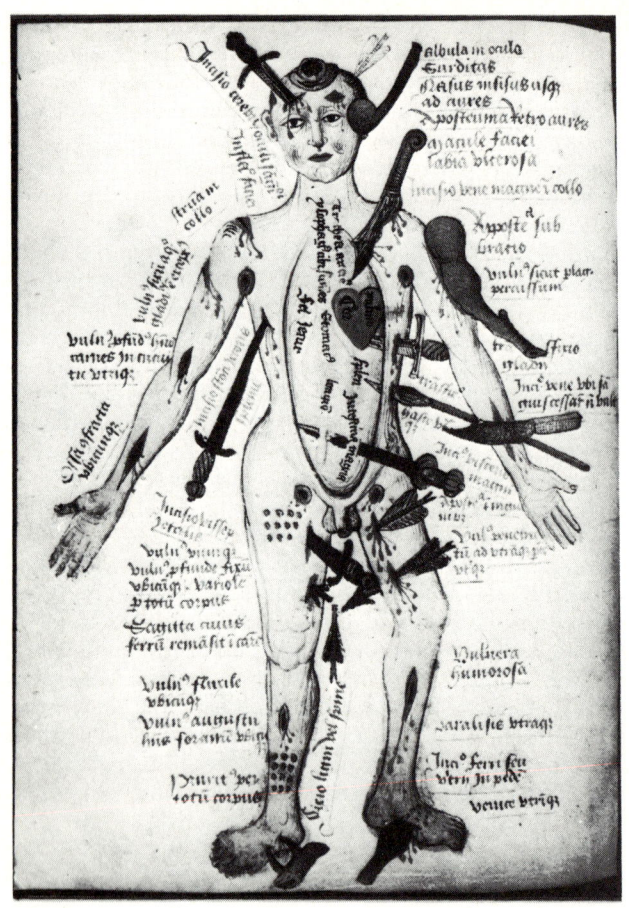

*Wundenmann*

rasch Auskunft geben über Sitz und Art der Verletzung,
ihre Schwere und Heilbarkeit, über »curabilis« oder »in-
curabilis«.

Eigene Vorschriften enthalten die Lehrbücher über die
Wundnaht, die Nahtmaterialien mit Nadeln, Fäden,
Halter. Die Nahtformen, als umschlungene oder trok-

kene Naht, sowie die Entfernung der Fäden werden ebenso ausführlich geschildert wie das Herstellen und Anlegen der Wundverbände, bestehend aus Wolle oder Werg, ferner die Herstellung von Scharpies, das Umgehen mit den Verbandsmitteln schließlich, die meistens getränkt waren mit Wein oder Ölen.

Niemals übersehen wurde bei der Pflege der Kranken und Verwundeten die *Nachsorge*. Hierzu dienten eine sorgfältig ausgewählte Basisdiät, ständige Abführmittel sowie Aderlaß und Schröpfköpfe. Beachtet werden mußten dabei: Alter und Geschlecht, Beruf und Charakter des Patienten, seine Gemütsverfassung sowie die Tageszeiten, die Witterung, das gesamte Umfeld des Kranken.

Paracelsus noch hält es für einen großen Irrtum, daß die Wundärzte nur den Eingriff selbst, den partiellen Akt des Schneidens und Brennens, im Auge haben und nicht auch das ganze Vorfeld und Umfeld des Kranken. Man soll sich im Gegenteil ebenso um die Folgen wie die Ursachen der Verletzungen kümmern und die ganze Lebensweise des Kranken beobachten und mitbehandeln. In erster Linie hat man hierbei »Speise und Trank« zu führen und auf »Verdauung und Stuhlgang« zu achten, damit aber auch »auf Ruh und Unruh, auf Schlafen und Wachen, auf Bewegung und Nichtbewegung, auf Freud und Traurigkeit«, kurzum: die Stilisierung und Rhythmisierung des gesamten Alltags.

## 3. Der Arzneimittelschatz

Auf der Basis der diätetischen Lebensführung und vor dem Hintergrund der radikaleren chirurgischen Eingriffe erscheint dann auch das gewaltige Feld der Heilmittel im engeren Sinne, ein wahrer Arzneimittelschatz jener »Materia Medica«, die aus der griechisch-römischen Heilkunde stammt, von den arabischen Pharmakologen systematisch erweitert wurde, um nun der mittelalterlichen Heilkunst in den verschiedensten Formen zur Verfügung zu stehen.

Ende des 15. Jahrhunderts noch erscheint ein ›Gart der Gesundheit‹, erstmals 1485 zu Mainz gedruckt, wo von den abertausend Heilmitteln in Pflanzen, Tieren und Steinen die Rede ist, denen Gott Kraft und Macht zu heilen gab. Kein nützlicheres und heilsameres Werk könne es daher geben, als diese Kraft der Natur zu aller Welt Trost offenbar zu machen. Der Traktat schließt mit der Empfehlung: »Und nun fahr hin in alle Lande, du edler und schöner Garten du, eine Ergötzung der Gesunden, tröstliche Hoffnung und Hilfe den Kranken!«

Eine Wiener Handschrift aus dem 13. Jahrhundert (Codex latinus 93) zeigt uns Darstellungen eines Heiltranks mit zahlreichen spezifischen Heilanwendungen, so bei Kopfschmerzen, Juckreiz, Blutungen, Blasenleiden, Magenschwäche, Husten, Nervenschmerzen oder Vergiftungen. Da heißt es vom Satirion (Orchis specialis, einer Art Knabenkraut): »Wenn jemand einer Frau nicht beischlafen kann: Nimm die Wurzel der Pflanze Priapiscus, und zwar den rechten Hoden (Knolle), der größer ist, zerreibe mit 47 weißen Pfefferkörnern die obengenannte Pflanze und vier Unzen Honig. Löse diese Arznei in bestem Wein, und wer drei Tage hindurch neun Skrupel davon zu sich nimmt, wird der Frau beischlafen.«

Eine Kur bei Schlangenbiß besorgt die Pflanze Scordeon (Allium vineale L.; Weinberglauch, Knoblauch). Sie wird zunächst abgekocht: »Die Brühe reiche man dann mit Wein als Getränk; die zerriebene Pflanze selbst lege man auf die Wunde auf. Auch nimmt die um den Körper gewundene Pflanze Scordeon das tägliche und das dreitägige Fieber.« Wunderkräfte verspricht ein Heiltrank mit der Brombeere (Eruscus; Rubus fruticosus L.; auch: Mora silvatica, »Waldesrast« genannt): »Bei der Monatsblutung der Frauen koche 21 junge Eruscus-Triebe in Wasser bis auf ein Drittel ein, und gib es drei Tage hindurch auf nüchternen Magen zu trinken. Erneuere täglich den Trank.« Weiter lesen wir hier: »Gegen Beschwerden des Zahnfleischs und der Lippen. Koche

*Arzt reicht einem Kranken den Heiltrank*

zarte Eruscus-Zweige in Wein; diesen Wein benutze als
Mundwasser – das wirkt ganz außerordentlich.«

Dieses Wissen um die Heilkraft der Kräuter speiste
sich aus der Volksmedizin, wie es auch im hohen und
späten Mittelalter wiederum in zahlreiche Volksbücher
übergegangen ist. In Konrad von Megenbergs ›Buch der
Natur‹, einer um 1350 herausgekommenen volkstümli-
chen Naturgeschichte in deutscher Sprache, ist vielfach
von der heilsamen Kraft der Pflanzen und Edelsteine die
Rede. Da heißt es von der Nieswurz (Helleborus niger
L.): »Sie schmeckt scharf und beißend. Das Kraut wirkt
erhitzend und trocknend, auflösend und die Ansamm-
lungen von Materie verteilend. Es besitzt eine solche
Schärfe, daß es wildes Fleisch wegnagt. Außerdem vermag es den ganzen Organismus zum Besseren umzuge-
stalten und zu jugendlicher Beschaffenheit zurückzufüh-
ren. Für Frauen und weibische Männer paßt es nicht,
nur für kräftige Männer und starke Jünglinge, die reich
an Blut sind.« Was die Heilkräfte anbelangt, so soll man
auf die Ärzte hören. »Mit Essig gekocht, beseitigt es das
Dröhnen in den Ohren und kräftigt, in das Ohr geträu-

felt, das Gehör. Wäscht man den Mund damit aus, so vertreibt es die Zahnschmerzen. Ferner ist es ein Heilmittel gegen die Krankheit, welche Melancholie genannt wird, wenn ein Mensch mit sich selber grämliche Dinge redet, wie auch gegen die fallende Sucht, die den Namen Epilepsie führt.«

Außerordentlich wirkt auch der Wermut, die Artemisia (Absinthium; Artemisia absinthium L.): »Sie wächst an bebauten und bergigen Orten und dient der Kur bei Gefahr einer Pilzvergiftung. Zerreibe die Pflanze Absinthium und gib den ausgepreßten Saft zu trinken; nach einer Pilzvergiftung wurde solcherart ein Mann später noch hundert Jahre alt.«

Eine herausragende Rolle aber spielte bei diesen Heiltränken die *Mandragora*, angewandt seit alters als Aphrodisiakum, abgeleitet vom persischen »mardom ghiah« = Manneskraut oder auch »mehr-egiah« = Liebeskraut. Auch die Klosterfrau Hildegard von Bingen kennt die Mandragora, allerdings als Antiaphrodisiakum, aber auch als schmerzstillendes Mittel, das sich im allgemeinen bei Mißstimmungen und aller Traurigkeit euphorisierend auswirkt.

Nach einer altägyptischen Sage wurden die Früchte dieser geheimnisvollen Mandragora aus Nubien importiert und einer Göttin im Bier dargereicht. Die Göttin wird berauscht, ihre Augen glänzen (Atropinwirkung), und sie kann nach Sonnenaufgang nicht mehr sehen. Dioskurides berichtet, daß der aus Wurzeln und Früchten gewonnene Saft bereits im alten Ägypten vielfach verwendet wurde. Nach dem Genuß dieses Heiltrankes schlief der Mensch in der Regel ein und verlor stundenlang sein Empfindungsvermögen. Ähnliches weiß auch Konrad von Megenberg im ›Buch der Natur‹ zu berichten. Beda Venerabilis lobt dieses Heilkraut ebenso wie Bernardus Silvestris und Honorius Augustodunensis, der schreibt: »mandragora multis morbis medicamenta.«

Aus Opium, Bilsenkraut oder auch der Mandragora-Wurzel wurden in erster Linie Narkotika hergestellt, die man charakteristischerweise als »medicinae stupefacientes« bezeichnet, wobei dicht neben den Empfehlungen auch die Warnungen standen. Heilmittel brachten eben immer beides zugleich, den Nutzen (Juvamenta) und den Schaden (Nocumenta), und in diesem Falle überwogen die Noxen. In kleinen Mengen genommen oder mit anderen Mitteln gemischt, schaden sie wenig. »Man soll aber auch wissen, daß der größte Teil von ihnen dem Geist schadet und daß diese Mittel eine Schwere des Kopfes hervorrufen und etwas, das der Betrunkenheit ähnlich ist, weil diese Drogen den Kopf mit vielen schlechten Dämpfen erfüllen, weshalb alle dem Gehirn schaden.« Immer wieder wird vor Medikamenten gewarnt, in denen Opium enthalten ist; Formen einer Sucht hingegen sucht man im Mittelalter vergebens.

Selbstverständlich kennt auch unser Wiener Codex 93 das Wunderkraut der Mandragora (Atropa mandragora L.; Alraune). »Von dieser Pflanze gibt es zwei Arten: eine männliche und eine weibliche. Die männliche hat weißliche Blätter und größere Früchte; aber beiden ist die gleiche Wirkung eigen.« Dann heißt es weiter: »Man gebe drei Pfund der Wurzelschale und sechs Congii süßen Wein in eine Amphora und bewahre es auf für den medizinischen Gebrauch. Daraus reiche mit drei Bechern zum Tranke, wenn im Zuge einer Behandlung operiert werden muß, weil der durch diesen Trank Betäubte den Schmerz des Schnittes nicht fühlt.«

War für die alte Welt die Nieswurz das Haupttheilmittel der Psychiatrie, so wird dies in der neueren Zeit die Mandragora. Schon immer hat dieses Staudengewächs mit dunklen rübenförmigen Wurzeln auch die Phantasie des Menschen herausgefordert. Man sah darin weibliche und männliche Figürchen: die Alraunemännchen und Alrauneweibchen. Die Pflanze wurde zum Schlaf- und Zaubertrank, zum Liebesmittel, sie führte zum Vergessen, zum Wahnsinn, und sie erlöste wieder von ihm. Durch ihren Gehalt an Atropin und Hyoscyamin wirkt sie, wie man heute weiß, in kleinen Dosen einschläfernd, in starken aber erregend, woraus sich wohl die geschilderte Wirkungsweise erklären läßt.

Regelrechte Alraunemythen freilich entstanden erst im späten Mittelalter und danach schauerliche Geschichten: Unter einem Galgen wächst die Alraune mit breiten, gelben Blättern. Aus dem vergossenen Samen oder Harn unschuldig gehenkter Diebe ist sie entstanden. Will man sie graben, so stößt sie solche Jammerlaute aus, daß man dran sterben muß. Der Grabende muß seine Ohren mit Wachs verstopfen oder auf einer Posaune blasen. Er muß einen schwarzen Hund bei sich führen, an dem kein einzig weißes Haar mehr ist. Drei Kreuze muß er um die Pflanze machen, diese dann angraben, seinen Hund mit dem Schwanz dranbinden und sie von diesem herausreißen lassen. Der Hund muß dann sterben.

Im ganzen enthält der Wiener Codex 93 allein 1900 Empfehlungen für Heilmaßnahmen, darunter zahlreiche Heiltränke verschiedenster Gattungen. Da werden Heilkräuter zerrieben und in Meerzwiebelessig gekocht oder mit Ziegenmilch erwärmt oder mit Eselsmilch, eingedickt mit Honig oder mit heißem Wasser verdünnt und immer wieder die Empfehlung: »zerrieben und mit Wein eingenommen« – und so immer als Medium, als Vehikel, als Pharmakon: der Wein!

In Hildegards ›Heilkunde‹ vor allem ist es immer wieder der Wein, der gepriesen wird als das Blut der Erde, »und er ist in der Erde wie das Blut im Menschen«. Dem Blute gleich wirkt im Organismus der Wein »wie ein geschwind sich drehendes Rad«. Der Wein ist gleichsam der Motor im Säftekreislauf. Das alles bewirkt er, der Wein, »der neue Saft der Erde, ein Saft, in dem Tod und Leben ist«. Ähnlich stärkt auch nach Augustinus der heilkräftige Wein den schwachen Magen, erfrischt die ermatteten Kräfte, heilt die Wunden an Leib und Seele, verscheucht Trübsal und Traurigkeit, verjagt die Müdigkeit der Seele, vermittelt Freude und entfacht unter Freunden die Lust am Gespräch.

Unter den pflanzlichen Heilmitteln finden wir auffallend häufig Empfehlungen gegen die Gicht (gutta), die ja auch – wie wir sahen – wohl am häufigsten diagnostiziert wurde. So lesen wir in Hildegards ›Heilkunde‹: »Ein Mensch, der weichliches Fleisch hat und infolge der Unmäßigkeiten im Trinken an einem seiner Glieder von der Gicht geplagt wird, soll Petersilie nehmen und das Vierfache davon an Raute und dies in einer Schüssel mit Olivenöl rösten oder, falls er dies Öl nicht bekommen konnte, mit Bockstalg durchbraten lassen. Die Kräuter soll er so heiß, wie sie sind, auf die Stelle legen, wo er den Schmerz empfindet, und sie durch ein übergelegtes Tuch befestigen. Die Kälte des Petersiliensaftes bändigt nämlich das Anschwellen der Gichtsäfte, die Wärme des scharfen Rautensaftes hält dieselben Säfte zusammen, so daß sie nicht im Übermaß zunehmen, und das Öl oder der Bockstalg durchdringt sie und löst sie auf, und das tun sie, wenn sie in der angegebenen Weise miteinander gemischt werden.«

Bei ganz schweren Fällen oder im fortgeschrittenen Zustand schreibt Hildegards ›Physica‹ vor: »Wenn ein Mensch so ›vergichtiget‹ ist, daß alle Glieder hinfällig werden und seine Zunge beim Sprechen versagt, dann möge man Blätter des Aarongrases mit etwas Salz essen, und die Gicht wird ihn verlassen.« Unter dem Aarongras haben wir vermutlich die »Herba Aaron« (Asarum Europaeum L.) zu verstehen. Weitere Gichtmittel Hildegards sollten wenigstens erwähnt werden: »Eine Salbe gegen Gicht wird bereitet aus vier Teilen zerstoßenem Wermut, zwei Teilen Hirschtalg und einem Teil Hirschmark.« Wer bei einem Gichtleiden die überflüssigen Säfte in sich hat, »soll einen Ameisenhaufen mitsamt den Ameisen in Wasser kochen; er soll sich daraus ein Bad bereiten für den ganzen Körper außer für den Kopf. Für diesen ist das Wasser zu stark, so daß er daran Schaden nehmen könnte. Häufige Bäder in solchem Wasser vertreiben die Gicht.«

Eine eigene Betrachtung verdient die Melisse, die bei Hildegard »Binsuga-Apiago« heißt, wobei »apiacum« abgeleitet wird von »apis«, die Biene, während »binsuga« das Saugen der Bienen meint. Äußerlich, als Umschlag angewandt, dient sie zur Beseitigung der weißen Hornhautflecken am Auge. »Innerlich genossen«, schreibt Hildegard, bei Anwendung als Heiltrank also, »macht die Pflanze fröhlich und erheitert das Herz.« Bernhard von Clairvaux spricht in diesem Zusammenhang in seinen Predigten über das Hohelied von einem »heilsamen bitteren Trank« und von der »süßen Salbe des Trostes«.

Was die *Namen der Heilmittel* anbelangt, so berufen

sie sich vielfach auf älteste Überlieferungen und reichen zurück bis in heidnische Vorzeiten. So nannte man den Hyoscyamus niger »Herba Apollinaris«, in wohl unbewußter Erinnerung an die orphischen Mysterien um den Heilgott Apollon. So war das »Mercurium« dem Gott der Kaufleute, dem Merkur, geweiht. Und selbst der gute alte »Baldrian« weist vielleicht hin auf Baldur, den germanischen Licht- und Frühlingsgott, dessen Heilkräfte dann im frühen Mittelalter auf den hl. Johannes, den Evangelisten, übertragen wurden.

Als eines der merkwürdigsten Heilmittel muß in dieser Hinsicht die »Centaurea« angesehen werden, das Tausendgüldenkraut. Dioskurides und Plinius erwähnen die Heilpflanze ebenso wie Hildegard und Albertus Magnus. Der Name bedeutet: »Kraut des Centauren«, womit offensichtlich der Kentaur Chiron gemeint ist, der seine ihm von Herakles beigebrachte Wunde mit dem »Kentaurion« geheilt haben soll. Im Mittelalter hieß die Heilpflanze auch »fel terrae«, die »Galle der Erde«, oder ihrer fiebersenkenden Wirkung wegen einfach »febrifuga«; auch Konrad von Megenberg nennt sie das »Fieberkraut«. Der heidnisch klingende Name wurde auf »centum aurum« zurückgeführt, hieß also »Hundertguldenkraut«, und um die Heilwirkung zu steigern, nannte man es bald schon »Tausendgüldenkraut«.

Der Wiener Codex 93 unterscheidet eine »Centaurea maior« (Centaurea centaurium L.; Bitterling) von der »Centaurea minor«. »Man erzählt, daß der Kentaur Chiron diese beiden Pflanzen gefunden hätte, wovon sie den Namen Centaurea angenommen haben.« Der Saft der Pflanze, mit altem Wein als Getränk verabreicht, wirkt gut bei Vipernbiß. In Wein eingeweicht, vertreibt er die Augenschwäche. Mit Wasser gekocht, heilt er die Gelbsucht. Auch befreit er von Würmern und hilft bei Vergiftungen.

Für die Herstellung, Aufbewahrung und Verabreichung all dieser Heilmittel gab es die verschiedensten Formen. Da findet man die Pillen, die aus Pflanzensäften mit Honig gemacht wurden und eine bestimmte Form und Größe haben sollten; sie durften nicht zu hart werden, da sie sonst unbrauchbar wurden. Da gab es Leckmittel, die aus verschiedenen Substanzen ausgewählt wurden und in der Regel mit einer Honigmasse versetzt waren. Aus dem arabischen Arzneimittelschatz kamen die Sirupe, die mit Zucker durchtränkt waren und soviel wie Heiltrank oder Fruchtsaft bedeuten. Der Sirup mußte gekocht und dann geklärt werden. Er kam häufig in ein Leinensäckchen, das man in kochendem Zuckerwasser hängen ließ, damit die Kraft der Droge in den Sirup eindringe. Der äußeren Anwendung dienten die Pflaster und Salben, deren Zubereitung ebenso eindringlich geschildert wird wie die Aufbereitung der Öle. Daneben gab es natürlich die feuchten und trockenen Umschläge, Gurgelmittel verschiedenster Art, all die Zäpfchen, für Hämorrhoiden wie für die Vagina, von den Klistieren gar nicht zu reden, die gewissermaßen zur Diätetik des Alltags gehörten.

Neben der reichen Welt der Pflanzen wird ebenso natürlich für die »Materia Medica« das *Reich der Tiere* und das Reich der Steine verarbeitet. So dient – um nur ein Beispiel zu nennen – das Fett des Bären bei vielerlei Leiden und schon bei so banalen Mißbefindlichkeiten wie dem Haarverlust. Hier empfiehlt Hildegards ›Heilkunde‹: »Wenn einem jungen Menschen schon frühzeitig die Haare auszufallen beginnen, soll er Bärenfett und etwas Asche, aus Weizen- oder Dinkelstroh bereitet, nehmen und dies miteinander verreiben, und dann soll er sich den ganzen Kopf damit einsalben, hauptsächlich da, wo die Haare auf seinem Kopf auszufallen beginnen. Danach muß er sich lange Zeit davon enthalten, seinen Kopf von dieser Einreibung durch Waschen zu reinigen. Die Haare, die noch nicht ausgefallen sind, werden durch diese Einreibung so eingefeuchtet und gekräftigt, daß sie für lange Zeit nicht ausfallen. So muß er oftmals verfahren und sich des Abwaschens seines Kopfes enthalten. Die dem Bärenfett eigene Wärme ist nämlich so beschaffen, daß sie reichlich Haare hervorzubringen pflegt, und die Asche von Weizen- und Dinkelstroh stärkt die Haare, so daß sie nicht früh ausfallen. Werden nun beide nach obiger Angabe miteinander gemischt, dann behüten sie das Haar des Menschen um so länger vor dem Ausfallen.«

Gar wundersam erscheint in Konrad von Megenbergs ›Buch der Natur‹ auch die Heilkraft der *Edelsteine*. Da heißt es vom Chelidonius, dem Schwalbenstein, daß er die Mondsüchtigen besänftigt und die Menschen wohlredend und liebenswert macht. Da lesen wir vom Hyazinth, daß er seinem Besitzer Kraft verleiht, die Traurigkeit und Herzensangst vertreibt und ihn sicher macht, wenn er in fremde Länder reist. Und vom Smaragd heißt es gar, daß er den Besitz vermehrt, in allem zum Segen gereicht, den Menschen wohlredend macht und denen hilft, die verborgene Dinge erforschen wollen. Er lenkt Unwetter ab und beruhigt unkeusche Gelüste, und er zerbricht, wenn man ihn während des Beischlafes trägt. Denn der Smaragd erhält des Menschen Leib grün, das heißt: rein und gesund.

## 4. Zum Berufsbild des praktischen Arztes

Die scholastische Arzneikunst, die man gemeinhin in den Händen von Quacksalbern und Steinschneidern und Zahnbrechern glaubt, beruhte durchaus auf theoretischen Grundlagen, und sie vermochte sich auch in der Praxis auf akademischem Niveau zu behaupten.

Einer dieser großen praktischen Ärzte des 13. Jahrhunderts war Lanfrancus aus Mailand. Er wurde 1290 aus politischen Gründen aus seiner Vaterstadt verbannt und fand Zuflucht in Frankreich, zunächst in Lyon und später in Paris, wo er eine langjährige Lehrtätigkeit und erfolgreiche Praxis aufnahm. Im Jahre 1296 beendete er dort sein Hauptwerk, die ›Chirurgia‹, gewidmet dem König Philipp dem Schönen. Um 1305 starb er in Paris. Lanfrank stand ganz selbstverständlich auf dem Standpunkt, daß auch ein Chirurg Kenntnisse von der Medizin im ganzen besitzen müsse. Auf der anderen Seite könne aber auch niemand ein guter Arzt sein, der die chirurgischen Eingriffe nicht beherrsche.

Gleichwohl huldigte auch Lanfrank dem Prinzip der möglichst milden Eingriffe (operatio suavissima), wenn er schreibt: »Ich habe die Feststellung gemacht, daß viel mehr Kranke durch Arzneien geheilt werden als durch die Perforation mit dem Trepan.« Eingreifen will er nur im Notfall, dann aber energisch: »Wenn allerdings alle meine Vorsichtsmaßnahmen erschöpft werden, dann habe ich nicht gezaudert, auch diesen Weg einzuschlagen.« Und auch als Operateur weiß Lanfrank sich immer noch als Werkzeug einer höheren Macht, wenn er bekennt: »Hilfe erbat ich vom Herrn, wenn ich solchermaßen vorgehen mußte, und Der hat denn auch die meisten durch meine Hand, gleichsam Sein Werkzeug, geheilt, während sie sonst wohl umgekommen wären.«

Es sind somit neben den technischen Leistungen immer auch die wissenschaftlichen und ethischen Ansprüche, die Lanfrank an einen gebildeten Arzt stellt. Nicht nur in der Medizin, sondern auch in allen Disziplinen der Philosophie sollte er zu Hause sein. Er soll die Logik beherrschen, sich der Grammatik bedienen und mit der Dialektik ebenso wie mit der Rhetorik vertraut sein, damit seine Ratschläge auch richtig ankommen. Vor allem aber betont Lanfrank immer wieder, so in seiner ›Chirurgia‹, daß die Therapeutik im ganzen auf zwei Säulen zu ruhen habe: einmal der speziellen Chirurgie (operatio cum manu), daneben aber auch der Kunst der Lebensführung (regimen sanitatis). Ein wahrer Arzt muß beides können: eine äußere Wunde versorgen wie bei inneren Krisen dem Patienten raten!

Auf einen der ganz großen praktischen Ärzte des hohen Mittelalters soll nur hingewiesen werden, auf Henri de Mondeville, der Ende des 13. und zu Beginn des 14. Jahrhunderts gewirkt hat und einer der bedeutendsten akademischen Lehrer seiner Zeit war. In seiner ›Chirurgia‹ (1312) ist Henri de Mondeville besonders auf das Unwesen halbgebildeter Ärzte eingegangen, die er schlechtweg »Einbrecher« nennt und die sich verhalten würden wie »Barbiere, Weissager, Händler, Betrüger, Fälscher, Alchimisten, Huren, Kupplerinnen, Hebam-

*Harnschau*

men, Vetteln, getaufte Juden und Sarazenen.« Sie alle
würden sich als Praktiker ausgeben, »um so ihren Le-
bensunterhalt zu finden und ihr Elend und ihren Betrug
unter dem Mantel der Chirurgie zu verbergen.«

Henri de Mondeville betont ausdrücklich, daß er mit
seiner Kritik nichts gegen wissenschaftlich geschulte
Chirurgen und erfahrene Praktiker gesagt haben will, im
Gegenteil: »Es ist durchaus eine Freude, mit solchen
Männern zusammenzukommen, weil sie die Bemühun-
gen rechtschaffener, erfahrener Leute anerkennen, die
Lücken ergänzen und höflich, wohlwollend und diskret
wieder gut machen.«

Niemand freilich hat das Berufsbild des praktischen
Arztes trefflicher geschildert als Paracelsus, der auf seinen langen Wanderwegen genug gesehen hatte vom Segen und Unsegen der »Lammärzte« und der »Wolfs-
ärzte«. All diese Ärzte, Scherer und Bader, »die wollen
hoch und mächtig gesehen werden und brauchen große
Red und Geschwätz, nichts als eitel Berühmen und Geu-
den und ist doch nichts dran. Es ist mit ihnen als mit der

Nonnen Psallieren; dieselbigen Nonnen brauchen des Psalters Weis und treiben Gesang und wissen weiter weder Gickes noch Gackes. Also ist's mit den Ärzten auch; sie schreien und treiben die Weis für und für. Und wie eine Nonne etwa zu Zeiten ein Wort versteht, danach zehn Blätter nichts mehr, also sind auch diese Ärzte. Etwa treffen sie eins, darnach aber nichts.«

Zur Eigenschaft (virtus) des wahren Arztes gehört es, daß er nicht für sich arznet, sondern für andere. »Wie ein Schaf nicht für sich die Wolle trägt, sondern dem Weber und Kürschner und wird gelobt darum, daß es viel und gute Wolle trägt, also soll auch der Arzt sein. Gleich dem Schafe und nit für sich, sondern andern den Nutz tragen und geben und sich des Exempels nicht entäußern. Denn also ist auch Christus von Johannes Baptista fürgebildet worden einem Lamm. Nun ist das sehr vonnöten, daß ein Arzt ein Lamm auch wirklich sei, denn da liegen viel größere Ding innen verborgen, nämlich Mörderei, Erwürgen, Krümmerei, Lähmerei, Verderberei, Schinderei, Diebstahl, Raub; diese Dinge alle sind in einem Wolfsarzt. Denn wie ein Lamm und Schaf soll der Arzt sein, der da von Gott ist: wie ein Wolf aber ist der, der wider Gott seine Arznei gebraucht.«

Nach Paracelsus muß ein Arzt Kenntnis haben von zweierlei Dingen: von der Natur und der Kunst. Die Natur aber ist die Voraussetzung allen Könnens. »Du mußt ihr nach und sie dir nicht.« Und all seine Kunst besteht im Grunde nur darin, daß er nicht durch seine Ungeschicklichkeit die Natur zu einem Mißgewächs macht. Die Heilkunst erschöpft sich also nicht darin, daß man Wunden zum Heilen bringt – das macht die Natur auch, und sie macht es viel besser. Es geht vielmehr darum, das »Zuheilen« zu unterstützen und weitere Schäden abzuwenden. Chirurgen – das meint Paracelsus – sollten schon etwas mehr sein als Schneider und Schuster, die ja auch ihre Nähte setzen und ihre Flicken drauflegen. Als ein Arzt gelten kann daher nicht der, der schneiden, ätzen, schaben und verbinden kann, sondern »der ist einer, der das kann, das der Wunden Gebresten wendet«.

Aufgrund seiner langjährigen Erfahrung ist Paracelsus

*Arzt untersucht Kranken*

schließlich zu der Auffassung gekommen, daß die Medizin und die Chirurgie einfach zusammengehören, weshalb er seinen Schülern immer wieder zuruft: »Lernt's beide, oder laßt's bleiben!« Denn »wo der Physikus nit ein Chirurgus dazu ist, so stünde er da wie ein Ölgötz, der nichts ist als ein gemalter Aff'«. Aus der Praxis, aus den »Künsten«, muß man seine Erfahrungen sammeln, auch aus dem einfachen Handwerk: »Die Besten in der

Arznei sind die, die aus den Künsten erwachsen, aus den Alchimisten, aus den Astronomen, aus den Wundärzten; denn sie sind unverdrossen, vieler Arbeit gewohnt, treu, wahrhaft und redlich.«

Gerade von einem praktizierenden Arzt muß daher verlangt werden, daß er die Fälle seiner so vielseitigen Praxis »vielmals gesehen und erfahren« hat, und dies womöglich, bevor er sich an eine selbständige Praxis wagt. »Denn euer Lernen im Kranken ist der Kranken Tod.« Es sei daher unerläßlich, »weiter und immer mehr zu lernen und auch mehr zu erfahren, als alle Ärzte bisher erfahren und gelehrt haben, sonst wird keinem Kranken geholfen«.

Wir sollten keinesfalls das übergehen, was uns Paracelsus über das »Wesen der Wunde« vermittelt hat. Denn hier geht es nicht nur darum, daß mit der Verletzung an einer bestimmten Stelle die Integrität des Leibes gespalten wurde; der ganze Zirkel des Mikrokosmos vielmehr ist im wahrsten Sinne des Wortes zerhauen: Das inwendige Gestirn des Leibes steht still; der Gang der Natur ist unterbrochen. »Denn wie durch den Stillstand des Gestirns der großen Welt Zerbrechung oder Zergehung geschehen würde, also geschieht es auch dem Herzen der Natur.« Denn die Natur »freuet sich am Ganzen und kränket sich am Zerbrochenen«. Der ganze Organismus ist durch die Verletzung wie von einem Schock getroffen und will wieder aufgefangen und einreguliert werden, und das bedeutet weitaus mehr, als daß man die betroffene Stelle repariert. Der »natürliche Lauf im Leibe«, er ist zum Stillstand gekommen und soll wieder in Gang gebracht werden. Das aber macht in erster Linie die Natur, die daher auch die erste »Ärztin der Wunden« genannt wird.

Mit der äußeren Verletzung aber ist noch ein zweiter Problemkreis eröffnet worden, der bis in die Neuzeit hinein die große Sorge des Chirurgen geblieben ist: die Gefahr nämlich der Infektion. Paracelsus vergleicht den Verlust der körperlichen Integrität mit einem Ei, das durch einen Schlag »geöffnet« wurde: Allsogleich empfangen Eiklar und Dotter eine Vergiftung aus der sie umgebenden Luft, und dies so sehr, »daß fürderhin dasselbige Ei nimmermehr in sein altes Wesen kommen mag«. Und wie das Ei nun bedroht ist von »Fäulung, Ausdörrung, Aufzehrung und Resolvierung des Eiklars wie des Dotters samt Verderb der Schale, also geschieht's auch dem verwundeten Leib«.

Auch hier zeigt sich wieder, daß und warum die Natur »ganz« sein will, integer, unverletzt, und warum sie alle Wesen beschirmt, mit einer Haut oder Schale oder Rinde. Wird nun die Hülle zerhauen oder zerschnitten, so ist sie bereits »von der äußeren Luft so stark verletzt, daß kein ganzes Wesen nimmermehr wird erfunden«. Paracelsus bringt das Beispiel vom Apfel, der an der äußeren Luft verfault, sobald er angeschnitten ist. Ja, seine poröse Haut duldet nicht einmal zu langes Liegen, da die äußeren Elemente in ihn eindringen, um ihn zu verderben. Diese »Widerwärtigkeit der Luft« aber hat ein Arzt zu kennen und zu respektieren; er darf eine Wunde nicht »leer oder offen« lassen.

Zur Heilung der Wunden tut weiter not, daß man die verletzten Glieder oder die offenen Hautstellen sorgfältig aneinanderrückt und sie gleichsam fügt in ihr altes Wesen: Adern an Adern, Nerven und Bänder desgleichen, bis Bein und Fleisch wieder beisammen sind. Man darf die Wundränder niemals klaffen lassen, sollte sie vielmehr zusammenfügen wie zwei Bretter, die es zu leimen gilt. Wunden darf man nicht zu zeitig heften, sollte vielmehr zunächst einmal das Blut stillen, sonst heilt es oben zu und fault am Boden weiter. Danach erst kann man heilenden Balsam auflegen, der die Natur hinwiederum nur unterstützt. Weiß sie doch am besten, wessen wir bedürfen! In wie vielen Fällen heilt die Natur nicht »sich selbst und ordnet und ebnet sich selbst«!

Daß es mit der praktischen Medizin seiner Zeit nicht immer zum Besten stand, mag Paracelsus auf seinen Feldzügen und in langen Wanderjahren erfahren haben; sonst wären seine Schriften nicht so voll von bissiger Polemik und Zorn gegen die bloßen Theoretiker wie gegen die praktizierenden Stümper. »Denn so viel hab' ich erfahren: daß Spekulieren keinen Arzt machet, sondern die Kunst, und die Kunst ist keine Spekulation, sondern ein Experiment, durch die Hände erfunden, und nachfolgend gehört Kontemplation dazu.« Die Erfahrenheit in dieser Kunst, das ist der Meister, nicht das Tun der »Scherer und Bader noch ihresgleichen«. Aber – so schließt Paracelsus resigniert – »es ist mit dem Heften wie mit dem Seich-Sehen, eine Naht bringt einen Gulden, den Urin besehen einen Batzen. Es wäre bald alles abgetan, aber von wegen des Gewinns bleibt alles beim Übel.« Darum gibt's auf der Welt auch so viel Verderb, so viel Geschwätz: »Also gehet der Grund ab, und der Mißbrauch kommt an seine Statt.«

Paracelsus schließt seine Arzneikunst nicht ab, ohne uns sein Porträt eines Praktikers zu liefern, eines wahren Arztes, der sich um seine Kranken kümmert und so seine Kunst in Ehren hält. Er soll sich nicht für so selbstsicher halten, daß er alle Zustände beherrschen könne, vielmehr »täglich lernen, von sich selbst und von anderen zu erfahren«. Er soll der Kranken Nutzen mehr als seinen eigenen bedenken und mehr der Kunst als dem Geld anhangen, soll daher »kein Hurenwirt, Henker, Apostat sein, auch keiner aus der Pfaffen Zahl«.

Ein wahrer Arzt soll genaue Kenntnisse vom Körper haben, so wie der Zimmermann vom Haus und all seinem Zubehör. Er soll wissen, »wo das Leben, wo der Tod, wo die Hauptglieder und alles im Menschen liege, nichts ausgenommen, mit ihrer jeweiligen Art, Eigenschaft und Wesen, und was ein jedes erleiden möge«! Schließlich muß der praktische Arzt wissen, »was reinige, was heile, was bald, was langsam, nach jeder Wunden Art«. Er hat selbstverständlich auch der Kräuter Art zu kennen und der Arzneien Wirkung. »Auch soll er dem Kranken gebieten und verbieten, was sein soll und nicht sein soll nach dem Lauf.« Er hat den Lauf der Heilung ebenso zu kennen wie die Verschiedenheit der Heilmittel und soll »nit auf einer Geige leiern«. Er verachte weder die Künste noch die Künstler, soll vielmehr von allem lernen »zu gesteigerter Unterrichtung«. Denn ein Arzt stirbt in der Lehrzeit!

# VI. Das Haus der Medizin

## 1. Das ärztliche Gespräch

Betreten wir das Haus der Medizin, das sich erst nach und nach in seinen Gliederungen und mit allen Einrichtungen zeigen wird, so begegnen wir zunächst einmal – was uns heute bei all den Institutionen eines hochorganisierten Gesundheitswesens überraschen muß – dem Patienten, dem kranken Menschen also, der um Hilfe ruft und dem Hilfe zuteil werden soll. Im Mittelpunkt aller Heilkunst steht daher zunächst einmal das ärztliche Gespräch.

In Rede und Antwort – bei der Anamnese, in der Diagnose, mit der Prognose – erfahren wir, was ein Kranker von seinem Arzt erwartet und wie sich der Arzt am Krankenbett zu verhalten hat. Was diese erste Begegnung und den so persönlichen Umgang betrifft, so weiß darüber eindrucksvoll eine Handschrift des 14. Jahrhunderts zu berichten, die heute als Codex 1003 in der Stadtbibliothek zu Reims liegt. Gehen wir an Hand der

*Arzt bei der Anamnese*

*Arzt bei der Diagnose und Prognose*

Bilder dieser Begegnung zwischen Arzt und Krankem nach.

Wir sehen in einer ersten Miniatur, wie der Arzt an das Bett des Kranken tritt. Ein Schüler hatte den Meister begleitet, bleibt aber zunächst im Vorraum des Krankenzimmers zurück, um die alles entscheidende erste Begegnung mit dem Patienten nicht zu stören. Es ist ja so wichtig, dieses erste Wort des Kranken zu seinem Arzte, der erste Satz, der oft zum Einsatz eines folgenschweren Eingreifens wird. Das Bild zeigt uns sehr eindrucksvoll, wie sich die beiden begrüßen, wie sie Blickkontakt aufnehmen, sich berühren. Der Arzt legt seine Hand auf den Leib des Kranken und fühlt dessen Puls. Ernst und forschend richtet er seinen Blick auf den Patienten, der ihn wiederum voller Erwartung, ebenso gespannt wie besorgt, anschaut.

Im zweiten Ausschnitt gewahren wir, wie der Arzt sich zurückgezogen hat, um den Urin zu prüfen. Er versucht seine Untersuchung zu objektivieren, will aus dem Vergleich mit Tatbeständen zu einer sicheren Diagnose kommen. Dazu dient ihm die Distanz eines Studierzimmers, des Labors, all der Geräte, die damals noch ganz bescheiden waren, als das Harnglas lediglich als Symbol diente, das später zum Sinnbild, ja zum Aushängeschild für den ärztlichen Beruf werden sollte.

Das dritte Bild vermittelt uns dann die entscheidende

*Schüler beim Studium*  *Magister am Schreibpult*

Phase in der Begegnung zwischen Arzt und Patient, die Prognostik. Denn der Patient will weniger wissen, was er hat, was ihm fehlt, sondern wie es mit ihm weitergeht, was er noch zu erwarten hat, und hier hat der Arzt Farbe zu bekennen. Jetzt beginnt – und die Illustration zeigt dies besonders deutlich – ein lebhafter Dialog zwischen Arzt und Patient. Der Kranke fragt und bohrt nach und läßt sich nicht so leicht beruhigen; der Arzt aber hat Rede und Antwort zu stehen und in aller Ruhe seine Anweisungen zu geben.

Ein viertes Bild zeigt am Schreibpult noch einen weiteren Repräsentanten dieser ärztlichen Szenerie: den Schüler, den Leser. Welch eine feierliche Ruhe und kultivierte Atmosphäre atmet die nüchterne Schreibstube! Wieviel an Hingabe und Schweigen, an staunender Versenkung in das Buch, geht aus von diesem Leser! Welche Konzentration auch in diesem kontemplativen Habitus, die sich überträgt vom geneigten Haupt über den Nakken bis hin ins Knie und in die Spitze des rechten Fußes ausstrahlend!

Einen weiteren eifrigen Schreiber finden wir an seinem Pult. Die Linke hält den Haltegriffel, die Rechte hat die Schreibfeder angesetzt. Vielleicht ist dieser Schreiber unser Arzt, der sich nach seiner Sprechstunde wieder in das Studierzimmer zurückgezogen hat, um seine Beobachtungen festzuhalten, seine Bedenken niederzulegen, seine Erfahrungen anzureichern und zu vermitteln. Der

Arzt wird zum medizinischen Schriftsteller. Er notiert und publiziert. Es ist freilich nicht die geschlossene Haltung des berufsmäßigen Schreibers, der seinem Pulte verhaftet ist. Der Arzt ist und bleibt der Praktiker!

Diese eindrucksvollen Bilder führen uns zu einer weiteren Handschrift des hohen Mittelalters, die als Codex 93 in der Nationalbibliothek zu Wien liegt und von späterer Hand den Titel trägt ›Medicina antiqua‹, die Medizin der Alten, die klassische Heilkunst, wirklich noch Heilkunde.

Da treten uns gleich zu Beginn – in byzantinischem Gepränge und offensichtlich nach spätantiken Vorlagen – drei prachtvolle Gestalten entgegen, die uns vorgestellt werden als »Plato, Dioscorus, Hippokrates«. Hippokrates vertritt hier die praktische Medizin, insbesondere die Chirurgie, Dioskurides die Arzneimittellehre, die »Materia medica«, und Platon gilt als der Fachmann für die Diätetik, die Kunst einer gebildeten Lebensführung. Blättern wir noch etwas weiter in diesem prachtvoll illuminierten Arzneibuch, so stoßen wir bald schon auf einen Arzt, wie er durch die Natur wandelt, die ihm mit ihren Heilkräften überall entgegenkommt. Es ist mehr als ein liebenswertes Gleichnis, wenn die Ärzte im alten Hellas ihre Heilmittel als »Hände der Götter« priesen, als helfende Hände, die der kundige Heiler nur noch zu ergreifen braucht, um sie dem notleidenden Menschen zu vermitteln und an die Hand zu geben.

Die Heilmittel aber wollen in ihrem elementaren Gesamtverband und mit ihren spezifischen Kräften gesucht und gefunden werden. Daher kniet auf einer nächsten Bildtafel der Arzt vor der Mutter Erde, der göttlichen Gäa, die ihn aus ihrem Füllhorn mit Gaben überhäuft: mit Geschenken der heimatlichen Erde, mit dem heilsamen Fluidum der Luft, mit dem erquicklichen Element des Wassers, mit den Elementen der Feuergeister. Mit den vier Elementen – Erde, Luft, Wasser, Feuer – haben wir die vier Qualitäten – kalt, warm, feucht, trocken – im Griff und damit auch die vier Temperamente dieses organischen Gemischs: das Sanguinische, Cholerische, Phlegmatische und das Melancholische.

Damit lassen sich nun auch die Aufgaben eines praktischen Arztes schon konkreter darlegen. Ein Arzt soll 1. »praeterita agnoscere«; er soll das in Erfahrung bringen, was seinem Patienten passiert ist, warum er krank geworden ist, das heißt, er soll sich in der so schwierigen Kunst der Anamnese üben. Der Arzt muß 2. »praesentia scire«, Diagnostik betreiben, das jetzt und hier vorwaltende Krankheitsgeschehen beurteilen und einordnen, um dann (und das war für die alten Ärzte immer das Wichtigste, und ist es auch heute noch für die Kranken) 3. »futura praevidere«, das Kommende voraussehen, mit in die Verordnung hineinnehmen, sich der Prognostik widmen.

Auftrag ärztlicher Kunst aber ist beides: 1. »tuitio« (Gesundheitsschutz, Vorsorge, Prophylaxe, primäre Prävention) und 2. »restauratio« (Wiederherstellung, Behandlung, Therapie und Rehabilitation). Wobei – was wir heute völlig vergessen haben – der Gesundheitsschutz vor der Krankenbehandlung rangiert, weil die »Defensiva« nun einmal wichtiger sind als die »Curativa«, primäre Prävention denn auch weitaus effektiver wäre als alle nachhinkende Reparatur.

Was da aber in der Praxis des Alltags geheilt oder versagt hat, das war immer die natürliche Kraft: »virtus, non medicus«, wie Avicenna dies formulierte, eine urtümliche Kraft, die der Arzt – diätetisch, medikamentös, chirurgisch – nur dienend stützen kann. Als Praxis gliedert sich die Heilkunde – in streng hierarchischer Differenzierung – in die drei Möglichkeiten und Maßnahmen des ärztlichen Eingreifens: in Diätetik, Pharmazie und Chirurgie. Gehen wir auch hier wieder allen drei Bereichen im einzelnen nach, ohne das Ganze, das »Haus der Heilkunde«, aus den Augen zu verlieren!

## 2. Die drei Säulen der Praxis

Bereits dem frühen Mittelalter war ein Spruch des Hippokrates (dictum Hippocratis) vertraut, wonach sich die Heilkunst prinzipiell zusammensetzt aus Diätetik (diaetetica), Arzneimittellehre (pharmaceutica) und Chirurgie (chirurgia). Diätetik trägt Sorge für die Gesunden und dient der Lebensordnung. Ihre Aufgabe ist es, über eine geregelte Lebensweise die Gesundheit des Körpers zu behüten und die Beachtung der Lebensgesetze zu garantieren. Pharmazeutik ist demgegenüber die Therapeutik im engeren Sinne, eine Heilmittellehre als interne Medikation, die Ordnung der Heilmittel. Die Chirurgie bedient sich schließlich zu radikalerem Eingriff der Hand und des Instruments.

In einem Kompendium des 11. Jahrhunderts, der ›Ars medicinae‹, wonach im Rahmen der sieben freien Künste die Philosophie zugleich mit der Medizin gelehrt werden soll, wird der Heilgott Asklepios als Prototyp jener Medizin vorgestellt, die nach klassischem Muster in drei Teile zerfällt: »chirurgia, diaetetica, pharmaceutica«. Als Symbol für die Chirurgie dient ein eiserner Ring, für die Diätetik steht der Stab, und die Schlange versinnbildet die Pharmazeutik.

Damit sind für das frühe Mittelalter bereits die Großräume der scholastischen Medizin abgezeichnet, die in einem der Lieder des Alkuin (carmina Alcuini) hymnisch besungen werden: »Schon strömen die Ärzte herbei in des Hippokrates Hallen: der eine schlägt zur Ader, ein anderer mischt Kräuter in einem Gefäß, dieser braut das Getränk, während jener darreicht den Heiltrunk. Und doch, ihr Ärzte, für alles erstattet den Dank: Christi Segen sei euren Händen zugegen!«

### Grundlinien diätetischer Lebensführung

Beginnen wir mit der Diätetik, der Lehre von der Lebensordnung und der Kunst der Lebensführung. Ein sinnvoller Umgang des Arztes mit dem Kranken erscheint gar nicht möglich, wenn nicht als Leitbild auch die Gesundheit vor Augen steht. Es ist immer die Lebensordnung, die nicht nur alles ärztliche Eingreifen begründet und begleitet, auf die vielmehr auch alle medizinischen Maßnahmen gerichtet sind. Diätetik wird zum Prinzip allen ärztlichen Denkens und Handelns, das ja letzten Endes immer nur die rechte Lebensordnung zu bieten und zu bilden hat.

»Nun sind zween Wege der Heilung da«, wie Paracelsus in seinem ›Labyrinthus‹ schrieb, »Defensiva und Curativa.« Beide zusammen nur bilden die ganze Heilkunst, wobei die »Defensiva« offensichtlich vor den »Curativa« rangieren, die primäre Prävention dominieren sollte vor aller nachträglicher Reparatur.

In der Überlieferung der antiken Diätetik und gespeist aus altorientalischer Weisheit hat vor allem die arabische Medizin eine hochkultivierte Lebensordnungslehre vorgetragen, die uns auch heute noch in Erstaunen und Bewunderung versetzt. Die Medizin, repräsentiert durch den Arztphilosophen, den »hakīm«, basiert auf einem einheitlichen Lebensgefühl, versucht daher auch, den weltanschaulichen Dualismus von Leib und Seele zu überwinden. Die Heilkunst entwickelt demgemäß keinerlei Tendenzen, die Krankheit zu vertreiben oder gar auszurotten; sie versucht vielmehr, das Leiden zu stilisieren und im Lebensprozeß selbst umzuformen.

Unter diesem Aspekt sind es immer nur Arzt und Patient im Verbund gegen die Krankheit, die eine Heilkunde ausmachen. Und wie es im Mittelalter eine existentielle Frage für den Schüler war, seinen rechten Lehrer zu bekommen, so wird es nun auch zum Schicksal des Patienten, welch einen Arzt er kennenlernt und auswählt. Wie ein vorsorgender Hausvater oder wie ein Seemann sich vorsieht vor Sturm und Wetter, so solle man sich beizeiten um einen erfahrenen Arzt kümmern. Dabei habe man auf vier Dinge zu achten: daß der Arzt fachkundig und barmherzig sei, der Patient gehorsam und geduldig, die Pfleger liebevoll im Umgang und die Medikamente einem gesegneten Lande entstammend. Man soll daher auch – so aṭ-Ṭabarī – in keinem Lande wohnen, in dem es vier Dinge nicht gibt: eine gerechte

Regierung, fließendes Wasser, brauchbare Heilmittel und einen gebildeten Arzt.

In diesen diätetischen Grundschriften hat die Medizin eindeutig den methodischen Vorrang gegenüber der Philosophie, und dies nicht nur wegen ihres konkreteren Wissens vom Menschen, sondern auch in bezug auf die ethische Unterweisung. Es ist immer der Arzt, der uns sagt, wie wir zu essen, zu wohnen, zu leben haben, wie wir aber auch allein damit schon zu Einsicht, zu Geschicklichkeit, zu einer Lebenskultur kommen.

## »Materia medica«

Wenn wir von Heilmitteln der älteren Heilkunde sprechen, denken wir zunächst einmal an die Heilpflanzen, aus denen man heilsame Tränke zu bereiten verstand. Wir müssen den Begriff »Heilmittel« jedoch wesentlich breiter fassen, wollen wir der mittelalterlichen Heilkunst gerecht werden. Heilmittel im Sinne der antiken »Materia medica« war zunächst einmal alles, was aus der äußeren Natur in das Medikament hereingeholt werden konnte: die Welt der Steine, die Welt der Tiere, dann natürlich auch das gewaltige Reich der Pflanzen.

Das pharmakologische Corpus des frühen Mittelalters erscheint zunächst ohne eine klare Struktur, zumal die straffe Führung durch das System der »Materia medica« des Dioskurides erst über die arabischen Schriften bekannt wurde. Es waren in erster Linie die dem Plinius zugeschriebenen Rezeptschriften, die für Jahrhunderte das Feld beherrschten. Nach spätrömischen Autoren wie Theodorus Priscianus, Vindicianus, Cassius Felix, Caelius Aurelianus, im einzelnen auch nach Apuleius und Sextus Placitus, nach Marcellus Empiricus und Quintus Serenus Sammonicus werden immer wieder von neuem, teilweise sogar in Versen, sogenannte »Libri medicinales« zusammengestellt. Bertharius von Monte Cassino wie Walahfrid Strabo von der Reichenau haben von diesen Texten gezehrt.

Eine vielbenutzte und oft variierte ›Medicina Plinii‹

*Gewinnung eines Balsams*

entstammt dem frühen 4. Jahrhundert und stellt eine freie Kompilation aus Plinius, Dioskurides, Galen und anderen Autoren dar. Nach ähnlichen Quellen hat im dritten Jahrhundert Quintus Serenus Sammonicus ein Rezeptbuch in 1115 Hexametern unter dem Titel ›De medicina praecepta saluberrima‹ zusammengestellt. Es galt als Arzneibuch für Arme und kann als ein Vorläufer des spätmittelalterlichen ›Thesaurus pauperum‹ angesehen werden. Immer wieder benutzt wurden aus dem 4. Jahrhundert stammende Autoren wie Sextus Placitus Papyrensis mit seinem ›Liber de medicamentis ex animalibus‹, Gargilius Martialis und seine ›Medicina ex oleribus et pomis‹ sowie vor allem Vindicianus, der Leibarzt des Kaisers Valentinian I.

Die Dioskuridestradition des frühen Mittelalters ist demgegenüber recht spärlich. Cassiodorus empfahl zwar seinen Mönchen ein ›Herbarium Dioskoridis‹; Isidor erwähnt das Buch ›Butanicum‹, das auch ›Herbarium‹ genannt wurde. Aber alle diese Texte enthalten nur in geringen Teilen die wirkliche »Materia Medica«, die in Handschriften des 11. und 12. Jahrhunderts zu finden ist. Viel benutzt wurde im frühen Mittelalter vor allem der sogenannte ›Dioscoridus Langobardus‹, ein volkstümlicher Auszug der »Materia Medica«, der später alphabetisiert wurde.

Ein neues Schwergewicht gewinnt diese Literaturgattung im 11. und 12. Jahrhundert, vor allem im Raum der Schule von Salerno, wo sich eine ganze Reihe von sogenannten Antidotarien finden. Als das geschlossenste Arzneibuch des 12. Jahrhunderts kann der ›Liber antidotarius magnus‹ angesehen werden. Der älteste Salerner Antidotarius des 12. Jahrhunderts enthält in über 1000 Kapiteln an die 12 000 Vorschriften. Von wesentlich geringerem Umfang ist das zwischen 1220 und 1240 zusammengestellte ›Antidotarium‹, das einen Magister Nikolaos als Autor nennt. Es enthält etwa 150 Vorschriften, die in zahlreichen Handschriften immer wieder modifiziert wurden. Unter dem Namen Nikolaos haben wir vermutlich einen alexandrinischen Arzt des 2. Jahrhunderts v. Chr. zu verstehen, dessen pharmakologisches Werk nur in Auszügen des Galen enthalten ist, das aber wahrscheinlich die Schriften des byzantinischen Arztes Aetios von Amida stark beeinflußt hat.

Auf das Ganze der praktischen Heilkunst in Salerno ging um die Mitte des 12. Jahrhunderts ein Magister Salernus mit seiner Schrift ›Katholika‹ ein. Salernus entstammt einer vornehmen Salernitaner Familie und erhielt der doppelten Verbundenheit zu Salerno wegen den Namen »Magister Aequivocus«. Er gilt auch als Verfasser der sogenannten Salerner Arzneitafel, der ›Tabulae Salerni‹. Den universalen Zug dieses Meisters betont auch sein ›Compendium‹, das in 130 Kapiteln die gesamte Pharmakologie und Therapie behandelt. Hier wird darauf hingewiesen, daß die Geheimnisse der Medizin praktisch, knapp und angenehm gezeigt werden sollen, daß man vor aller Diagnostik die Ursachen zu beschreiben habe und daß in der Therapie die Natur der Meister sei, während der Arzt nur Diener ist.

Auch alle die Heilmittel, sie dienen grundsätzlich nur der Natur, indem sie bei Ausfall ersetzen, bei Mißwuchs korrigieren, bei Überschuß ableiten, bei Reizung dämpfen, bei Lähmung anregen, um auf diese Weise – in diesem so ungemein labilen Fließgleichgewicht – ständig zu moderieren und zu harmonisieren.

Die Einstellung des mittelalterlichen Arztes zum Arzneimittelschatz ist daher grundsätzlich eine positive. So liegt es im christlichen Verständnis der Natur als einer Schöpfung Gottes, in der alles dem Menschen zum Wohle zu dienen hat. Was nicht zur Nahrung geschaffen ist, wie etwa das Fleisch der Natter, das Blut von Vögeln oder auch der Mist, das wird in der Regel als Heilmittel angesehen. So hatten es schon die griechischen und lateinischen Kirchenväter den Klosterbrüdern tradiert.

*Wundarzneikunst im Mittelalter*

Als dritte und wichtigste Säule der Praxis galt die Chirurgie, auch Wundarzneikunst genannt. Auch im Mittelalter ist immer wieder der Spruch zitiert worden, der dem Hippokrates in den Mund gelegt wird: »Was das Wort nicht heilt, das heilt das Kraut. Was Kräuter nicht heilen, heilt das Messer. Was das Messer nicht heilt, das heilt der Tod.« Das klingt hart, ist aber klar, und es trifft das Wesen.

Unter Chirurgie wird im Mittelalter der gesamte Komplex operativer Fächer verstanden, das, was in den Handschriften als »Behandeln mit der Hand« (manuum operatio) zum Ausdruck kommt. Unter diesem Aspekt trägt während des frühen und hohen Mittelalters die Chirurgie auf dem Niveau der Zeit einen durchaus wissenschaftlichen Charakter: Sie rangiert als eine eigene Disziplin im Rahmen der therapeutischen Fächer und hat bis weit ins 13. Jahrhundert hinein dem Chirurgen zu einem hohen Ansehen verholfen.

Als Vater der Chirurgie gilt nicht nur in den ikonographischen Programmen der illuminierten Handschriften, sondern auch in den Texten selbst Hippokrates. Einen ›Liber cyrurgie Ypocratis‹ bringt zum Beispiel eine Pariser Handschrift des ausgehenden 10. Jahrhunderts. Hier werden pseudo-hippokratische Chirurgie-Traktate vorgestellt unter dem Titel: ›Wie sich der Chirurg in seiner Kunst verhalten soll‹. Die Kunst selbst wird definiert als »Handwerk, das sowohl von außen wie auch von innen eingreift«.

Zur Chirurgie rechnen dürfen wir auch einige gynäkologische Traktate, so den frühesten unter dem Titel ›Über die Frauenleiden‹ (De diversis causis mulierum) aus einer Handschrift des 9. Jahrhunderts in Leningrad. Ein anonymes Lehrbuch für Hebammen, die Frauenheilkunde des Muscio (Gynaecia Muscionis), war bereits im Laufe des 6. Jahrhunderts im nordafrikanischen Raum entstanden. Dieser ›Muscio‹ führt große Teile der antiken Gynäkologie nach Soran und einen verlorengegangenen Hebammenkatechismus. Er läuft auch unter Titeln wie ›Gynaecia Vindiciani‹ oder ›Gynaecia Cleopatrae‹. Nach einer Pflichtenlehre für die Geburtshelferin wird eine Anatomie und Physiologie der Genitalien gegeben. Im Mittelpunkt des Werkes stehen Schwangerschaft, Geburt und Pflege des Neugeborenen. Die spezielle Pathologie richtet sich im wesentlichen nach Soran. Gleichwohl steht die Tendenz eines praktischen Leitfadens für Hebammen im Vordergrund.

Die Gynäkologie wurde weithin vertreten durch den schon erwähnten Traktat mit dem Titel ›Trotula de passionibus mulierum‹, ein anonymes Sammelwerk, das man lange Zeit einer Frau Trotula, der berühmten »Dame Trot«, zugeschrieben hat. In Wirklichkeit handelt es sich bei dieser »weisen Frau« um eine literarische Kompilation, vermutlich des 12. Jahrhunderts, die sich eng an Constantinus Africanus anlehnt. Hier wird zum ersten Male die Dammnaht nach komplettem Dammriß empfohlen; erwähnt wird auch der Dammschutz nach Soranus. Die Pflege des Säuglings spielt eine große Rolle, vor allem aber die Kosmetik.

In diesem Zusammenhang sollte auch die Schrift über ›Weibliche Heilpflanzen‹ (De herbis femineis) erwähnt werden, die allerdings nicht als ein Arzneimittelbuch gegen Frauenleiden zu verstehen sind, sondern als »weibliche Heilkräuter«. Der Glaube an männliche oder weibliche Heilpflanzen geht auf die Antike zurück und ist im Mittelalter selbst nicht weiter kultiviert worden. Auch werden im »Diascorydes« gynäkologische und geburtshilfliche Indikationen behandelt, ferner Menstruationsmittel, Abortiva, Aphrodisiaka und Kosmetika.

Diese zu rein praktischem Gebrauch bestimmte Chirurgie war selbstverständlich auf anatomische und physiologische Kenntnisse angewiesen. Die Physiologie, nach des Galens Schrift ›Über den Gebrauch der Teile‹ (De usu partium) teleologisch interpretiert, wie auch die Anatomie nach Galen, wurden als Teilgebiete dieser Chirurgie verstanden. Hierbei muß betont werden, daß die Wundarzneikunst zunächst durch Ärzte (medici) und keineswegs durch Barbiere gehandhabt wurde; erst nach dem 11. Jahrhundert treten besondere Bartscherer (rasatores) und Aderlasser (sanguinatores) auf, wie denn auch jetzt erst der Aderlaß selbst sein breites Indikationsspektrum gewinnt, dessen »pro« durch den Aderlaßkalender, dessen »contra« durch die sogenannten ägyptischen Tage (dies aegyptici) reguliert wurde.

Was die Anatomie anbetrifft, so wurde bis ins hohe Mittelalter der ›Aufbau der Glieder‹ (Expositio membrorum) des Vindicianus Afri benutzt, nach einem Bamberger Codex des 12. Jahrhunderts auch als ›Tractatus de

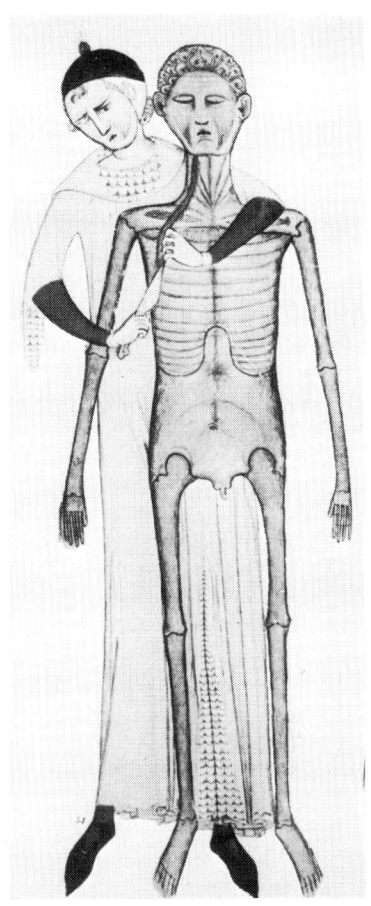

*Sektion einer Leiche*

scemate humano‹ bezeichnet. Die frühen anatomischen
Unterrichtsmaterialien zeigen dann, vor allem in der frühen Schule von Salerno, eine charakteristische Entwicklung an. Der ›Anatomia Cophonis‹, wie sie etwa zwischen 1100 und 1150 an der Schule zu Salerno nach den
Aphorismen des Hippokrates und dem Buch ›Pantegni‹

des Constantinus Africanus doziert wurde, fügt sich bald schon eine zweite anatomische ›Demonstratio‹ an, die in Breslauer und Erfurter Handschriften gefunden wurde.

Anatomie galt als Propädeutikum, als Einführung in die Chirurgie. Die Lehrbücher waren durchweg Präparieranweisungen, so noch die berühmte ›Anatomia‹ des Mundino dei Luzzi. Sektionen fanden vor dem 13. Jahrhundert nur selten statt. Vorläufer der modernen Anatomie dürfen hier nicht gesucht werden. Noch im 15. Jahrhundert waren die Sektionen bloße Demonstrationen, die nicht in die Einzelheiten gingen oder gar auf Forschung aus waren. Der Student sah in der Regel die Sektion von zwei männlichen und einer weiblichen Leiche.

Gleichwohl dient der Aufbau dieser Demonstrationen ganz und gar didaktischen Kriterien. Der Organismus wird in einer ersten Ordnung aufgeteilt in Gewebe (consimilia) und Glieder (officialia). Die zweite Ordnung gibt die Hauptorgane und ihre Abkömmlinge (principalia) zu betrachten sowie die »membra virtutes habentia«, wobei mit zahlreichen Untergruppen die bekannten »virtutes naturales, animales, spirituales« erscheinen. Die dritte Ordnung schließlich versenkt sich in das üppig unterteilte Funktionsgefüge. Einen genaueren Einblick in diesen Unterrichtsstoff erhalten wir erst mit dem 12. Jahrhundert.

Auch die Chirurgie selbst gewinnt um die Mitte des 12. Jahrhunderts einen selbständigen Charakter, wie besonders deutlich aus der ›Chirurgia magistri Rogerii‹ hervorgeht, die zwischen 1170 und 1180 entstanden sein dürfte. Ein Roger-Schüler, Roland Capelluti aus Parma, der später in Bologna lehrte, schrieb zu diesem Lehrbuch weiterführende Glossen, die eine ganze Gruppe von Lehrschriften in Gang brachten, wie sie uns schließlich in der ›Viermeister-Glosse‹ vorliegen.

Ein Bamberger Codex des späten 12. Jahrhunderts bringt eine weitere Salernitaner Chirurgie unter dem Titel ›Chirurgie, die Blüte der Medizin‹ (Cirologia, in qua est flos medicinae). Hier wird eine Definition der Chirurgie gegeben samt einer systematischen Übersicht von Kopf bis Fuß (de capite ad calcem); auch in diesem Text haben wir Übergänge zu Roger Frugardi und den zahlreichen späteren Roger-Glossen zu sehen. Die ›Glossulae quatuor magistrorum super chirurgiam Rogerii et Rolandi‹ teilten das Handwerk eines Arztes (instrumentum medicinae) in die klassischen Bereiche »Diät, Heiltrank, Chirurgie« ein. Was durch die beiden ersten Methoden nicht erreicht wird, das soll durch die Chirurgie geleistet werden. Die Verordnungen zeigen eindrucksvoll, wie sehr auch jede noch so kleine Verletzung als Allgemeinerkrankung angesehen wurde und wie alle Behandlung immer nur als ein Teil des »triplex instrumentum«, eines dreifach gestaffelten Instrumentariums, zu denken war.

Die großen Chirurgen waren sich immer aber auch schon ihrer eigenen Tradition bewußt und versuchten bereits im hohen Mittelalter, eine historische Entwicklung der Wundarzneikunst darzustellen. So vermochte im 13. Jahrhundert schon Henri de Mondeville drei Perioden deutlicher zu differenzieren: die Schule der Salernitaner, zu denen er Rogerius, Rolandus und Alphanus rechnet, ferner die großen Chirurgen der Schule von Bologna, der vielseitige Wilhelm von Saliceto etwa oder der hochgebildete Lanfrank, die zeitgenössische Chirurgie schließlich mit Hugo von Lucca und Theoderich, die über Henri de Mondeville überleiten auf den bedeutendsten Chirurgen des Mittelalters, auf Guy de Chauliac, dessen Lehrbuch noch weit bis ins 18. Jahrhundert hinein eifrig benutzt wurde.

Zusammenfassend kann festgestellt werden, daß die Chirurgie bis zum IV. Laterankonzil (1215) ein integrierter Teil der Medizin, wenngleich mit praktischem Übergewicht, gewesen ist. Die praktischen Tendenzen äußern sich sehr deutlich in den Gepflogenheiten der Lehrer, die, wie etwa Wilhelm von Congeniis in Montpellier, die Studenten mit in ihr Haus nehmen, oder, wie Roger Frugardi (1170) im Spital zum Hl. Geist direkt an das Bett der Kranken führen.

Erst seit dem 12. und 13. Jahrhundert werden den Mönchen und Regularkanonikern des öfteren Studien der Medizin wie auch der weltlichen Rechte verboten, so zuerst auf der Papstsynode von Clermont (1130), wiederholt in Reims (1131), so noch 1213 auf der Pariser Synode. In der Fassung von Papst Alexander III. wurde dann das Verbot auch in die Dekretalen Gregors IX. genommen.

Welchen Wert man im hohen Mittelalter auf die Chirurgie bei der Ausbildung zum praktischen Arzt gelegt hat, zeigt nicht zuletzt die Medizinalgesetzgebung Friedrichs II. (1231), wo ausdrücklich davon die Rede ist, daß man unter den medizinischen Fächern auch die Wundarzneikunst zu erlernen habe. Die Chirurgie gilt als »pars medicinae«, und es wird bestimmt, »daß kein Chirurg zur Praxis zugelassen werden soll, wenn er nicht schriftliche Zeugnisse der in der medizinischen Fakultät lesenden Professoren vorweist, daß er wenigstens ein Jahr lang den Teil der Medizin studiert hat, der in der chirurgischen Geschicklichkeit unterweist, daß er besonders die Anatomie der menschlichen Körper in den Kollegien gelernt hat und daß er in dem Teil der Medizin völlig ausgebildet sei, ohne den Operationen weder zweckdienlich ausgeführt, noch vollkommen ausgeheilt werden können«.

Innerhalb dieses Studienganges haben die Professoren die echten Bücher (libros authenticos) des Hippokrates und des Galen zu lesen, um so die theoretische wie auch praktische Medizin möglichst geschlossen zu erfassen. Die Wundärzte legten sich damals schon eigene »Manualia« an, gewichtige Handbücher, in denen sie die Meinungen der Autoren niederlegten wie auch ihre eigenen Erfahrungen oder die ihrer Kollegen.

3. Theorie und Praxis im Gleichgewicht

Von diesen Grundlagen ärztlicher Tätigkeit aus sollten wir nun aber auch noch einen Schritt zurücktreten, um das Ganze der Medizin in unser Blickfeld zu nehmen: das »Haus der Medizin«. Hierzu ein kurzer historischer Exkurs!

Wenn ein Student im hohen Mittelalter – in Salamanca oder Oxford, in Montpellier oder Damaskus, in Samarkand oder in Prag – sich dem Studium der Heilkunst widmen wollte, dann wurde ihm zunächst einmal eine schmale Einführungsschrift vorgelesen, die ›Isagoge in medicinam‹ des Johannitius. So nämlich nannten die lateinischen Scholastiker den arabischen Arztphilosophen Hunain b. Isḥāq, der wiederum auf eine Grundschrift der Antike zurückging, die ›Ars parva medicinae‹ des Galen, des großen griechischen Arztes der römischen Kaiserzeit. Damit aber haben wir eine nahezu zweitausendjährige Fracht der Überlieferung vor uns, die wir noch in der Aufklärung wiederfinden als ›Hodegetik‹, als ärztliche ›Wegweisung‹, und die selbst im 19. Jahrhundert noch traktiert wurde unter Titeln wie ›Enzyklopädie und Methodologie der Medizin‹.

Diese wahrhaft erstaunliche ›Isagoge‹ beginnt mit den lapidaren Worten: »Medicina dividitur in duas partes, id est in theoricam et in practicam.« Als ein Ganzes gliedert sich die Heilkunde in die beiden – einander das Gleichgewicht haltenden – Blöcke, in Praxis und Theorie. Beide Bereiche stellt uns die prachtvolle Miniatur zur ›Isagoge Johannitii‹ aus dem Reimser Codex besonders einleuchtend vor Augen!

Von ihrem theoretischen Aspekt aus versteht sich die Medizin als eine Naturphilosophie, die in der ärztlichen Praxis, als prophylaktischer Habitus oder korrigierender Eingriff, nur noch zur Anwendung kommt. Das naturphilosophische Konzept hat sich weithin orientiert am ›Corpus Aristotelicum‹, wie es in Ansätzen bereits um das Jahr 500 durch Boethius rezipiert und dann um das Jahr 1200 durch die Schule von Toledo assimiliert wurde. Die empirischen Materialien ihrer Heilkunst verdankt sie dem alten ›Corpus Hippocraticum‹, das durch Galen systematisiert und von Avicenna kanonisiert worden war.

Daß die empirische Heilkunst im hohen Mittelalter zu einer »facultas« im Studium Generale wurde und so aus einer primitiven Volksarzneikunde zu akademischem Rang und zur wissenschaftlichen Würde kam, das verdankt sie in erster Linie der Rezeption und Assimilation der griechisch-arabischen Heilkunde, die innerhalb einer einzigen Generation nicht nur den systematischen Abbau der traditionellen »Artes liberales« herbeiführte, sondern auch der europäischen Medizin ihre Position an den jungen Universitäten sichern konnte. Damit erhielt auch die Medizin erstmalig in der abendländischen Wissenschaftsgeschichte als eine Einzeldisziplin ihren Ort im Rahmen einer allgemeinen Wissenschaftssystematik.

Diese Systematik geht zunächst vom enzyklopädischen Charakter der Heilkunde aus: Die Medizin setzt sich auseinander mit Logik, Physik und Ethik, um sich alsdann als eigenständige Disziplin gegen die übrigen Fakultäten abzugrenzen. Ihre Gegenstände sind die Naturkunde (res naturales), eine Lebenskunde (res non naturales) wie auch eine spezifische Verhaltenslehre (moralia). Motive dieser Heilkunst sind der Wille und das Verlangen nach optimaler Lebensführung, aber auch die Freude und Lust am Heilen und Ganzen, nicht zuletzt auch der Wunsch, zu bessern und zu korrigieren in einer Welt, in der nichts ganz und heil sein kann.

In der Klassifikation der Wissenschaften nach Avicenna rangieren die »Naturalia« als eine »Collectio secunda« gleichrangig neben den »Logica«, »Mathematica« und »Metaphysica«. Als »scientia physica sive naturalis« ist die Medizin ihrer Theorie nach Gesundheitsschutz und Krankenversorgung (scientia conservandi sanitatem et curandi infirmitatem). Ihre Grundlage ist die Physiologie als das Wissen vom gesunden Menschen; ihre Anwendungsbereiche sind Pathologie und Therapie. Als besondere Aspekte werden die drei körperlichen Dispositionen herausgestellt: »sanitas, aegritudo, neutralitas«. Als praktische Disziplin gliedert sich die Heilkunst – wie beschrieben – in Diätetik (regula vel observatio vitae), in Pharmazeutik (medicamentum) und Chirurgie (manus operatio).

Auch bei Paracelsus gliedert sich die Medizin noch – in voller Übereinstimmung mit der scholastischen Überlieferung – in »Theorica« und »Practica«. Als Theorie stützt sich hier die Heilkunst auf vier Säulen: die Philosophie als die Naturlehre vom Menschen; die Astronomie als die Zeitenkunde, das biographische Szenarium;

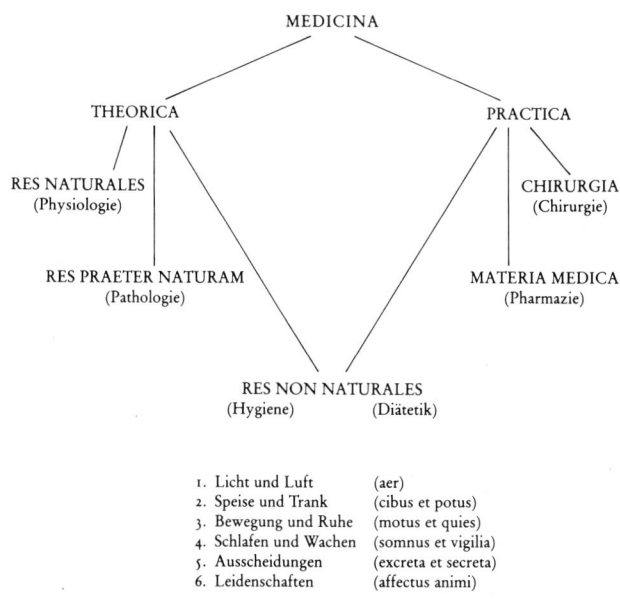

*System der Heilkunde*

die Alchimie als eine Stoffwechsellehre und die Physica, die Kunst des Arztes, die auch »virtus« heißt. Mit diesen anthropologischen Voraussetzungen wird der Arzt zum gebildeten Fachmann für den Menschen, der auch den anderen Fakultäten den Eckstein setzt. Die Medizin wird damit zum Eckpfeiler der Universität.

Als »Theorica« hat es das ärztliche Denken und Handeln zunächst mit der Gesundheit zu tun, der Physiologie, den »res naturales«, all den Elementen und Säften und Kräften, den Virtutes, Spiritus und Temperamenten, die des Menschen natürliche Basis ausmachen.

Dicht neben den »res naturales« freilich finden sich in unserer pathisch verstimmten, zeitlich befristeten Existenz sogleich auch die »res praeter naturam« oder, noch drastischer formuliert, die »res contra naturam«, die Krankheiten, die in ihrer immer noch rein theoretischen Betrachtung uns eine ganze Kategorientafel des Betroffenseins vor Augen stellen, vom bloßen Affiziertwerden und Verstimmtsein über alle Kränkungen und Krankheiten bis hin zum existentiellen Entgleisen und Verrücktwerden, eine Pathologie wahrhaftig noch als der »logos« vom »pathos«, eine komplette Phänomenologie des »homo patiens«.

Hinzu tritt nun – und dies kann in seiner Bedeutung für die Heilkunst kaum überschätzt werden – ein dritter immer noch theoretischer Bereich, den die Alten »res *non* naturales« nannten. Daß wir es nämlich in der Medizin in der Regel mit »Krankheit« und am Rande nur mit »Gesundheit« zu tun haben, das ist nichts anderes als eine moderne Idee, eine überaus kurzsichtige Idee überdies, bedingt durch das wissenschaftliche Modelldenken der Neuzeit und verschärft durch die Sozialgesetzgebung der 80er Jahre des vorigen Jahrhunderts, wonach man »sich krank meldet« und wieder »gesund geschrieben« wird. Verloren ging damit die zwischen »sanitas« und »aegritudo« vermittelnde dritte Kategorie, die »neutralitas«, jenes riesige Brachland des »neutrum«, das Zwischenfeld des »weder ganz gesund«, noch »richtig krank«, in dem wir uns normalerweise befinden und überhaupt erst die Möglichkeit finden, präventiv oder prophylaktisch einzugreifen.

Daß diese Kultur der so ganz natürlichen Dinge – wie Atmen und Essen und Trinken, wie Schlafen und Beischlafen, alle Absonderungen und Ausscheidungen, die Leidenschaften und die Freudenschaften –, daß das alles von der Medizin als unwissenschaftlich eliminiert wurde, um als Außenseiterfunktion disqualifiziert zu werden, das scheint mir eine der schwerwiegendsten Wandlungen in unserer modernen Medizin zu sein, die uns eben nicht nur die Errungenschaften einer Heiltechnik beschert hat, sondern auch einschneidende, bis zum Tage fortwirkende Verkümmerungsprozesse.

Soweit zu jener Theorie, die Goethe einmal definiert hat als den »Zusammenhang aller Erscheinungen«! Und nun zum gegenpoligen Gleichgewicht dieser so klassisch ausgewogenen Heilkunde, zur Praxis! Auch die »Practica« gliedert sich wiederum in drei Bereiche, drei Möglichkeiten eines hierarchisch gestuften ärztlichen Eingreifens. Am äußersten Ende der Indikationskette, als »ultima ratio«, steht hier die Chirurgie, der Eingriff mit der bewaffneten Hand. Davor liegt das mittlere, Heilung vermittelnde Feld der Medikamente, der vieltausendjährige Arzneimittelschatz einer »Materia Medica«. Vor den Heilmitteln aber – und das haben wir als eine Möglichkeit des Eingreifens völlig vergessen und verdrängt – liegt die ärztliche Beratung, die hygienische Lebensführung, jene so überaus konkrete tagtägliche Alltagsstilisierung, welche die Alten »Diätetik« nannten.

Die antike »diaita« – und daran muß einfach einmal von der Verwurzelung her erinnert werden – hat es mit der Lebensordnung des Menschen im Ganzen zu tun. »Diaita« bedient sich daher der »physis«, des natürlichen Wachsens und Gedeihens, und erreicht eben damit den »nomos«, das rechte Maß und die Regel, den kultivierten Lebensstil einer verbindlichen Lebensordnung. Das geht nicht ohne »paideia«, ohne Weisung und Lenkung, ohne »arete«, die Tugend, und »sophrosyne«, die Einsicht, nicht ohne Erziehung in jenem geschlossenen Milieu, das die Alten »kosmos« nannten, die so schöne Ordnung eines harmonisch gestimmten Universums.

Haben wir das nur einmal erfaßt, so wird uns auch in bestürzender Einsicht klar, was wir an Prinzipiellem in der Medizin verloren haben und wie wir wieder auf den Weg zu bringen wären. Um es noch einmal – von unserer modernen Sicht her – zu sagen: Daß der Arzt ein Diener der »physis«, der »minister naturae«, sein könnte, das mag uns vielleicht noch als Spruchweisheit geläufig sein; daß er aber gerade damit zum Meister des »nomos«, zum Lehrer unseres Lebensstils, werden könnte, das wird heute wohl im Ernst keiner mehr behaupten. Wir wollen einfach nicht mehr wahrhaben, daß die Grundbegriffe um »diaita« alle zusammengehören, nur im Ensemble spielen, im Orchester zur Harmonie kommen. Und es ist kein Zufall, daß aus »physis« die Physik wurde, von »kosmos« die Kosmetik kommt und daß »paideia« zur Pädagogik entarten konnte, zu einer so puppigen Disziplin einer Erziehung, die doch gar nicht zu denken wäre ohne den physischen Grund, ohne das Taugen der Tugend, ohne den Kosmos als ein allgemein verbindliches Bezugssystem.

So jedenfalls lehrt uns das die ›Articella‹, was wörtlich »die kleine Kunst« heißt, obwohl doch mit dieser Grundschulung immer nur das Ganze gemeint war. Der Name ›Articella‹ für dieses klassische Ärztebrevier stammt aus dem 15. Jahrhundert; die Texte selber aber gehen auf das 12. Jahrhundert zurück, wo dieses griechisch-arabische Bildungsgut erstmals ins Lateinische übersetzt worden war.

Bei der ›Articella‹ handelt es sich somit um eine geschlossene »Ars medicinae«, eine wohlüberlegte Komposition von Unterrichtstexten und damit auch um ein durchstrukturiertes Bildungsprogramm, das trotz zahlreicher Variationen bis zum 15. Jahrhundert als der ungebrochene Überlieferungsträger salernitanischer Medizin angesehen werden muß, als das »Rückgrat des medizinischen Unterrichts« (P. O. Kristeller), das nicht nur für Salerno gültig wurde, sondern auch für den frühen Unterricht an den Fakultäten im Rahmen des »Studium Generale« maßgebend blieb. Es ist beinahe selbstverständlich, daß dieses Lehrkorpus bald auch in die Inkunabeln aufgenommen wurde; 1476 bereits wurde es bei Nicolaus Petri in Padua erstmals gedruckt.

Bei der frühen Form der ›Articella‹ handelt es sich um die Zusammenstellung mehrerer Schriften: die Isagoge des Johannitius, den Kommentar ›In artem parvam Galeni‹, das hippokratische Prognostikon, um die Urinschrift des Theophilus und die Pulsschrift des Philaretus sowie den ›Liber diaetarum‹. Später traten die Aphorismen des Hippokrates hinzu und schließlich auch Teile des Canon Avicennae. Es sollte von größter Bedeutung werden, daß diese Texte in das Prüfungsprogramm der Universitäten aufgenommen wurden und somit eine autoritative Stellung erhielten.

Ein besonders illustratives Titelblatt aus der Renaissance faßt dieses »System der Medizin« noch einmal zusammen. In einem prachtvollen Junta-Druck zu Venedig aus dem Jahre 1608 erscheinen auf der unteren Zierleiste zunächst einmal die repräsentativen Autoritäten der Medi-

**AVICENNAE**

ARABVM

MEDICORVM PRINCIPIS.

Canon Medicinæ.

*QVO VNIVERSA ME-*
*dendi scientia pulcherrima, & breui*
*methodo planissime explicatur.*

Eiusdem

De: { Viribus cordis.
Remouendis nocumentis
in regimine sanitatis.
Syrupo acetoso.

CANTICA.

VENETIIS, Industria ac sumptibus IVNTARVM 1608.

*Titelblatt des Canon Avicennae, Venedig 1608, mit Darstellung der drei therapeutischen Dienste: Diätetik, Pharmazeutik und Chirurgie*

147

zin: Hippokrates vertritt das griechische Zeitalter, Galen die griechisch-römische Epoche, Aetios von Amida die frühbyzantinische Zeit und Avicenna die arabische Kultur. Über dem Titel erscheint das Ponarama der *Diätetik* als einer umfassenden Lebensordnungslehre, die sich auf die Kultivierung des gesamten Alltags und seine Grundbedürfnisse erstreckt. Auf beiden Seiten des Titelbildes können wir einmal den verschiedenen Heilmaßnahmen der *Pharmazie* (mit Bereitung der Heilkräuter und Anlagen von Kräutergärten), zum anderen aber auch den *chirurgischen* Eingriffen (mit Trepanation, Aderlaß und Schröpfen) nachgehen. Zuletzt erscheint noch das Instrumentarium mit dem Wahlspruch »Tuto, cito, iucunde«: treffsicher, rasch und möglichst angenehm soll jeder Eingriff erfolgen.

Damit haben wir die tragenden Modelle einer systematisierten Medizin vor Augen: 1. die Physiologie (res naturales) als die Lehre vom Gesunden, die später immer stärker ausgebaut wurde zu einer Gesundheitslehre und Lebensordnung (regimina sanitatis); 2. die Pathologie (res contra naturam) als die Lehre von den Krankheiten, die Theorie vom Verfall und der Korruption; 3. die Therapeutik als die Lehre vom Heilen, die sich dann wiederum gliedert in: Diätetik, Arzneimittellehre und Chirurgie.

Heilkunde zerfällt dabei – nach Galen – in drei Kategorien: 1. Gesundheit (sanitas), die aber keineswegs als Zustand definiert werden kann, sondern immer nur ein erstrebenswerter Grenzzustand bleibt, gleichwohl aber als »constitutio« möglichst positiv aufgefaßt werden sollte, als ein permanenter Bildungsprozeß, eine »creatio continua«; 2. Krankheit (aegritudo) als ein Abweichen vom erstrebten Idealzustand (deformatio, destitutio, degeneratio), als ein Ermangeln, Fehlgreifen oder Unterbleiben, ein »modus deficiens«, und 3. das Zwischenfeld (neutralitas) zwischen gesund und krank, in dem wir uns normalerweise befinden und wo zu allen Zeiten die Patienten ihren Entscheidungsspielraum und die Ärzte ihre großen Kompetenzbereiche hatten.

# VII. Bildungswege des Arztes

## 1. Begegnungen zwischen Lehrer und Schüler

Über das Verhältnis zwischen einem Lehrer und seinen Schülern werden wir besonders einleuchtend durch die scholastischen ›Prooemia‹ ins Bild gesetzt, jene bezaubernden Vorwörter einer eigenen Dedikationsliteratur, in der die bedeutendsten Werke der Zeit einem Lehrer, einem Freunde oder auch einem Schüler gewidmet wurden.

Der Lehrer sollte damals an seinem Schüler weitgehend Vaterstelle vertreten. Bei Wilhelm von Conches heißt es, daß gute Lehrer noch mehr zu lieben seien als die leiblichen Eltern. »Empfingen wir von unserem Vater das rohe Leben, so von unserem Lehrer das Wissen, das doch wohl teurer und wertvoller ist.« Und bei Constantinus Africanus heißt es ausdrücklich: »Der Magister lehre nur würdige Schüler, unwürdige halte er möglichst weit von ärztlicher Wissenschaft und Kunst fern. Immer aber sei der Arzt bemüht, die Gesundheit seines Patienten wiederherzustellen.«

Wilhelm von Conches zieht in einem eigenen Kapitel ›Qualis discipulus‹ ähnliche Konsequenzen: »Also sind die guten Lehrer mehr zu lieben als die Eltern. Es ist aber nicht allein gerecht, daß wir solchermaßen die Lehrer mehr lieben, sondern auch nützlich, damit uns nämlich seine Worte gefallen können, Worte von ihm, den wir lieben. Wenn wir nämlich einen nicht leiden mögen, dann gefallen uns auch seine Worte nicht, und wir gehen ihm aus dem Wege. Man kann nämlich beim Studium keinem nachfolgen, den man nicht leiden mag. Andererseits kann aber auch unsere Natur aus Fleisch und Blut, wie sehr sie auch nach der Bildung verlangt, nur unter großem Aufwand an Mühe und Arbeit vollendet werden; denn Arbeit überwindet alles (labor vincit omnia)!«

Über die zeitliche Gliederung des scholastischen Erziehungsschemas sind wir z. B. durch den Codex Palatinus 1252 der alten Heidelberger Bibliothek unterrichtet: Für das 7. bis 14. Lebensjahr, »wenn das Licht der Vernunft zu scheinen beginnt«, sind Grammatik, Musik und Arithmetik vorgesehen, für die nächsten sieben Jahre Logik, Rhetorik und Astronomie. Erst vom 21. bis 28. Jahre soll sich der Schüler der Naturwissenschaft und der Metaphysik widmen. Danach kann er sich in der Praxis als Theologe, Rechtswissenschaftler oder Heilkundiger weiterbilden.

Ebenso wie bei den Juden und Arabern war auch im Abendland neben den Gemeinschaften an einer Kloster- oder Domschule die direkte Aufnahme in einen Haushalt üblich. So empfiehlt Giraldus Cambrensis 1199 dem kränkelnden Bischof von Hereford, Wilhelm de Verre, den etwa 24jährigen Magister Robert Grosseteste, der neben Theologie und Jura auch die Medizin beherrschte, mit folgenden Worten: »Deshalb bitte ich hinsichtlich des Magisters Robert Grosseteste, den Du, wie ich zu meiner Freude gehört habe, in Deinen Haushalt und Deine nähere Umgebung aufgenommen hast, daß die Belohnung seinen Verdiensten entsprechen möge. Denn ich weiß, daß seine Dienste Dir sowohl bei Deinen mannigfaltigen Geschäften und Rechtsentscheidungen als auch in der Sorge um Deine Gesundheit zwei- und vielfach nötig sein werden, da er mit all diesen Dingen wohlvertraut ist.«

Aus der leibhaftigen Sphäre wird das Lehrer-Schüler-Verhältnis auch bei Hildegard von Bingen verstanden. Unterricht ist Atzung. »Der Lehrer muß die Worte seines Unterrichts in mütterlicher Zärtlichkeit sieben, so daß die Schüler freudig ihren Mund öffnen und dieselben schlucken.« Wohl hat er feste Vorschriften zu geben und ist darin dem Arzte verwandt, »indem er die Rute als Lehrmeister fühlen läßt, nachher aber als Arzt die Salbe reicht«.

Die feine Verwandtschaft zwischen Arzt und Lehrer und ihre Sonderstellung waren dem Mittelalter durch Seneca geläufig, der daraus geschlossen hatte: »Dem Arzt wie dem Lehrer reicht man den Preis für seine Mühewaltung, wobei man ihm den Lohn für seine Gesinnung

*Lehrer-Schüler-Szene*

schuldig bleibt.« So sollen Lehrer und Arzt in ihrer
Milde wie Jakob, in ihrer Strenge wie Esau sein. »Tu wie
der weiseste Herr«, schreibt Hildegard, »unser Lehrer,
der die Wasser sprudeln und die Erde sprossen ließ. Sei
Sonne durch deine Lehre, sei Mond durch deine Anpas-
sungsfähigkeit, sei Wind durch deine straffe Führung, sei
Luft durch deine Milde, Feuer durch die schöne Rede
deiner Unterweisung. All das beginne im schimmernden
Frührot und vollende es im funkelnden Licht.«

Bis in alle Einzelheiten verrät Hildegard ihre psycho-
logischen Kenntnisse und ihren pädagogischen Takt,
wenn sie von Schülern spricht, die nur mit kleinem Licht
leuchten und die man nicht zu hart anfahren sollte,
damit das Licht nicht gänzlich erlösche. In echt platoni-
scher Weise vergleicht sie den Lehrer in seiner Diskretion und mit seiner Direktive dem reinen Äther, die guten Schüler aber mit Gold und dem Geschmeide. Die
kluge Äbtissin ist – mit Augustinus – der Überzeugung,
daß Menschen erst durch das Band der Liebe miteinander verknüpft sein müssen, bevor sie zueinander mit Ge-
winn reden oder aufeinander hören können. Beide aber
stehen als Partner in einer innigen kathartischen Bezo-

genheit: »Denn der Meister wird durch den Schüler gereinigt und der Schüler durch seinen Meister.«

Als ein Beispiel für solche Partnerschaft mag uns das sogenannte ›Lehrgedicht‹ des Benedictus Crispus Mediolanensis an seinen Schüler Maurus Mantuanus Praepositus dienen, wo die Antithese aufgebaut wird von der Vervollkommnung der Kunstfertigkeit (perfectio artis) und der Güte der Gesinnung (bonitas morum), und wo dann in diesem Dilemma ganz klar entschieden wird: Wenn es schon an einem von den beiden fehlen sollte, dann lieber an der technischen Perfektibilität als an der sittlichen Integrität, lieber am Wissen als an der Herzensgesinnung.

Mit Maßen am Honig des Wissens gelabt wird man, um in der Liebe zur Kunst Erfüllung zu finden, wobei die Warnung vor der Übersättigung nicht ausbleibt. Davon freilich ist heute kaum noch die Rede: daß Studium Mühe kostet, Überdruß schafft, diätetisch traktiert sein will, da der Mensch – von Natur aus faul – der Mühe wie der Muße bedarf, damit das Ersehnen (desiderium) erhalten bleibt und nicht das Ermüden (fastidium) obsiegt. Nimm das erst einmal, schließt die ›Praefatio‹ des Benedictus Crispus, und verarbeite es! Ich hab noch mehr in Reserve, falls Du am Stoffe entbrannt sein solltest: Vale! Mach's gut!

Ähnliche Zeugnisse bringt das arabische Mittelalter in Hülle und Fülle. Bei 'Alī b. al-'Abbās heißt es am Ausgang des 10. Jahrhunderts (im ›Liber Regius‹) klipp und klar: »Der Medizin-Student soll sich ständig im Krankenhaus und in den Heilanstalten aufhalten. Er muß den Zustand der Kranken und ihr Befinden gewissenhaft überprüfen und sich den besten Medizinprofessoren anschließen. Er muß die Kranken häufig nach ihrem Befinden befragen und ihr Aussehen beobachten, um immer auf der Hut zu sein, in Übereinstimmung mit dem, was er über den Verlauf der Krankheit und über ihre Symptome gelesen hat. Wenn der Student nach diesen Prinzipien arbeitet, wird er auch gute Resultate erzielen. Es ist daher ratsam, daß jeder, der Arzt werden will, dieser Methode folgt und sich die erwähnten Grundsätze zu eigen macht und nicht außer acht läßt.«

Zu Beginn des 11. Jahrhunderts schreibt Fulbert von Chartres seinem Schüler Hildegarius, der damals gerade Medizin studierte: »Habe nicht nur Sorge für Deinen Geist, sondern auch für Deinen Leib, auf daß nicht aus Nachlässigkeit dem Körper gegenüber die geistige Spannkraft nachlasse... Halte auch Deine Gedankenwelt sauber, weil wir mit reinen Gedanken allein schon all die emotionalen Molesten, die aus der Unpäßlichkeit kommen, zu vertreiben in der Lage sind.«

Beides brauchen wir im Leben: Wissen und Taugen, heißt es eindeutig in der ›Eruditio didascalica‹ des Hugo von St. Viktor. »Ich führe das alles nicht an (schreibt er einleitend), um mich meines Wissens zu rühmen; vielmehr möchte ich zeigen, daß man Fortschritte im Wissen nur bei methodischem Studium erzielt.« Das ›Didascalicon‹ schließt mit einem knappen Leitsatz, der lautet: »Suche alles zu erlernen; erst später wirst du gewahren, daß nichts daran überflüssig war. Reines Spezialwissen hingegen kann keine echte Freude gewähren.«

Ganz ähnlich drückt sich Johannes von Salisbury in seiner ›Regula philosophantium‹ aus, in der zum einen die Erfahrung als Lehrmeisterin gerühmt wird (rerum experientia est magistra intelligentiae), zum anderen aber vom Schüler gefordert wird, daß er Fortschritte mache auf dem Wege der Wahrheit wie der Liebe (ut proficiat veritati et charitati). Beides gehört zum Gelehrtenstil: Man wälzt vergeblich die Wörter im Mund herum, wenn's an den Werken der Tugend fehlt!

Wissen muß jedesmal neu legitimiert werden, wobei die einen Rechtfertigung in der Tradition und in religiösen Werten suchen, während die anderen die Wissenschaft als ein in sich stabiles System von Wahrheiten fordern. Zu letzteren zählt an der Medizinschule zu Montpellier der jüdische Arzt Petrus Alfonsi, wenn er in seinem ›Brief über das Studium‹ schreibt: »Ich halte es nicht für die Art verständiger Leute, über etwas zu urteilen, was man nicht kennt, und etwas zu verwerfen, bevor man es nachgeprüft hat. Die Wissenschaft kann nämlich erst durch Erfahrung ergriffen werden; und ebenso kann keiner einen Lehrer der Wissenschaft erkennen, ohne ihn auf die Probe zu stellen.«

In seinen autobiographischen ›Dialogi‹ berichtet Petrus Alfonsi von einem Gespräch mit dem Rabbi Moses, der vermutlich im südfränkischen Kulturraum zu suchen ist, wobei Petrus in seinem Streitgespräch die Meinung vertritt: »Die menschliche Natur hat die Eigenart, daß bei der Unterscheidung von Wahr und Falsch das Organ für die Unterscheidung untauglich wird, wenn das Interesse des Menschen auf irgendeine Weise von Affekten getrübt ist. Wenn du also jetzt nicht jede Aufregung aus deinem Inneren vertreibst, damit wir nach Art kluger Leute das Rechte erkennen und das Unrechte ohne blinden Eifer ablehnen, ohne bei unserem Bemühen das Ergebnis in irgendeiner Weise vorwegzunehmen, dann werden wir unsere Worte ins Leere sprechen.«

Immer wieder überrascht uns der emphatische Ton dieser sonst so trockenen Lehrschriften. Von seinem Lehrer Petrus Musandinus weiß Gilles von Corbeil (Aegidius Corboliensis) zu berichten: Die Eindringlichkeit seiner Lehre sei mit einem dahinrollenden Rade zu vergleichen oder mit den reißenden Wogen eines Bergstromes. Er rühmt die köstliche Würze seines Vortrags und gesteht gern ein, daß er sein eigenes Urteil am Salze musandinischer Gelehrsamkeit gebildet habe. Ganz besonders ans Herz greifen aber muß uns das Lob, das Gilles von Corbeil seinem Lehrer gespendet hat, dem Maurus von Salerno, indem er schreibt: Er habe ihn geliebt wie ein Körperglied sein Haupt – ein besonders schönes Zeugnis für den Korporationsgeist in einem wirklich wissenschaftlichen Organismus.

Wissenschaftliche Stringenz und ärztliches Ethos, Korporationsgeist und pädagogischer Eros, polemische Konkurrenz und befruchtende Kollegialität – sie alle berufen sich auf jene »theorica«, von der Hippokrates geglaubt hatte, jedes kunstgeschaffene Werk, alle »techne«, fuße auf einer »theoria«, beide aber – Theorica et Practica – seien nur Teile, die hinführen in das Ganze (totum integrum) der Medizin. Man sollte freilich nicht zu groß tun mit seinem Wissen; man sollte es aber auch nicht verstecken. Denn – so Alanus ab Insulis – »ebenso sündigt der, der den Schatz verbirgt in dem Acker, wie wer die Wissenschaft in seinem Munde verschließt«.

Jetzt erst verstehen wir ganz diesen schönen Spruch, der bekennt: »Viel habe ich gelernt von meinen Meistern, mehr noch von meinen Kollegen, das meiste gelernt aber habe ich von meinen Schülern.« Von einem pädagogischen Eros dieser Dimension kündet schon Alkuin, der 778 die Schule von York übernahm und von dem es heißt: »Juvenes quoscumque videbat, hos sibi conjunxit, docuit, nutrivit, amavit.« Er zog sie an sich, wo er sie fand: er lehrte und ernährte sie, er hatte sie lieb!

## 2. Die freien Künste als Grundschule der Medizin

Wenn ein Student des hohen Mittelalters sich in der Medizinischen Fakultät immatrikulieren wollte, dann hatte er in der Regel bereits eine akademische Vorbildung hinter sich. Er hatte die Artisten-Fakultät durchlaufen und konnte sich dann erst den »höheren« Fakultäten widmen: der Theologie, der Jurisprudenz, und so auch der Medizin. Vielfach besaß ein Mediziner den »magister artium«, was in etwa einem erweiterten Reifezeugnis entsprach, um sich fortan seinen Fachstudien zuzuwenden.

Der Begriff »ars« hat nur wenig mit Artistentum zu tun und kaum etwas mit »Kunst«, er meint soviel wie die Regel, die Theorie, eine Wissenschaftssystematik. Er bedeutet ganz einfach, daß auch ein Mediziner die »Artes liberales« hinter sich gebracht haben mußte, die sieben freien Künste, wobei »liberales« besagt, daß diese Künste nicht zum Gelderwerb gedacht sind, sondern für einen freien Mann. Es ist einer verhängnisvollen Verkennung zuzuschreiben, wenn die »Artes liberales« auf den Begriff »liber« gleich »Buch« bezogen wurden statt auf die »freien« Künste. Wir haben zu begreifen, daß der ganze »ordo discendi«, die Schulordnung, als ein »ordo legendi«, eine Lesegemeinschaft, aufgefaßt wurde und als solcher erst seinen literarischen Niederschlag fand. Erst nach den geistigen Umwälzungen des 12. und 13. Jahrhunderts fand sich ein neuer »ordo docendi et discendi«, diesmal schon voll und ganz eingelagert in die Universität, die »universitas magistrorum et discipulorum«.

Bis zum 12. Jahrhundert aber bildete das Artes-Schema die »Fundamentalordnung des Geistes« (Ernst Robert Curtius). Ihre allegorischen Gestalten schmükken die mittelalterliche Dichtung gleichermaßen wie die bildende Kunst. Sie begegnen uns an den Fassaden der großen Kathedralen: in Chartres und Freiburg wie in Laon und Auxerre oder an Notre-Dame zu Paris. Die »Artes« waren der Turm der Bildung, das Haus der Erbauung, ein Bauwerk des Wissens, die sieben Säulen, auf denen »Sapientia« ihren Tempel errichtet.

Die abenteuerliche Entstehung dieser sieben freien Künste und ihr nicht weniger aufregendes Schicksal sind rasch erzählt. Um das Jahr 430 n. Chr. – noch mitten im Wirbel der Völkerwanderung – verbreitete sich von Nordafrika aus ein Buch, das nicht nur die Wirren der Völkerstürme überstand, sondern auch die lange »Nacht des Mittelalters« erleuchten sollte. Gemeint ist das Lehrbuch der sieben freien Künste, das für die mittelalterliche Welt soviel bedeutete wie Wissenschaftssystematik und Wissensvermittlung zugleich.

Verfasser dieses Standardwerkes war Martianus Capella, ein nordafrikanischer Gelehrter, von dem wir wissen, daß er dem Christentum nahestand, und der mit seinem Werk von den gelehrten Mönchen des frühen Abendlandes immer wieder gelesen und abgeschrieben wurde. Kostbare Handschriften führen den schwerflüssigen Text, in dem Poesie und Prosa im kunstvollen Prosimetrium abwechseln. Noch im frühen Buchdruck, in dem Jahrhundert zwischen 1499 und 1599, ist das damals schon reichlich veraltete Werk nicht weniger als achtmal verlegt worden.

Dieses Buch darf mit vollem Recht als das erste Sachbuch des Mittelalters angesehen werden; es ist sachkundig und fachgerecht und hat dazu noch einen flotten Titel, der lautet: ›Die Vermählung der Philologie mit Merkur‹ (De nuptiis Philologiae et Mercurii). Das Aufgebot dieses hochzeitlichen Titels entführt uns in die olympischen Gefilde, bevölkert von Göttern, Halbgöttern und

Heroen. Hier herrscht Hymenaeus, der Versöhner der Elemente und damit auch der Geschlechter, der gewaltige Diener der Natur und ein Meister des natürlichen Ausgleichs. Er ist der Ehestifter zwischen den Göttern. Unter diesen war Merkur unbeweibt geblieben, und Apollon – der Erfinder auch der Heilkunst – schlägt ihm ein hochgelehrtes Mädchen vor, die Jungfer Philologia, die den ganzen Kosmos menschlicher Bildung geschlossen in sich trägt und ein allumfassendes Wissen (enkyklios paideia) wahrhaft beherrscht.

Die olympische Götterversammlung beschließt, die gebildete Braut zur Göttin zu erheben und das Hochzeitsmahl zu rüsten. Es ist Phronesis, die besonnene Weisheit, die nun ihre Tochter Philologia zur Hochzeit schmückt. Die vier Kardinaltugenden stellen sich als Brautführer ein, und die drei Grazien geleiten sie zum Olymp. In einer Sänfte darf die Braut sitzen, die von zwei Jünglingen und zwei Mägden getragen wird. Labor und Amor heißen die jungen Männer: der Schweiß des Angesichts in täglicher Arbeit und die alles umfangende Liebe. Epimelia – die Sorgfalt – heißt das eine Mädchen und das andere Agrypnia – jene Schlafverkürzung, unter der die Nachtarbeit eines geistigen Menschen nun einmal zu leiden hat. Die Göttermutter Juno begrüßt die junge Braut, die feierlich in den Kreis der Götter einzieht.

Alles hat sich zur hohen Feier versammelt. Die so vielsagende »Vermählung der Vernunft mit dem Wort«, sie kann nun beginnen. Zur Hochzeit geladen sind die Künste und Wissenschaften, die sich ein Hochzeitsgeschenk besonderer Art ausgedacht haben: Sie stellen sich mit ihren Eigenschaften und Fähigkeiten in den Dienst des hohen Paares. Einzeln treten sie herein und bieten sich als Gabe dar.

Da tritt zunächst die *Grammatica* auf, eine ehrwürdige Greisin, die sich der Abstammung vom ägyptischen König Osiris rühmt. In einem elfenbeinernen Kästchen trägt sie Messer und Feile, um die Sprachfehler der Kinder chirurgisch zu behandeln. Als junge Frau mit erhabenem Gestus und in kostbaren Gewändern erscheint die *Rhetorica*, und ihr Schmuck und ihre Waffen sind es, mit denen sie die Gegner tödlich verwundet. Nüchterner gibt sich die dritte Erscheinung, die *Dialectica*, die sofort mit langatmigen Erwägungen von ihrer trockenen Kunst Gebrauch macht.

Nach diesen Grunddisziplinen, den Trivialwissenschaften, werden nun die Realwissenschaften an die Hochzeitstafel geleitet. Und ganz ähnlich wie bei der Hochzeit des Amor mit der Psyche, von der uns Apuleius berichtet, stellen auch diese vier Gestalten sich mit ihrem ganzen Pomp und ihrer vollen Kunst dem Brautpaar zur Verfügung: Die *Musica*, die *Arithmetica*, die *Geometria* und die *Astronomia*. Eine achte und eine neunte Kunst – die Medicina und die Architectura – bleiben aus äußerlichen Gründen unberücksichtigt, was weit mehr ist als ein rhetorischer Zufall; für das Schicksal der Heilkunde jedenfalls sollte dieses Fehlen bei der Hochzeitstafel von größter Bedeutung werden.

Für die nächsten Jahrhunderte zählt die Medizin zu den törichten Jungfrauen, die den Ruf des Bräutigams verschlafen haben. Und alle Versuche, diese verschlafene Jungfrau doch noch zu wecken und hoffähig zu machen, sind nicht recht gelungen. Zwar fordert zur Zeit Karls des Großen der irische Mönch Dungal offiziell die Heilkunde als eine achte Kunst zu den sieben freien Künsten. An weiteren Versuchen einer Aufnahme der Medizin ins Gefüge der Wissenschaften hat es nicht gefehlt. Selbst der gelehrte Alkuin, der Bildungsstern am Hofe Karls des Großen, rechnet die Medizin schon ganz natürlich – mit Musik und Astronomie, mit Astrologie und Mechanik – zur »physica«, zu einer allgemeinen Naturwissenschaft. Der angelsächsische Abt Aldhelm von Malmesbury (gest. 709) zählt die Mechanik wie die Medizin zu den Artes. Und der Passauer Bischof Ermenrich schreibt um die Mitte des 9. Jahrhunderts an den Abt Grimaldus von Sankt Gallen: »Die Naturkunde (physica) gliedert sich in Arithmetik, Astronomie, Astrologie, des weiteren in Mechanik und Medizin, schließlich in Geometrie und Musik.«

Die etwas verschlafene Jungfrau Medizin war nicht mehr rechtzeitig zur Stelle gewesen, um das Hochzeitslager der Gelehrsamkeit zu schmücken. Der Arzt stand draußen, in der bescheidenen Rolle eines biederen Klosterbruders, der seine Heilkräuter pflanzte, seine einfachen Schnitte legte, seine Pflaster schmierte und immer wieder von neuem die alten Weisheiten der Bücher abzuschreiben hatte. Und niemand hätte erwarten können, daß ausgerechnet dieser Heilkunst einmal der Ruhm aller Wissenschaften zuteil werden sollte: daß sie berufen sein sollte, eine der tragenden Säulen der Universität, eine »facultas« im »studium generale«, ein »Eckpfeiler der Universität« zu werden, um das Licht der Natur in die moderne Welt hineinzutragen.

Daß die Medizin diese Position erringen und halten konnte, verdankt sie abermals einem der repräsentativen Sachbücher des frühen Mittelalters, den ›Origines‹ des Isidor von Sevilla (um 560–636), einem Werk, das auch den Titel trug: ›Etymologiae‹ – das Buch von der Verwurzelung der Begriffe. An die tausend Handschriften und sieben Wiegendrucke vor dem Jahre 1500 sind uns erhalten geblieben, was allein schon für die rasche Rezeption und anhaltende Assimilation dieses Werkes spricht.

Bereits den Namen »Medizin« leitet Isidor etymologisch ab von »modus« oder »temperamentum«, da am Maße allein die Natur ihr Genüge findet. Der Medizin hat Isidor in diesem monumentalen Reallexikon nicht von ungefähr ein eigenes Buch gewidmet. Mit elegantem Schwung erhebt er hier die plumpe Heiltechnik der Volksmedizin zu einer »ars magistralis«, zu einer fürstlichen Disziplin. Auch Isidor geht zunächst von der damals vieldiskutierten Frage aus, warum wohl unter den übrigen freien Künsten die Heilkunde nicht enthalten sei.

Seine Antwort ist so einfach wie überzeugend, wenn er schreibt: »Jene enthalten nur die einzelnen Grundlehren, diese aber das Gesamt.« Alle diese Trivial- und Realwissenschaften, sie sind nur die Schemata eines enzyklopädischen Wissens, die mit Blut, Leben, Sinn und Zweck erst durch die Medizin erfüllt werden, durch das Verstehen des gesunden und kranken Lebens und durch das Behandeln des praktischen Arztes. »Denn auch die Grammatik muß der Arzt kennen, damit er einsehen und auseinandersetzen kann, was er studiert. Gleicherweise bedarf er der Rhetorik, damit er mit glaubwürdigen Argumenten zu vertreten versteht, was er verordnet. Nicht weniger muß der Arzt mit der Dialektik vertraut sein.« Ebenso mit den anderen freien Künsten! Aus all diesen Erwägungen heraus darf man die Medizin mit Fug und Recht eine »zweite Philosophie« nennen. Denn wie die Philosophie die Pflegekunst des menschlichen Geistes ist, so umfaßt die Medizin mit ihrer Wartung und Heilung des Leibes den Menschen in seiner Gesamtheit.

## Die Medizin als zweite Philosophie

Der Topos von der Medizin als einer zweiten Philosophie (secunda philosophia) hat sicherlich – wie das ganze Werk des Isidor von Sevilla – ältere Wurzeln, hat seinerseits wieder »origines«; seine eigentliche Bedeutung aber liegt in der Wirkungsgeschichte, die mit dieser Verwurzelung untrennbar verquickt bleibt. So hatte schon Tertullian in seiner Schrift ›Über die Seele‹ die Medizin als eine »Schwester der Philosophie« (soror philosophiae) gerühmt, um dabei wiederum auf eine ältere antike Tradition zu verweisen. Hier aber wird zum ersten Male die geläufige Tradition zu einem einheitlichen Bildungsprogramm erhoben, dem wir nun, an Hand und in der Folge der einzelnen Disziplinen, einmal systematisch nachgehen sollten.

## Der Arzt und die Grammatik

Der Arzt muß gebildet schreiben und gebildet lesen können (docte scribere et legere). Er sollte diese Kunst ganz und gar beherrschen, nicht um der Wissenschaft willen, sondern gerade als Praktiker, als Kenner und Diener der Natur, als »physicus«. Aus naturhaften Gegebenheiten holen wir unsere Befragung der Kranken und besprechen ihre Nöte. Wie man auslegt, was man gehört und gelesen hat, wie man schließlich verordnen will nach dem, was man vernommen und verstanden hat, darüber muß auch der Arzt sich bewußt Rechenschaft ablegen. Dazu verhilft die Grammatik.

Grammatik ist die erste, die ursprüngliche Kunst. »La prima arte«, so heißt sie noch bei Dante. Das »gramma« steckt darin, die »littera«, der Buchstabe, jene Buchstäbchen, mit denen die römischen Knaben sich die Elemente ihrer Bildung auslegten und die ausreifen sollten zu jeder literarischen Tätigkeit eines gebildeten Menschen, ob diese nun dem vernünftigen Austausch dient oder der poetischen Verdichtung der Welt oder auch nur der Vertiefung in das Wesen der Namen. Denn die Namen machten die Buchstaben aus, und sie werden zu Kriterien der Logik; sie künden vom Wesen der Sache; sie sind wie der Schatten der Dinge. Wer diesen Schatten in Namen faßt, verfügt auch über die Gewalt eines Sachverhaltes und kann damit handeln und heilen.

Diesem Elementarunterricht hat sich der werdende Arzt zu unterziehen. Die Grammatik wurde die logische Grunddisziplin, aber auch eine Art von Phänomenologie, auf die ein Arzt zu keiner Zeit Verzicht leisten konnte. Vier Zweige der Grammatik sind es im einzelnen, die zur Zeit des Isidor von Sevilla schon zu einer erstaunlichen Blüte gekommen waren: die Textkritik mit ihrer Kunst der Etymologie, die Lektüre der grammatikalischen Grundverfassung im Unterricht, die daraus sich ergebenden Möglichkeiten einer Erklärung, die Tätigkeit der Kommentatoren also, und schließlich die kritische Beurteilung der Phänomene. Aus diesen elementaren Zügen haben sich in neuerer Zeit die Grunddisziplinen der historischen Methodologie entwickelt, die Heuristik, die Kritik und die Interpretation, das Schema einer Geisteswissenschaft, mit der auch der Arzt immer in Berührung geblieben ist. Die Grammatik ist wirklich – wie ein arabischer Spruch lautet – das Salz der Wissenschaften!

### Der Arzt und die Rhetorik

»Gleicherweise bedarf ein Arzt der Rhetorik, damit er mit glaubwürdigen Argumenten zu vertreten versteht,

*Allegorische Darstellung der Rhetorik*

was er verordnet.« Der Arzt muß glaubhaft für seine Theorie einstehen: Er soll sie verteidigen und anwenden; er muß sie praktikabel und plausibel machen. Denn die Medizin bedarf prinzipiell einer Apologetik; ihr Eingriff ist nicht selbstverständlich!

Die Rhetorik war bei den Alten schon die unentbehrliche Ergänzung eines natürlichen Lebensstils. Ihre Kunst vermochte es, die Disharmonien auszugleichen und der Realität anzupassen (dicere apposite ad persuadendum). Auch der Arzt muß daher das Wesen und die Quellen der Rede erlernen; er soll wissen, wie man sich ausdrückt. An der Sprache und mit der Rede veredelt er des Menschen Natur, um den Menschen kreativ zu machen. Ist es doch die Sprache, die überall lebendige Beziehung stiftet, verlorene Gleichgewichte wiederherstellt, Erkenntnis vermittelt und Verordnungen weitergibt. Die wissenschaftliche Rhetorik ist Findungslehre (inventio), Anordnung (dispositio) und Ausdruck (elocutio); sie schult das Gedächtnis (memoria) ebenso wie den Vortrag (actio); sie reicht von der Definition über die Argumentation zur Demonstration mit ihren verschiedenen Figuren, die der Arzt nicht weniger beherrschen sollte wie der Rhetoriker, als ein Stilist eben menschlicher Existenz!

## Der Arzt und die Dialektik

»Nicht weniger braucht der Arzt die Kunst der Dialektik, um die Ursachen der Krankheiten verständig erforschen und vernünftig heilen zu können.« Haben doch gerade die Krankheiten in ihrer ursächlichen Verflechtung stets ihr Für und Wider, die einen Arzt zum Zweifeln und in seiner Differentialdiagnostik oft zum Verzweifeln bringen. Deshalb muß er wissen, wo die Kategorien des Denkens und die Felder des Wirkens liegen; er soll Raum und Zeit kennen, Quantität und Qualität, Genus und Akzidens; er sollte wissen, was Relation ist, und mehr als alles das: Er hat das kategoriale Gefüge all dieser Verhältnisse, ihr »quid totum«, zu beherrschen.

Beide Künste muß der Arzt neben der Logik kennen: die Dialektik und die Rhetorik. Beide verhalten sich wie an der Hand des Menschen die Faust und die geöffnete Fläche. Jene operiert mit knapper Beweisführung (sic et non!), diese durchwandelt mit behäbiger Sprache die Gefilde der Beredsamkeit. So Cassiodorus in seinen ›Institutiones‹!

Mit diesen drei fundamentalen Künsten ist nun das Trivium durchlaufen, die Trivial-Wissenschaft erschöpft, das »Collegium logicum« abgehandelt. Man hat im Umgang mit Logos den Syllogismus, das logische Schlußverfahren über Begriff und Wort, Urteil und Satz, Prämisse und Beweisführung, erlernt, aus dem sich später die scholastische Methodik mit ihrem Fragen (quaerendum est) und ihren Entgegnungen (sed contra), ihrer Gegenrede (nos autem dicimus) und ihrer Lösung (solutio) strukturiert hat. Auf diesem elementaren scholastischen Propädeutikum aber bauen sich nunmehr die Realien auf, die Sach-Wissenschaften, die Erfahrung der Wirklichkeit.

## Medizin und Arithmetik

Nach dem Trivium wird dem Arzt ein Quadrivium vorgeschlagen: jener klassische Viererweg in die Realwissenschaften, die freilich noch ganz im Stil des Zeitgeistes auf wenige Blöcke zugeschnitten sind. Am Anfang steht die Zahlenlehre, die sogleich pragmatisch ausgelegt wird auf die Rhythmik unserer Existenz, weshalb es bei Isidor heißt: »Der Arzt soll die Arithmetik kennen, um die Stunden zu zählen, in denen sich ein Leiden entwickelt und um vom Rhythmus der kritischen Tage zu wissen.«

Wieder ist es die Heilkunde, die sich seit Urbeginn aus diesem Steigen und Fallen der Stunden und in der Rhythmik der Zeit auch ihre Erfahrung über das Steigen und Fallen der Leidensphasen geholt hat. Wenn es wahr ist, daß der Arzt das Leben studiert, so hat er in diesen Rhythmen seine große Chance zu erblicken, zumal es ihm immer nur in der Krisis auf den Kairos, den schicksalhaft günstigen Augenblick zum Eingreifen, ankommen muß.

In den ›Institutiones‹ des Cassiodorus wird die Arithmetik daher als eine Kunst gepriesen, die keiner anderen Wissenschaft bedarf und durch die wir im Wechselspiel der Zeit vor Verwirrung bewahrt bleiben. »Deshalb ist die Arithmetik eine so großartige wie unserem Leben nützliche Lehre. Denn durch sie werden wir uns am sichersten unserer selbst bewußt, und sie läßt uns auch durch abwägende Berechnung das Maß der Aufwendungen bestimmen.« Dies gilt in gesunden Tagen, besonders aber im Zustand innerer Krisen oder bei äußerer Gebrechlichkeit.


*Medizin und Geometrie*

»In gleicher Weise muß der Arzt sich mit der Geometrie beschäftigen, um die qualitative Beschaffenheit der einzelnen Erdzonen und die jeweilige Lage der Gegend kennenzulernen, aus denen ihm gezeigt wird, was es hierbei alles für die Medizin zu berücksichtigen gilt.«

Die Geometrie mit ihrem besonderen Sensorium für die kosmischen Gesetzlichkeiten mißt und beschreibt das irdische Terrain; sie beobachtet die Witterungsverhältnisse und den Einfluß jeder Höhenlage. Das gleiche macht nun auch die Medizin: Auch sie ist eine Umweltlehre, die mit jenen elementaren Kräften zu rechnen hat, denen der gesunde wie kranke Organismus angepaßt werden muß, mit Licht und Luft, mit Wasser und Wärme, mit Boden und Klima.

Wie weit eine solche Disziplin von den Gelehrten des frühen Mittelalters gefaßt wurde, geht aus einem Brief des Grammatikers Virgilius Maro hervor, der im 7. Jahrhundert die Geometrie als eine Disziplin verstanden hat, »welche die Erfahrungen im Umgang mit Kräutern und Gräsern vermittelt, weshalb man auch die Ärzte als Geometer bezeichnet, da sie im Kräuterwesen bewandert sind«. Es sind außer der Geographie und einer allgemeinen Anthropologie insbesondere die Wetterkunde und die Lehre von den Heilpflanzen, welche dieses Fach in eine so nahe Verwandtschaft zur Medizin rücken.

Noch deutlicher kommt ihr Universalismus bei Boethius zum Ausdruck, der in seinem Traktat ›Über die Geometrie‹ den dreifachen Nutzen dieser Kunst für das menschliche Leben erwähnt. Da imponiert zunächst einmal, in rein pragmatischer Sicht, ihr technischer Zweck, den die Mechaniker oder Architekten im Auge haben. Im seelischen Haushalt dient sie dem Philosophen, und so auch dem Arzt für das Leben in gesunden und kranken Tagen. Gibt diese feine Meßkunst ihm doch ein Instrument an die Hand, mit dem er ständig seine Sinne schulen und feilen kann. Sei es doch gerade diese Kunst, die unsere Sinne mit Klarheit erleuchtet und uns jene gewaltige Weltmechanik (machina mundi) durchschauen läßt, in der wir den Schöpfer des Weltalls verehren.

## Medizin und Musik

Vermag der Arzt sich schon mit der Geometrie ständig in wachsenden Einklang mit der kosmischen Ordnung zu setzen, so weit mehr noch mit der nächsten der freien Künste – auch einer Proportionskunde, aber einer noch weit volleren und durch und durch harmonischen: mit der Musik. »Ferner darf einem Arzt die Musik nicht unbekannt bleiben. Ist es doch gerade diese Kunst, mit der so vieles für den kranken Menschen geschehen kann. So hört man überall. So weiß man von David, daß er durch die Kunst der Modulation den Saul von seinem unreinen Geist befreit hat. So hat auch der Arzt Asklepiades einen Irrsinnigen durch die Musik wieder in seinen früheren Gesundheitszustand zurückgebracht.«

Die Beziehung zwischen Musik und Medizin liegt Isidor so sehr am Herzen, daß er an späterer Stelle wie auch in anderen Werken immer wieder darauf zurückkommt. Hat doch der Arzt wie kein anderer Beruf ein ursprüngliches Verhältnis zur Musik. Er ist der Fachmann für Proportion und Disproportion; er hat es in seiner Hand, Mißstimmungen zu harmonisieren und auf mannigfache Weise aufzulösen, was seine eigentliche Kunst ausmacht. »Und ich weiß nicht«, ruft Isidor begeistert aus, »was den Fasern unseres Seins geschieht, daß sie beim Klang neuer und verschiedener Töne von einer geheimen Sympathie viel inniger erfaßt werden, wenn man mit zarter Stimme kunstvoll singt.«

Bei Cassiodorus schon galt die Musik als die Kunst des rechten Maßes (scientia bene modulandi). Wie und wo man sich auch eines guten Umganges befleißigt, immer findet man sich dabei mit dieser Kunst besonders vertraut. Und im dritten Buch seiner ›Etymologien‹ geht Isidor so weit, daß er die Musik als die natürliche Begleiterin eines jeden kultivierten Lebensstils preist: »Ohne die Musik gibt es nichts Vollkommenes, und man kann sogar sagen, daß ohne sie nichts besteht... Die Musik besänftigt oder erregt alle Lebewesen... Und selbst unsere Sprache, unser Pulsschlag und unser Herzklopfen sind stets von einem gewissen harmonischen und musikalischen Rhythmus begleitet.«

Das Begreifen der Welt durch Musik und das Eingreifen in die Welt durch die Musik – damit sind die großen theoretischen und praktischen Möglichkeiten einer kosmischen Sympathie angesprochen. In der Musik begegnet dem Arzt jenes Abbild der konstruktiven Weltidee, das die Pythagoreer mit dem Namen Harmonie bezeichnet haben und das den antiken Kosmologien als Entsprechungslehre zugrunde liegt. Es ist die Weltharmonik (musica mundana) als eine kosmische Proportionskunde, die der Arzt als die Harmonie des Leibes (musica humana) in seinen Griff nimmt. Auch er erfährt am menschlichen Leibe ähnliche Entsprechungen und Entgleisungen und erlebt somit zwischen Harmonie und Störung das natürliche Gefälle elementarer Spannungen. Die alte scholastische Frage, was denn wohl die Musik sei (quid sit musica), sie wird für den Arzt zur Existenzfrage: Wie läßt sich praktisch über diese Verhältnisse eingreifen, wie geht das vor sich, daß Musik überhaupt wirkt, daß sie erhebt und erbaut und bildet, daß sie heilend verhüten, ausgleichen und umstimmen kann!

Die antike Tradition wurde von Boethius in fünf Büchern über die Musik zusammengefaßt und über die Klostermedizin bis zu Athanasius Kircher und Johannes Kepler hinaus, ja bis weit in die Romantik hinein tradiert. Es ist immer die Proportionskunde einer ›musica humana‹, die analog der ›musica mundana‹ verstanden wird, während sich der dritte Teil dieses Lehrstückes, die ›musica instrumentalis‹, erst im Ausgang des Mittelalters durchgesetzt hat, um in der Neuzeit so überlegen den Bildungsraum der klassischen und barocken Musik zu erobern, daß von jenen fundamentalen Voraussetzungen kaum noch eine Spur übrigblieb.

»Schließlich soll der Arzt Kenntnis von der Astronomie haben, um über sie die Struktur der Sternenwelt und den Gang der Zeiten studieren zu können. Wie denn auch einige der Ärzte sogar behaupten, daß unsere leibliche Struktur sich wandle entsprechend dem Stand der Sterne.« Unter diesem Passus ist weniger eine astrologische Konstellation als vielmehr die Abhängigkeit unserer Gesundheit von den Gesetzmäßigkeiten der großen Welt zu verstehen. Der Arzt soll sich mit jener kosmischen Harmonik vertraut zeigen, die in der Entsprechung von Makrokosmos und Mikrokosmos zu walten scheint. So interpretiert es das Lehrbuch der freien Künste, wenn es unter der Sammelwissenschaft einer Astronomie den Tatbestand vermittelt, daß unser Weltall von den vier Elementen gebildet wird. Elemente sind aber nicht nur Erde, Wasser, Feuer und Luft, sondern auch Sonne, Mond und Gestirne, kurzum das Firmament als Inbegriff des natürlichen Gefüges, dem der Arzt so sehr zugehört, daß man ihm den Ehrentitel eines »physicus«, eines Naturphilosophen, verliehen hat.

An diese Natur mag Isidor von Sevilla nicht zuletzt gedacht haben, wenn er nach seinem Durchgang durch die sieben freien Künste kategorisch erklärt: »Daher hat man die Medizin eine zweite Philosophie genannt. Denn auch diese Disziplin verpflichtet sich dem gesamten Menschen.« Damit ist nicht weniger formuliert als das Programm einer Kategorienlehre des ärztlichen Denkens und Handelns: Die Heilkunde berührt alle Wissenschaften und Künste, und es ist der Arzt, der es mit allen Bereichen der Kultur zu tun hat.

»Denn da ist nichts in der Welt, das nicht seine Entsprechung im Menschen hätte«, schreibt um das Jahr 1150 der Rabbi Joseph ben Jacob ben Zaddik in seiner Mikrokosmos-Lehre, und er führt das im einzelnen auf: »Der Mensch gleicht in allem der räumlichen Welt. Er besteht aus den vier Elementen. Er hat die Natur der Pflanzen und der Tiere. Er ist allen Dingen des Universums ähnlich: Aufrecht steht er da wie eine Terebinthe; sein Haar gleicht dem Gras und den Kräutern, die Blutgefäße den Flüssen und so fort. Er ist mutig wie ein Löwe, furchtsam wie der Hase, geduldig wie ein Lamm, schlau wie ein Fuchs.«

In dieser mittelalterlichen Anthropologie kommt aber auch schon jene dritte, ebenfalls unendliche Welt zu Wort, die Paracelsus später mit seinem Begriff des Gestirns (astrum) ausgebaut hat. Neben dem unendlich Großen des Makrokosmos und dem unendlich Kleinen unseres Mikrokosmos erscheint nun das unendlich Komplexe, das den Organismus im Prozeß kennzeichnet. Daher mag es als selbstverständlich erscheinen, wenn die Heilkunde an die Astronomie angrenzt, wenn sie sich der Musik anvertraut, selbstverständlich auch, daß sie sich einer Länder- und Erdkunde, einer Zahlenkunde bedient, nicht zuletzt auch der Philosophie. Denn die Medizin, sie stammt nach Isidor von Sevilla vom »modus«, von Mitte und Maß. Kranksein ist »immoderatio«. Der Arzt kann nichts anderes sein als der »moderator«, einer, der Maß nimmt, Maß hält und auch Maßstäbe setzt.

»Ars« und »Scientia« bilden in diesem System die »magna instauratio« des mittelalterlichen Denkens, mit welcher die Welt stetig umbrochen und dauerhaft verwandelt wird. In diesem System haben auch die modernen Wissenschaften ihre Wurzeln; hier erscheint der Kosmos in seiner ganzen Vernunftmäßigkeit, anheimgegeben menschlicher Intelligenz. Der Gang eines kritischen Denkens, basierend auf logischen Positionen, getragen vom methodischen Zweifel, durchgeführt in dialektischem Fragenspiel, bildet das Grundgesetz der Naturkunde, der Ästhetik wie der Morallehre. Die Natur existiert wohl vor der Kunst, aber erst durch die Kunst entdeckt und beherrscht der Mensch die Natur.

In diesem Sinne sind denn auch die Symbole der Artes zu lesen, wie sie etwa am Königsportal der Kathedrale zu Chartres um 1150 erscheinen. Als Patrone der sieben freien Künste bilden hier Cicero und Aristoteles, Euklid und Pythagoras einen Ehrenkranz um die Mutter Gottes. Auch im ›Hortus deliciarum‹ der Herrad von Landsberg, der Äbtissin vom Odilienberg, rankt sich die gesamte frühmittelalterliche Schulliteratur an den »Artes liberales« hoch, als deren Erfinder der Heilige Geist galt.

Und wie es für den Menschen des Mittelalters nur *eine* Wahrheit gab, so auch nur *ein* Wissen, *ein* Heil. Auch dem Arzt ging es immer nur um die ganze Wahrheit wie auch um dieses Heil des ganzen Menschen. Lehrer wie Ärzte waren deshalb nur Vermittler und Interpreten; man kann nicht von ihnen erwarten, daß sie Forscher und Entdecker gewesen sein könnten. Demut verpflichtete alles Wissen zur Treue, der Tradition gegenüber wie auch der Offenbarung. Insofern mußte alle Bindung überpersönlich bleiben, so persönlich auch die Verhältnisse zwischen Schüler und Lehrer, ja, so grundsätzlich personal die ganze Bildungshaltung des Mittelalters überhaupt gewesen sein mag.

Der medizinische Unterricht darf unter solchem Bildungsgeiste nicht zu eng gefaßt werden. Er ist zunächst nirgendwo durch fachliche Institutionen vertreten und wird erst spät durch die Fakultäten vermittelt. Der medizinische Lehrer soll in erster Linie den pädagogischen Grundsatz vermitteln: daß der Mensch nicht mehr wissen solle, als ihm zukomme, daß er das aber *voll* wissen und sich *ganz* aneignen solle, was ihm bekomme – ein Wort, dem fraglos eine pädagogische wie auch prinzipiell hygienische Note nicht abzusprechen ist. Auf dieses Wort beziehen sich charakteristischerweise noch die vielgelesenen ›Moralium dogmata philosophorum‹ eines anonymen Schriftstellers aus dem 12. Jahrhundert, die fälschlich dem Wilhelm von Conches aus der Schule von Chartres zugeschrieben wurden und in denen die geistige und stoffliche Nahrungsaufnahme in eine Analogie gebracht werden.

Die Haltung des Pädagogen wird direkt mit der des Heilkünstlers verglichen, wenn wir lesen: »Nicht nützt eine Speise noch kann sie dem Körper bekommen, wenn sie, rasch verschlungen, bald wieder von sich gegeben wird. Auch hindert nichts mehr die Gesundheit als der Heilmittel ständiger Wechsel. Ferner kann eine Wunde nicht zur Vernarbung kommen, wenn ständig daran herumgedoktert wird. Und schließlich gedeiht keine Pflanze, die häufig umgetopft wird. Genau so zerstreut die Menge der Bücher. Da du nun nicht so viel lesen kannst, wie du besitzest, so genügt es, das in Besitz zu nehmen, was du gerade liest! Zu vielerlei nährt nicht, es gärt nur. Was dir aber bekömmlich ist, das lese immer wieder. Wie oft du auch zu weiterer Lektüre voranschreiten möchtest, kehre immer wieder zur früheren zurück. Und wenn du dich schon mit dem Vielerlei beschäftigen mußt, so bevorzuge doch eines daraus, und dieses koche zur Reife. Solches aber ist gut und heilsam, was mit dem Alter nur noch besser wird.«

## 3. Das Schicksal der sieben freien Künste

Über ein halbes Jahrtausend hinweg bildete das Schema der »Artes liberales« das Bildungskonzept für den mittelalterlichen Menschen. Mit dem 12. Jahrhundert erst kommt es zu einer differenzierteren Auffassung der Naturgesetzlichkeit und zu einer Aussprossung der Disziplinen im Spektrum der Wissenschaften. Platonische und aristotelische Elemente, christliches und arabistisches Bildungsgut erzwingen eine neue Fragestellung nach der Wirklichkeit und bilden damit eine neue Problematik auch der Leiblichkeit. Dementsprechend beginnen sich auch die Fächer der Wissenschaftslehre stärker zu differenzieren. Neue Disziplinen wie Alchimie, Mechanik, Astrologie oder Optik treten hinzu und damit das reiche Spektrum der »Artes mechanicae«.

Bei Hugo von St. Viktor (gest. um 1140) liegt die »Mechanica« schon zwischen der Logik und der praktischen Philosophie. Innerhalb dieses Systems einer Wissenschaftslehre findet die Heilkunde ihren Platz zwischen der Jagdkunst und der Schauspielkunst. Bei Rudolphus de Longo Campo (1216) steht die Philosophie zwar noch im Zentrum der »Theorica«; innerhalb der theoretischen Fächer aber folgt der Mathematik und Physik die Medizin lediglich als »physica terrestris«, während die Chirurgie schon abgesplittert ist und unter die »Artes mechanicae«, hinter Web- und Waffenkunst, hinter Schiffbau und Agrikultur, verwiesen wird. Man orientiert sich mehr und mehr am aristotelischen Konzept einer *Logik*, die das alte Trivium repräsentiert, einer *Ethik*, zu der praktische Fächer wie Ökonomik und Politik zählen, und einer *Physik*, der Naturkunde im weitesten Sinne, die als »physica« identisch wird mit der Medizin.

Thierry von Chartres (gest. um 1150) benützt das Quadrivium noch ganz als Instrument der Theologie, weil es über die Kenntnis der Schöpfung zur Erkenntnis des Schöpfers führe; im Prolog zu seinem ›Heptateuchon‹ schreibt er den »Artes« ein autonomes Bildungsprinzip zu, da sie alle im Verein zur Kultur der Menschlichkeit zusammenfließen. Ähnlich sieht Hugo von St. Viktor noch alle »artes naturales« der »divina scientia« dienen. Die Philosophie ist noch ganz und gar eine Grunddisziplin, auf die alle anderen Künste sich ausrichten (ars artium et disciplina disciplinarum). Während hier die Artes noch Teil der Philosophie sind, kann hundert Jahre später Thomas von Aquin lapidar konstatieren: »Die sieben freien Künste reichen nicht mehr aus, um die Philosophie in ihrer Theorie ausreichend zu gliedern.«

Immerhin wird die alte Motivation noch wortwörtlich ins ›Speculum doctrinale‹ des Vinzenz von Beauvais (13. Jahrhundert) übernommen und nochmals die Medizin als »philosophia secunda« legitimiert. Ähnlich lobt Guy de Bazoches aus Paris seine Artes: »Auf unserer Insel, der Île de la Cité, haben sich die sieben Schwestern, die freien Künste, eine ewige Heimstatt errichtet. Überreichlich strömt hier die Quelle der Heilslehre.« Auch Adelard von Bath, als einer der ersten Gelehrten vertraut mit den »studia Arabum« und einer »ratio dux« folgend, sieht in den Lehren der Philosophen im Verbund mit den »Artes liberales« das einzige Heilmittel eines gebildeten Menschen. Er beruft sich dabei auf einen griechischen Philosophen, der ihm auf dem Wege von Salerno nach Sizilien begegnet sei. Er bringt von daher aber auch (um 1120) seinen englischen Freunden die Einsicht mit, daß die Autorität allein nur ein Halfter sei, von dem man sich zu lösen habe durch Gebrauch seines eigenen Verstandes. »Und so nenne ich mich nicht einen Stoiker, sondern einen Mann aus Bath, der das zu sagen hat, was er selber denkt!«

In der berühmten ›Disciplina clericalis‹ des Petrus Alfonsi gibt es ein Kapitel ›Von den sieben freien Künsten, den sieben ritterlichen Fertigkeiten und den sieben Regeln guten Benehmens‹, in dem folgende Geschichte zu lesen steht: »Einer von den Schülern fragte seinen Lehrer: Es gibt doch sieben Schulfächer, sieben Dinge, die man können muß, und sieben Vorschriften für gutes Benehmen. Bitte, zähle sie mir der Reihe nach auf! Der Lehrer erwiderte: Das will ich tun. Diese sind die Schulfächer: Dialektik, Arithmetik, Geometrie, Medizin, Musik, Astronomie. Über das siebente Fach sind sich die meisten nicht einig. Einige halten die Philosophie für das siebente Fach. Manche bezeichnen die Grammatik als siebentes Fach. – Die Dinge, die man können muß, sind die folgenden: Reiten, Schwimmen, Bogenschießen, Boxen, Jagen, Schachspielen, Verse machen. – Die Vorschriften guten Benehmens sind diese: Man darf nicht zuviel essen, nicht zuviel trinken, nicht ausschweifend sein; man darf keinen beleidigen, niemanden belügen, man darf nicht geizig sein und darf keinen schlechten Umgang haben. – Der Schüler sagte darauf: Ich glaube, so einen Menschen gibt es heutzutage nicht.«

Das Bildungskonzept der sieben freien Künste war – so hat es den Anschein – zu attraktiv, als daß es nicht immer wieder auch in das ärztliche Curriculum aufgenommen wurde. Werfen wir abschließend einen Blick noch auf ein besonders reich illuminiertes Schachbuch, in welchem uns die Rolle des Arztes im Spiegel der freien Künste begegnet. Um 1340 schrieb Jacobus de Cessalis ein Schachbuch, den ›Liber de moribus hominum et officiis nobilium super ludo saccorum‹, ein Schachtraktat, von dem über 100 Handschriften aus dem 14. und 15. Jahrhundert überliefert wurden und der bereits 1473 in den Wiegendruck kam. In diesem ›Schachzabelbuch‹ des Jacobus, das eine Allegorie auf alle Stände bietet, erscheint nun auch der Arzt: In seiner rechten Hand soll er ein Buch, in der linken eine Büchse

mit Salbe halten. Im Gürtel trägt er verschiedene Brenn-
eisen, womit man Wunden und Geschwüre ausbrennt.
Daß er ein Buch hält, soll bedeuten, daß einem Arzt
Wissenschaft nötig ist. So soll er gut unterrichtet sein in
den Künsten der Grammatik, Logik, Rhetorik, Geome-
trie, Arithmetik, Musik, Astronomie und Theologie.
»Drei Dinge sind dem Arzt zum mindesten nötig, wie
ich euch jetzt belehren werde«: Er soll zum ersten von
gutem Verstand sein, daß er seine Kunst richtig versteht.
Zum anderen soll er fleißig sein und den Kranken oft
besuchen und seine Gebrechen gründlich untersuchen.
Zum dritten soll er darauf achten, daß er sich nach den
Büchern der großen Meister richte, wo er genügend
Heilmittel für alle Krankheiten angegeben finden wird.

»Es ist einfach notwendig, daß ein vollkommener
Arzt die Literatur der Grammatik, Themen, Annahmen
und Schlüsse der Dialektik, Vortragsarten, Esprit und
Feinheiten in der Rhetorik, Lage und Ausmessungen in
der Geometrie, in der Arithmetik Zahl der Scheidungen
von Stunden und Tagen, hinsichtlich der Musik die Harmonie des Körpers und besonders eine gewisse Harmonie pulsierender Venen, beim Verabreichen von Medizin
aber und bei Aderlässen das Mondlicht, was zur Astrologie gehört, kennt. Mit den Kännchen werden die Sal-
benhändler, Verfertiger von Medizin und Pulvern und
die Mischer aromatischer Spezereien gekennzeichnet
und mit den eisernen Geräten, die sie am Gürtel tragen,
die Chirurgen. Die ersteren von diesen allen sind die
theoretischen, die beiden letzteren die praktischen Forscher.«

Es sei weiterhin notwendig, daß Ärzte eifrig und
kunstfertig seien in allem, was die Naturwissenschaften
anbelangt. »Da nämlich das Leben des physischen Menschen gewissermaßen in der Hand des Arztes liegt, kann
man ihn, wenn er nicht aus vielen Schriften Erfahrung
hat, sondern sich vielmehr nur mit der Kunst der Medizin befaßt, mehr als Mörder der Menschen denn als Arzt
für Krankheiten bewerten. Er muß die feineren Sitten
beherrschen, hinsichtlich seiner Worte Bildung besitzen
und was seinen Körper angeht, Keuschheit; er muß den
Kranken Gesundheit verheißen, sollte sie häufig besu-

chen. Er soll auf vielerlei Art Sorge tragen um Behandlung, Ursachen und Anzeichen von Krankheiten. Er soll sich auskennen in den Büchern von Autoren wie Hippokrates, Galen, Avicenna und Rhazes, welche er ständig befragen muß.«

Mit dem Ende des 12. Jahrhunderts hat sich dieses Bildungspanorama mehr und mehr aufgelöst, um nunmehr den Ordnungsprinzipien der aristotelischen Wissenschaftstheorie Platz zu machen. Diese neue Ordnung gilt bald schon in allen Punkten auch für die Medizin. Bis dahin aber dominiert das Programm der Medizin als einer zweiten, einer zu praktizierenden Philosophie. Die Heilkunde tangiert substantiell alle Wissenschaften und alle Kulturbereiche. Der Arzt ist es, der, essentiell und nicht zufällig, zum Träger und Erhalter einer Lebenskultur wird.

Bei einem der bekanntesten Pariser Artisten, bei Siger von Brabant, der um das Jahr 1282 starb, lesen wir: »Wache, studiere und lies, und wenn dir dabei ein Zweifel bleibt, sporne er dich an zu weiterem Studieren und Lesen. Denn leben ohne Wissenschaft ist der Tod, ein Begräbnis für den elenden Menschen.« Und um die gleiche Zeit kann der wahrscheinlich aus Köln stammende Magister Alexander von Roes diese geistige Haltung schon zu einem allgemeinen Prinzip erheben, wenn er meint: Zu seiner Zeit sei neben dem »sacerdotium« und dem »regnum« eine neue dritte Macht und geistige Aufgabe aufgestanden, das »studium«. Neben den Papst in Rom und den deutschen Kaiser tritt zu dieser Zeit der Gelehrte!

## 4. Auf dem Wege zur Universität

Unter dem Begriff »schola« wurde seit der Mitte des 6. Jahrhunderts eine feste »institutio« verstanden, die sich selbstverständlich auf ihre »auctoritates« zu stützen hatte und sich eines reglementierten »curriculum« bediente. So schon im ›Vivarium‹ des Cassiodorus (um 485–um 580). So allein bekamen diese Schulgemeinschaften ihr festes Band und ihr Bildungshorizont eine geordnete Perspektive. Der Schüler war von Jugend an seiner Schule verbunden, sei diese nun ein Kloster oder das Collegium einer Kathedrale. Er führte also ein Internatsleben, in dem die »circatores« die Aufsicht übernahmen; er hörte einen bestimmten Lehrer und hatte seine festen Studienzeiten; er genoß seine Schulausflüge und die zahlreichen schulischen Festlichkeiten. Der »dies scholasticorum« nahm einen besonders hohen Rang innerhalb des Kirchenjahres ein; auch Leibesübungen in Form von Wettläufen, Ringkämpfen oder Freibädern wurden nicht vernachlässigt.

Der Unterricht vollzog sich in drei Zyklen, die als primär, sekundär und superior benannt sind. Der Magister ist Lehrer des Triviums wie des Quadriviums, also keinesfalls Spezialist. Eine Tendenz zur Spezialisierung läßt sich erst im Verlaufe des 12. Jahrhunderts erkennen, wo sich vor allem die Juristen (legum docti) und die Mediziner (physici) zu differenzieren beginnen. Jetzt unterwarfen sich die Schüler nicht mehr dem gesamten Lehrprogramm, sondern wählten aus, wie dies etwa Hugo von St. Viktor (1096–1141) bezeugt: »Einige von diesen tragen Zeichen von verschiedener Art und in verschiedenen Farben in ihre Hefte mit kundiger Hand ein; andere befassen sich mit der Natur der Kräuter und mit der leiblichen Konstitution des Menschen.«

Daß die Medizin schon früher Gegenstand von Spezialkursen oder daß sie nur an bestimmten Schulen gängig gewesen sein soll, läßt sich nicht bezeugen. Die »Schule« war allgemein. Der Begriff »schola« findet sich gleichwohl bereits 767 in einem Dokument von Lucca. Der Aufenthalt in einem Schullokal war dabei nicht einmal die Regel. Beliebter war die peripatetische Methode, nach der man sich konversierend im Garten oder im Wald erging; mit einem Schüler oder in kleineren Gruppen hielt man es auch geistig gesehen mit dem Fortschreiten je nach dem Mitkommen des Schülers. Das Thema bestimmte weitgehend der Unterrichtsort; so übte man Astronomie bei Nacht und die Botanik im

Walde. Von einem Lehrstuhl als fixiertem Unterrichtstyp ist erstmals bei Ivo von Chartres oder auch bei Lanfrank von Bec (um 1010–1089) die Rede. Diese Art des Unterrichts ist in zahlreichen Miniaturen zur Darstellung gekommen.

Wichtiger noch als die Schulen, die dort wirkenden Persönlichkeiten oder die Schulstoffe erscheint uns die Form des Unterrichts, die »schola«, die ja der Scholastik den Namen gab. Das griechische Wort »schole« leitet sich ab von »schein«, was soviel heißt wie »anhalten«, demnach die Rast meint, die Ruhe und die Muße. Ein »scholaris« wäre danach einer, der sich Zeit nimmt für etwas, sich der Muße befleißigt, sich mit etwas beschäftigt, was sein Interesse gefunden hat. Im übertragenen Sinne ist dann mit »schole« auch die Beschäftigung während der Muße selbst gemeint, das »studium« eben, und dieses möglichst mit Eifer, mit Leidenschaft betrieben, dann auch die Auseinandersetzung in einem »auditorium«, dem Schulort.

Grundform des Unterrichts war die Vorlesung, die »lectio«, die wiederum dreifach zu gliedern wäre. So lesen wir bei Hugo von St. Viktor: »Dicimus enim, lego librum illi, et lego librum ab illo, et lego librum.« Ich lese also das Buch selber und betreibe dann eine private Lektüre, hole mir ein Skriptum und hocke mich damit auf meine Bude. Oder aber: Ich lese als »magister« meinem »discipulus« aus dem Buche vor, was dem Vortragen und Zuhören entspricht. Der Professor wäre dann wirklich ein »lector«, der die Schatzkammern der »auctores« öffnet und weitergibt, ohne sich selbst allzuviel hineinzumischen.

Nichts wäre nun verkehrter, als mit dieser Scholastik das stupide Vorlesen veralteter Texte verwechseln zu wollen. Die Vorlesung dient nämlich nicht dem Vorlesen oder Mitschreiben; sie will nur aufmerksam machen und zum Fragen anregen. An der obersten Stelle scholastischer Texte steht daher in der Regel eine ganz konkrete Fragestellung, die »quaestio«, die lautet: »quaeritur utrum an?« Damit setzt nun eine großangelegte Disputation mit Fragen und Antworten (quaestiones et responsiones) ein, wobei wiederum eine ganze Folge von

Möglichkeiten entsteht. Der Problemstellung folgt dabei nicht von ungefähr sogleich der Einwand, ein »sed contra«, und auch dies wieder mit allen Punkten der Argumentation (»ad primum...«, »ad secundum...«, ... »ad decimum«). Danach nimmt der Lehrer wieder das Wort mit seiner Gegenargumentation (nos autem dicimus): Wir aber stehen auf folgendem Standpunkt, und wir begründen dies auch wie folgt. Aus Referat und Interpretation, mit allen Einwänden und Gegenreden entwickelt sich auf diese Weise eine Diskussion, deren Niveau bezeichnenderweise nicht von der Autorität des Lektors, sondern vom Tiefgang der Fragen und der Hartnäckigkeit des Schülers bestimmt ist. Auch dieses scholastische Verfahren, es bildete einen – den formalen – Weg zur Universität.

Als eine Vorform der Universität ist die Medizinschule zu Salerno anzusehen, wo sich nach der Legende ein griechischer, ein jüdischer, ein arabischer und ein christlicher Gelehrter zusammenfanden. Dem Schema entspricht die Vielzahl der Fächer, wobei nach dem arabischen Muster Theologie und Jurisprudenz gemeinsam das Staatswohl zum Gegenstand haben, während sich Medizin und Philosophie mit dem leiblichen und geistigen Wohl des Individuums befassen. Hier schon erkennt man das legitime Gerüst der vier Fakultäten wie auch der einzig wirklichen Berufe: des Priesters, des Richters, des Lehrers und des Arztes.

Die alte Legende von der Entstehung der medizinischen Schule von Salerno kommt somit zu einer tiefen, kaum abzuschätzenden Bedeutung. Vier Gelehrte sollen es also gewesen sein, welche diese berühmte Schule begründeten: ein Grieche, ein Araber, ein Jude und ein lateinischer Christ. Was zunächst das griechische Element betrifft, so hatte die hellenistisch-byzantinische Kultur Unteritaliens genügend Grundlagen für dauerhafte Kontakte und kontinuierliche Einflüsse aus der fortlebenden Antike geschaffen. Darüber hinaus galt die Stadt Salerno dank ihrer günstigen Lage in einer geschützten Bucht bereits bei den Römern als beliebter Kurort. Die Kenntnis der griechischen Sprache ist hier nie ganz verlorengegangen, zumal vor allem in der Langobarden-Epoche rege wirtschaftliche und kulturelle Beziehungen mit Byzanz unterhalten wurden.

Über den zweiten legendären Gründer der Schule von Salerno, den jüdischen Arzt, können wir nicht mehr als Vermutungen anstellen. Erst zu Beginn des 10. Jahrhunderts begegnen uns gesicherte jüdische Namen, so vor allem der des jüdischen Arztes Sabbatai ben Abraham, den man auch »Donnolo« nannte, das Herrchen. Von Donnolo ist eine Rezeptsammlung bearbeitet und redigiert worden, die auch in der klassischen Schule von Salerno noch viel benutzt wurde.

Ganz anders ist die Situation, wenn wir uns nunmehr dem dritten Gründer zuwenden, einem arabischen Arzt. Seit dem 9. Jahrhundert lag Unteritalien in der arabischen Einflußsphäre, seit 150 Jahren auch zum Teil unter direkter politischer Herrschaft. Bereits im 10. oder frühen 11. Jahrhundert konnte hier die berühmte ›Isagoge‹ des Johannitius ihren Einzug halten, die auf Galen fußend von Ḥunain b. Isḥāq übersetzt wurde und in der lateinischen Fassung bis ins 16. Jahrhundert an den europäischen Universitäten lebendig blieb.

Was schließlich den vierten Arzt, einen lateinischen Christen, angeht, so ist selbstverständlich auch diese Medizinschule nicht ohne die Schulmedizin der damaligen Zeit denkbar, die Klostermedizin. Die Kontakte Salernos zu Monte Cassino sind nie abgerissen, zumal auch in der Nähe von Salerno selbst ein Benediktinerkloster stand.

Im 10. und 11. Jahrhundert finden sich jedenfalls genügend wohldokumentierte Belege, die bezeugen, daß sich eine Gemeinschaft von Ärzten zu einem »Collegium Hippocraticum« vereinigt hatte, das bald schon ein »Studium Salernicum« durchführte, in dessen genossenschaftlicher Vereinigung von Lehrern und Schülern man durchaus ein frühes Vorbild der Universität zu sehen hat.

Die Quellen zeigen uns auch hier ein buntes und reiches Panorama wissenschaftlichen Lebens und ärztlichen Handelns, das so gar nicht paßt zu unserem Klischee von den abschreibenden Mönchen in grauen Klosterzellen über verstaubten Pergamenten, die nichts enthalten haben sollen als ein »Gemisch von Mystik und Dreck-apotheke«. In Wirklichkeit macht diese »Civitas Hippocratica« eher einen südlichen und heiteren, einen autoritätsfreien und recht aufgeklärten Eindruck. Ihre Magister sitzen keineswegs in einem Elfenbeinturm, sondern sind Kapazitäten auch außerhalb ihrer Disziplin, sind Diplomaten wie Romualdus oder Bischöfe wie Alphanus oder – wie Constantinus Africanus – Experten eines Arzneimittelmarktes mit Außenhandelsstellen im Vorderen Orient.

Und auch die Studenten waren keine Duckmäuser unter der Zuchtrute der Mönche, sondern in der Regel recht helle und kritisch. So berichtet der junge Daniel von Morley, was er auf dem Weg nach Salerno an protzigem Gelehrtendünkel in Paris erlebt hat: »videbam quosdam bestiales in scolis gravi auctoritate sedes occupare.« Da hockten diese Unmenschen auf ihren Lehrstühlen und stützten sich auf ihre Autorität, während Daniel mit seiner »doctrina Arabum« aus Toledo zu berichten weiß, daß dort die echten Magister wirkliche Zeichen eines Herrschers an sich trügen, die denn auch durchaus in der Lage waren, den Großmächten von »Kirche« und »Reich« das »Studium« an die Seite zu stellen.

Was sich an den medizinischen Schulen zu Salerno, in Montpellier oder auch Paris zu organisieren versuchte, war zunächst eine reine Schülerkorporation, eine »Gilde« der Scholaren, die einen besonderen Rechtsschutz suchten. Daher der Name der neuen Organisation: »universitas sive communitas scholarium.« Es war demnach eine Art Schülerinnung, die das Monopol über möglichst viele Wissenszweige erstrebte und auf diese Weise eine »schola generalis« wurde mit einem »studium generale«. Man gehört jetzt einfach einem anderen Rechtsstande an, dem »status studentium«, einem »ordo scholasticus«, einer Genossenschaft, die sich dann wieder differenzierte in einer »universitas nationum«.

Selbstverständlich schufen auch die Lehrer einen eigenen Interessenverband, ein »collegium professorum«, das sich wiederum nach den Disziplinen Theologie, Philosophie, Medizin und Jurisprudenz in eigene »facultates« gliederte. Organisiert wurde von nun an auch der Bildungsablauf: Aus den »scholares« wurden über die »baccalaurei« die »magistri« und später »doctores«.

Einen weiteren Zug zur Professionalisierung erhielten diese frühen Organisationsformen durch die ersten Ansätze zu einer Medizinalordnung, wie sie uns im sogenannten ›Liber Augustalis‹ des Stauferkaisers Friedrich II. vorliegen. Im Jahre 1231 erließ Friedrich II. die Konstitutionen von Melfi, die ein umfassendes Gesetzeswerk darstellen, in das sicherlich auch ältere Gesetzesvorlagen eingegangen sind, wobei sich arabische Einflüsse kaum übersehen lassen. Der ›Liber Augustalis‹ sollte von großer Bedeutung für die Weiterentwicklung des Medizinalwesens werden, für den Aufbau einer Ausbildungsordnung, für die zunehmende Professionalisierung der Ärzte und Apotheker, für die Rechtsgrundlage zahlreicher ärztlicher und pharmazeutischer Aufgabenbereiche, nicht zuletzt auch für die Entwicklung eines öffentlichen Gesundheitswesens, einer »medicina publica« oder Staatsarzneikunde.

In diese erste geschlossene Kodifikation des mittelalterlichen Verwaltungsrechtes sind fraglos ältere Bausteine des kanonischen ebenso wie des römischen Rechtes eingebaut worden. Für die Medizin wichtig geworden ist vor allem der Titel 45, wo es heißt: »Imperator Fridericus. Wir haben einen bestimmten Nutzen im Auge, wenn wir für das allgemeine gesundheitliche Wohl unserer Getreuen Sorge tragen. Im Hinblick auf den schweren Nachteil und nicht wiedergutzumachenden Schaden, der aus der Unerfahrenheit der Ärzte entstehen könnte, befehlen wir, daß künftig keiner unter dem Deckmantel des ärztlichen Titels es wagen soll, zu praktizieren, wenn er nicht vorher in Salerno im öffentlichen Disput der Professoren durch eine Prüfung bestätigt ist. Wenn er mit den schriftlichen Zeugnissen über seine Zuverlässigkeit und seine genügenden wissenschaftlichen Kenntnisse sowohl von den Professoren als auch von unserem Beauftragten versehen, vor uns erscheint..., so soll er von uns die Erlaubnis zur Ausübung der Heilkunst erlangen.«

Die Medizinalordnung des Staufers geht dann nochmals auf die ärztliche Ausbildung ein, wenn es heißt, daß ein Arzt nach Ablauf des fünfjährigen Studiums noch keineswegs selbständig praktizieren dürfe; er habe vielmehr zunächst einmal ein volles Jahr lang »unter Anleitung eines erfahrenen Arztes« zu praktizieren. Auch auf den Lehrstoff wird eingegangen: Es sind die Schriften des Hippokrates und Galen, die dem Unterricht zugrunde liegen, damit die ganze Medizin, ihre Praxis wie die Theorie (tam in theorica quam in practica), vorgetragen werde.

»Ferner setzen wir durch diese dienliche Konstitution unverbrüchlich fest, daß kein Chirurg zur Praxis zugelassen werden soll, wenn er nicht schriftliche Zeugnisse der in der medizinischen Fakultät lesenden Professoren vorweist, daß er wenigstens ein Jahr lang den Teil der Medizin studiert hat, der in der chirurgischen Geschicklichkeit unterweist, daß er weiter besonders die Anatomie der menschlichen Körper in den Kollegien gelernt hat und daß er in dem Teil der Medizin völlig ausgebildet sei, ohne den Operationen weder zweckdienlich ausgeführt noch vollkommen ausgeheilt werden.«

Im Titel 45 schließlich ist die Rede von besonderen Zeugnissen, die das ausreichende Wissen des Arztes zu bestätigen haben, auszustellen von den Magistern von Salerno. Wir wissen aus Urkunden des 12. Jahrhunderts ziemlich genau, wie man damals die Würde eines Magisters von Salerno erringen konnte. Der Anwärter trat nach abgeschlossenem Studium vor den »Conventus«, wo die Literatur zusammengetragen war: die ›Ars medicinae‹, meistens »Articella« genannt, der ›Viaticus‹ oder die ›Diaetae universales‹. Es wird aus solchen Texten eine Seite blind aufgeschlagen und nun von dem Prüfling frei kommentiert. Das Ganze findet öffentlich statt, als freie Redeübung »in aula medica«. Danach wird dann der Magistrandus mit der neuen akademischen Würde ausgezeichnet.

Oft mag es bei der Prüfung auch zum Durchfallen gekommen sein; auch hierfür lag die notwendige Formel bereits parat; sie lautet: »Frater adhuc stude, quia non es repertus ita sufficiens ut deceret.« Mein lieber Bruder, studiere ruhig noch ein bißchen weiter; denn im Augenblick hast du noch nicht die nötige Erfahrung – und was du uns geboten hast, ist nicht ausreichend!

Was die ärztliche Ausbildung als solche anbelangt, so finden sich klare und weit vorausschauende Kriterien im Titel 46, wo es heißt: »Da die medizinischen Wissenschaften niemals gelernt werden können, wenn nicht vorher Kenntnisse in der Logik erworben sind, bestimmen wir, daß keiner Medizin studieren soll, wenn er nicht vorher mindestens drei Jahre Logik studiert hat. Nach diesen drei Jahren steht es ihm frei, in der Weise zum Studium der Medizin voranzuschreiten, daß er fünf Jahre studiere und die Chirurgie, die ein Teil der Medizin ist, innerhalb der angegebenen Zeit mit erlerne. Dann erst, und nicht vorher, soll ihm die Erlaubnis zu praktizieren (licentia practicandi) erteilt werden, nachdem zuvor eine Prüfung gemäß der Bestimmung des Hofes stattgefunden hat und er ein ihn betreffendes Hochschulzeugnis über die obengenannte Dauer des Studiums in Empfang genommen hat.«

Es folgen dann Bestimmungen über die Folge der Krankenbesuche, über die Begrenzung des Honorars, über die Abgrenzung gegenüber den Apothekern, für die dann wiederum detaillierte Vorschriften erlassen werden, Anordnungen, wie sie wichtig werden sollten für die Abgrenzung der Ärzteschaft gegenüber dem Stand der Apotheker, für die Ausgliederung der Chirurgie aus der Medizin, für die Oberaufsicht der Ärzte über Hebammen, Wundärzte, Pflegedienste und sonstiges »Hilfspersonal«, nicht zuletzt auch für den Umgang mit Kranken.

Daß Standeskunde und Berufsethik im Unterricht nie vergessen wurden, belegen zahlreiche deontologische Abhandlungen, etwa mit dem Titel ›De adventu medici‹, die dem Salerner Archimatthaeus wie dem Arnaldus von Villanova zugeschrieben werden. Hier finden sich rein praktische Gesichtspunkte (cautelae), die der Schüler am Krankenbett beachten soll. Später entarten diese Texte, vor allem im 13. Jahrhundert, in eine offene Persiflage über die Listen und Winkelzüge des klugen Arztes, Praktiken, die dann mit Recht den Zorn des Petrarca und seine Invektiven auf den Plan gerufen haben.

Kritisch reflektiert werden diese Wege zur Universität durch einen der bedeutendsten Lehrer an der Kathedralschule zu Chartres, Johannes von Salisbury, der im Jahre 1135 zu Studien nach Frankreich gekommen war, 1141 bis 1145 seine Lehrjahre in Paris verbrachte, um sich dann nach Chartres zu wenden. Wir kennen die Stadien seines vielseitigen Studienweges recht genau, eines Curriculum, das ihn über zwanzig Jahre lang durch ganz Europa geführt hat; wir wissen ferner um seine Funktionen als Diplomat und Gelehrter, als Kleriker und Sozialkritiker: Seit 1154 stand Johannes im Verwaltungsdienst des Erzbischofs Theobald von Canterbury; im Jahre 1180 starb er als Bischof von Chartres.

Die medizinischen Verhältnisse an der dortigen Schule und damit auch das Fluidum einer scholastischen Ausbildung sind von Johannes von Salisbury ausführlich geschildert worden. Wir bekommen dabei vor allem einen polemischen Geist zu spüren, der sich gegen die ausgebleichte Dialektik wandte, die zu seiner Zeit auch in der Unterrichtsmethodik der Heilkunst überhandnahm. »Wie das Schwert des Herkules in der Hand eines Pygmäen oder Zwerges machtlos ist und wie das gleiche Schwert in der Faust des Achilles oder Hektor gleich einem Blitz alles niederschlägt, so ist auch die Dialektik, wenn sie der Wucht der anderen Wissenschaften entbehrt, armselig und fast unnütz, während sie, in die kräftige Hand der übrigen Disziplinen gelegt, imstande ist, alle Falschheit und Täuschung zu vernichten.«

Vor allem die Realkenntnisse sind in einer so konkreten Wissenschaft, wie es die Medizin ist, einfach nicht zu entbehren. Mit schneidenden Worten wendet sich daher Johannes gegen die modernen Ärzte, die unter der Maske eines philosophischen Getues und mit hochtrabender Dialektik die schlichte Regel der Kunst außer acht lassen wollen. »Da finden sich junge Gelehrte, die ihren Mangel an echter Bildung wohl eingesehen haben. Diese haben sich stracks auf den Weg gemacht, nach Montpellier oder nach Salerno, um sich nach hastigem Besuch der dortigen Schulen als Ärzte zu empfehlen. So plötzlich, wie sie Philosophen geworden waren, kommen sie nun im Nu als ›medici‹ wieder ans Licht. Sie wissen von trügerischen Manipulationen zu berichten, und so rasch, wie sie zurückgekehrt sind, so betriebsam üben sie nun das aus, was sie dort gelernt haben wollen. Dabei weisen sie auf Hippokrates und Galen hin und führen verwirrende und nichtssagende Fremdwörter im Munde. Sie glauben, alles zu vermögen, weil sie alles öffentlich vortragen und alles leisten zu können sich anheischig machen.

Treibt man sie aber in die Enge, so bleiben nur zwei Dinge, die sie im Gedächtnis behalten haben und bei denen sie auch in ihren Handlungen immer wieder verweilen. Das eine ist jener Hippokratesspruch, der in Wirklichkeit wohl ganz anders gemeint war, der besagt: ›Wo ein aussichtsloser Fall ist, kann es nicht zweckdienlich sein, sich darum zu kümmern.‹ Und so glauben sie wirklich, es sei unvorteilhaft und unangebracht, denen, die in hoffnungsloser Bedrängnis stehen, noch eine ärztliche Mühe angedeihen zu lassen. Der andere Grundsatz aber ist ein Axiom aller Ärzte und nicht allein das des Hippokrates; es lautet: ›Nimm dein Honorar, solange es weh tut.‹ Die Gelegenheit, ständig etwas zu kassieren, ist ja auch höchst günstig, solange der Schmerz den Patienten noch martert. Und so gehen die Gebrechen des Kranken mit der Habsucht solcher Heilkünstler ein ganz hübsches Bündnis ein.«

Wie leicht werde es doch gerade dem Arzt gemacht, in seinem Handwerk zu pfuschen oder zu schwätzen, wo er stets doch die Heilkräfte der Natur in seinem Rücken wisse; und es müsse schon ein ganz unerfahrener Medikus sein, der es vermöge, der ohnedies schon so stetig wirkenden Genesungskraft der Natur noch in den Arm zu fallen. Solche Ärzte aber, fährt Johannes fort, versündigen sich nicht nur am Kranken, sie gehen auch am Wesen jeglicher Wissenschaft vorbei. »Wie soll denn auch ein Mensch, dem die ganze Philosophie ein Rätsel geblieben ist, die so geheimen und verborgenen Kanäle der Natur finden und fassen können? Und da er nicht einmal recht zu sprechen versteht, somit auch kaum verstehen kann, was da geschrieben steht oder gesagt wurde, wo doch so viele Disziplinen wie Sprachen sind und in ihnen allen so vielerlei Autoritäten –: sollte es denn da bei der Verschiedenheit leiblicher Gesichter, im körperlichen Bereich also, nicht noch weit schwieriger als bei den Sprachen sein, recht zu unterscheiden?«

Was unseren Johannes aber vor allem in Rage brachte, das sind die Mediziner mit ihrem banalen Brotstudium, wortwörtlich nur »Brot«, das sie verknuspern an Stelle wirklicher Bildung. »Brotstudium« scheint an der Schule von Chartres zu einem »Terminus technicus« geworden zu sein, da wir weiterlesen: »Schon unser Meister Gilbert de la Porrée pflegte solchen Studenten, die er allzurasch zu ihrem Fache forteilen sah – ich weiß nicht, ob lachend über die Verrücktheit der Zeit oder darüber heulend –, das Bäckerhandwerk zu empfehlen. Denn bei seinen Landsleuten, so fügte er hinzu, wäre es üblich, daß alle jungen Leute, die zu anderen Fertigkeiten unfähig wären, von dieser Zunft aufgenommen würden. Denn dieses Handwerk läßt sich am leichtesten lernen und ist doch den anderen Künsten dienstbar, besonders dann aber, wenn einem mehr am Backwerk denn am Kunsthandwerk gelegen sei.«

Der heillosen Windmacherei und dem dummen Gerede stellt Johannes von Salisbury nun die »physica« gegenüber als die Kunst, die Planmäßigkeit der Naturvorgänge zu erforschen. Auf diesem Wege aber würden die »artes« neu erstehen und aus der Verfremdung heimkehren in ihre alten Rechte, gleichsam neugeboren zu größerer »gloria et gratia«.

Johannes von Salisbury war es denn auch, der uns das schöne Wort des Bernhard von Chartres von dem »Zwerg auf den Schultern von Riesen« überliefert hat, im vollen Wortlaut: »Wir sind gleichsam als Zwerge auf die Schultern von Riesen gesetzt, auf daß wir mehr und ferner gelegene Dinge sehen können als diese, nicht etwa durch die Schärfe unseres eigenen Gesichts oder die Höhe unserer Gestalt, sondern weil wir getragen und emporgehoben werden von einer riesenhaften Größe.«

Anhand der Autoren sei Bernhard alle Texte grammatikalisch, rhetorisch, dialektisch durchgegangen, um das Gedächtnis zu schulen und die Denkkraft zu üben, so daß der folgende Tag immer nur der Schüler des vorigen geworden sei. Und alle noch so neue Wissenschaft, sie gilt nichts, solange nicht die Integration mit dem alten Bildungsgut stattgefunden hat. Johannes weist warnend hin auf seine an sich so scharfsinnigen Lehrer zu Paris, den Magister Alberich und Robert von Melun, die beide »große Männer und glänzende Leuchten in den naturwissenschaftlichen Studien geworden wären, hätten sie nur auf dem gewaltigen Fundament der geistigen Bildung Fuß gefaßt und wären sie mit so starkem Wohlgefallen, wie sie es an ihren eigenen Erfindungen hatten, auch in die Fußstapfen der Altvorderen getreten«.

Soweit einige Züge nur, die uns – mit kurzen Einblicken in die Schulen von Salerno, von Montpellier, von Chartres – hinweisen auf die Wege zur Universität. Die scholastische Wanderbewegung, sie ist mit dem 12., dem 13. Jahrhundert aufgefangen worden durch organisierte Bildungszentren. Der Schüler folgt nicht mehr seinem Lehrer, sondern der Lehrer wird nun an eine feste Schule berufen. Neue naturphilosophische Ordnungsschemata haben die Literatur geordnet und ein umfangreiches Korpus an Schultexten entstehen lassen, damit aber auch festgelegte Prüfungstexte, die ihrerseits wiederum das Kriterium für das Bildungsniveau ganzer Jahrhunderte abgaben. Der ärztliche Stand bekommt nach und nach seine feste Struktur. Die Medizin wird mehr und mehr institutionalisiert. Ein einheitlicher Korporationsgeist aber verbindet dabei alle Disziplinen und vermittelt ihnen einen bewundernswerten geistigen Habitus.

Die Bildungswege des jungen Arztes – das sollte aus dieser Skizze deutlich geworden sein – waren alles andere als ein stures »Curriculum«. Auf diesen Wegen erleben wir in höchst persönlichen Begegnungen einen aufregend modernen Horizont, Kritik und Selbstkritik auch, wie sie uns besonders beispielhaft an der Schule von Chartres vor Augen treten.

In einem Schreiben an seinen Mitschüler Berengar von Tours rühmt Adelmann von Lüttich diesen besonderen Geist der Schule von Chartres, wenn er an die gemeinsamen, so glücklichen Studienjahre in der »academia Carnotensis« unter Fulbert von Chartres erinnert. Er rühmt sich, wie Platon sich rühmte, in den Tagen des Sokrates als ein Mensch und nicht als ein Vieh auf die Welt gekommen zu sein. Wie auch Honorius Augustodunensis bekannte: Es ist viehisch für einen Menschen, nichts wissen zu wollen.

Menschen ohne Vernunft, ohne Sprache, ohne jenen »logos« eben, der Sprechen und Vernehmen in eins ist, müßten – so auch Johannes von Salisbury – mehr und mehr zu Tieren werden, ein Prozeß, der jedesmal dann einsetzt, wenn das schöne Bündnis zwischen Mercurius und der Philologia sich zu lösen beginnt. Denn dann würden die Städte entarten zu gigantischen Tiergehegen, und in den Schulen werde man schneller zu Philosophen reifen, als nackte Vögel sich bedecken mit weichem Flaum.

# VIII. Medizinische Versorgungssysteme

## 1. Grundbegriffe des Dienens

Das Tun des Arztes und aller seiner Helfer hat man seit den ältesten Zeiten »Therapie« genannt, was aus dem griechischen »therapeuo« kommt und nichts anderes meint als »Dienen«. Ich diene einem, der mich in seiner Not gerufen hat und nun meine Hilfe braucht, um den ich mich »sorgen« soll, der folglich einer kurativen Behandlung bedarf. Die alte Heilkunst, die »techne therapeutike«, sie war in erster Linie Fürsorge, Pflege, ein fachkundiger Dienst, war »diakonia«, ein Grundbegriff, der zum Lebensprogramm des Messias gehörte, von dem es bei Matthäus heißt: »Der Menschensohn ist nicht gekommen, sich bedienen zu lassen, sondern zu dienen« (Matt. 20, 28). »Prodesse, non praeesse«, lautet die gleiche Formel bei Augustinus: Helfen, nicht herrschen! Dienst – nicht am Staat oder an der Gesellschaft, sondern am notleidenden Menschen!

Im Sinne dieser dienenden Pflege und nachgehenden Fürsorge nannten die ersten Christen sich Therapeuten. Christus selber trägt frühzeitig schon den Ehrentitel eines »therapeutes«. Begriffe wie Heiland (soter) und Arzt (iatros) werden bei den Kirchenvätern vielfach in gleichem Sinne verwandt. Im Laufe des 3. Jahrhunderts wurde aus dem griechischen Heilgott Apollon, dem »Apollo Medicus«, der viele Jahrhunderte verpflichtende Begriff eines »Christus Medicus«. Christus wird von Ignatius von Antiochia als Arzt gepriesen: »Einer ist Arzt, aus Fleisch zugleich und aus Geist, Jesus Christus, unser Herr.« Christus ist der große Arzt, der umsonst heilt, der allein barmherzig ist, der die Menschen liebt (philanthropos); er allein ist der Heiland (soter)!

Christus wird bei den griechischen und lateinischen Kirchenvätern wie auch in der frühen und hohen Scholastik immer wieder geschildert als der große Arzt: der

*Ärzte verabreichen einen Heiltrank*

»magnus medicus« bei Hildegard, der »Arzt der Ärzte«
(medicus medicorum) bei Wolfhard. Für Hieronymus
schon war Christus der »magister medicorum«, der
Lehrmeister aller Ärzte, ein hervorragender Arzt, ein
»egregius medicus« und damit der wahre Oberarzt (archiatros), wahrhaft Arzt (medicus) und Arznei (medicamentum) zugleich, die heilende Kraft wie das heilsamste
Mittel, ein Heilmittel, das prinzipiell all denen zuteil
wird, die arm dran sind. Die christliche Caritas fühlte
sich denn auch gerade denen am ehesten verpflichtet, die
ihrer am meisten bedürfen.

Damit ist sogleich schon ein Merkmal abendländischer

Krankenpflege getroffen, das sich bereits bei Origenes findet, der von den Ärzten schrieb, daß sie sich ganz selbstverständlich »herabbegeben zu denen, die schlecht dran sind«. Ist es dann – so schließt Origenes – »verwunderlich, daß der erste Arzt (archiatros) zu denen herabsteigt, die sich elend befinden«?

Zu diesem Grundbegriff des Dienens (servitium) tritt nun im frühen Mittelalter die »hospitalitas«, die dienende Gastfreundschaft, die ganz schwach noch in unseren »Hospizen« oder »Hospitälern« nachklingt. Die Funktion einer Heilkunst (medicina humana) ist nichts anderes als Gottes Dienst am Menschen: so im Bamberger Codex des 9. Jahrhunderts. Bei Hildegard von Bingen erscheint das Dienen gerade als ein integrativer Wesensbestand aller Schöpfung. Nur so kann die Gestalt der »Misericordia« bei Hildegard sprechen: »Ich bin in Luft und Tau und aller Grünkraft ein besonders mildes Heilkraut. Mein Herz ist ganz erfüllt, jedem und allem seine Hilfe anzubieten.«

Hilfe wird geboten den Armen, den Kranken, den Elenden und Hilflosen. Die Begriffe »arm« und »krank« erscheinen vielfach als synonym, werden oft auch in der Formel »pauperes infirmi« gemeinsam gebraucht. In der Regel des Johanniterordens werden die Kranken als »unsere Herren, die Armen« (domini nostri pauperes) angesprochen, als die »Herren Kranken« (les seignors malades). Krankenpflege ist allgemein – so durchweg in der päpstlichen Urkundensprache – ein Dienst an den Armen in Christi Namen.

Das Gewand der Brüder und Schwestern im Heilig-Geist-Orden soll allein deshalb schon einfach sein, weil die Kranken und Armen die Herren sind, daher auch wie Herren zu behandeln. Im Statut des Hôtel-Dieu von Vernon wird – um das Jahr 1270 – der Dienst an den Kranken und der liturgische Gottesdienst als gleichwertig angesehen. Und der Stifter eines Armenhauses in Dortmund (1369) wollte ein Spital schaffen, in welchem Christus in seinen Gliedern geehrt werde. Es galt daher als Gipfel der Vollkommenheit, tagtäglich die Kranken zu besuchen. Die Armen und Kranken, sie treten zu Gott in nähere Beziehung, erscheinen als bevorzugte

Glieder des Leibes Christi. So hören wir es im Spital-Statut von Le Puy (1249) von den Armen, die da Christi Glieder sind, und an anderer Stelle: All diese Armen und Kranken und Elenden, sie repräsentieren in bevorzugter Weise das »Corpus Christi Mysticum«.

Wir werden nur wenig von den anthropologischen Grundlagen der mittelalterlichen Medizin verstehen, wenn wir nicht auch das schon des öfteren angedeutete Begriffsfeld der »Armut« hineinnehmen in die Situation des kranken Menschen und in die Haltung seiner Helfer. Auch der Arzt, als der Verwalter der Barmherzigkeit, kann nicht anders als ein Freund der Armen gedacht werden. So sieht ihn Hildegard von Bingen, wenn sie schreibt: »Der Arme muß aus Liebe zu Gott aufgenommen und gehalten werden, weil er als Mensch unser Bruder ist. Wenn Gott auch erlaubt, daß der Reiche Reichtümer besitzt, die er dem Armen entzieht, so liebt Er doch die Gestalt des Armen, weil sie Sein Bild ist.« Hat Gott doch – »Er selbst, der die Reichtümer des Himmels besitzt« – sich in Demut unter die Armut gestellt.

Es wundert uns nun weniger, daß vornehmlich adelige Frauen sich der Armen- und Krankenpflege widmen. Erinnert sei an Elisabeth von Thüringen (gest. 1231), an Hedwig von Schlesien (gest. 1243) oder auch an Mathilde, die Gemahlin König Heinrichs I. von England. Von Sibylla von Flandern wird berichtet, daß sie in Jerusalem Aussätzige gewaschen und – zur inneren Überwindung – dann noch das Wasser getrunken habe. Aber das sind Exzesse des Dienens, die sicherlich nicht den Grundbegriffen der Dienste entsprechen.

Was uns an den therapeutischen Diensten des Mittelalters immer wieder imponiert, das ist die den ganzen Menschen betreffende Sorge-Haltung. Da wird kein Unterschied gemacht zwischen einer höheren Seelsorge (cura animae) und einer niedrigen Leibsorge (cura corporis). Da wird aber auch nicht unterschieden zwischen einem gemeinen »natürlichen« Leben und einem zu erstrebenden »höheren« Leben. Berufen zum Heil ist jedermann! Zu sorgen hat man sich um das Nächste, den Leib, nicht um »seelische« Bedürfnisse oder »geistige« Werte. Da gibt es kein so blasses wie häretisches »Rette deine Seele«, sondern immer nur die allein verbindliche, gemeinsame Sorge um den ganzen Menschen! Es kann daher gar nicht ernst genug genommen werden, daß in ihrem Verwurzelungsgrund die Pflegedienste wie auch das theologische Amt aufs engste miteinander verbunden waren.

In der ›Regel‹ des hl. Benedikt lesen wir: »Für die Kranken muß man vor allem und über alles besorgt sein. Man soll ihnen dienen wie Christus selbst, dem man ja wirklich in ihnen dient. Denn Er hat gesagt: Was ihr einem von diesen Geringsten getan habt, das habt ihr Mir getan.« Es hat daher eine persönliche Verpflichtung und eine Herzenssache des Abtes zu sein, daß die Kranken in keinem einzigen Punkte vernachlässigt werden. Der Abt trägt die volle Sorge auch für das zeitliche Wohl. Er ist Hausvater im Sinne der alten Ökonomie: »paternitas« und »pietas« verleihen ihm den Geist der »honestas« und »gravitas«, einer gelassenen Gehaltenheit, die nichts Unnatürliches verlangt und allem sich angepaßt einfügt, die als überaus gesunde Lebensordnung aber auch schon einen ausgesprochen ökologischen Zug trägt.

In diesem Sinne war auch für Hildegard von Bingen Christus der »magnus medicus«, der für die Bedrängten Sorge trägt. In ihrer ›Explanatio regulae‹, einem Kommentar zur Benediktinerregel, geht Hildegard sehr konkret ein auf die Sorge um Ernährung und Arbeit, um Bekleidung und Wohnung, um die Sexual- und Psychohygiene, nicht zuletzt auf die Sorge um die krankgewordenen Mitmenschen. Damit aber zielen auch diese christlichen Sorge-Dienste wieder auf jenen umfassenden Bezug, wie er in der klassischen Theorie von der Gesundheit und deren praktischem Teil, dem »regimen sanitatis«, zum Ausdruck kam. Denn auch und gerade die Wiederherstellung der Heilsordnung geschieht letztlich durch eine konkrete tagtägliche Lebensregelung (regula vitae), die freilich in ihrem therapeutischen Programm weit über die antike »diaita« hinausführt.

Der Sorge-Begriff (cura) hat in der mittelalterlichen Heilkunde eine überragende Rolle gespielt und damit eine Bedeutung erlangt, die keineswegs schon in das Bewußtsein des Historikers gerückt ist. Immer wieder ist in den Texten nicht nur von einer »cura animae« die Rede, sondern auch von der »cura corporis«. Nicht umsonst tragen die heilkundlichen Abhandlungen der heiligen Hildegard von Bingen den lapidaren Titel ›Causae et curae‹. Und selbst in der so fundamentalen ›Regula Benedicti‹ ist der Begriff »cura« zu einem Angelpunkt des christlichen Denkens und der mönchischen Lebenshaltung geworden.

Im Kapitel 36 der ›Regula Benedicti‹ werden die Sorge-Dienste im einzelnen vorgeschrieben: die Einrichtung der Krankenzimmer, die Dienste der Wärter und Pfleger, der Gebrauch der Bäder und eine Speiseordnung, nicht zu vergessen »die Wertschätzung des Kranken«, kurzum alles, was zu einer umfassenden Vorsorge, Fürsorge und Nachsorge dienlich ist. Am Schluß des Kapitels wird noch einmal betont: »Die größte Sorge aber trage der Abt, daß die Kranken von den Wärtern und Pflegern nicht vernachlässigt werden, und auf seine Person fällt zurück, was immer von den Jüngern gefehlt wird.« Hier ist wirklich einer noch – was wohl seine Autorität begründet – allein verantwortlich.

In der ›Regula‹ spiegelt sich aber auch die in der mittelalterlichen Lebenswelt einzigartige Stellung des Gebrechlichen und Leidenden exemplarisch wider. Die Bedeutung einer solchen Regel – mit ihrer so klaren Rangordnung bei einem gänzlich unfeierlichen und nüchternen Pathos – kann gar nicht überschätzt werden, und sie sollte für das großartige Sorgesystem des gesamten Mittelalters zum Vorbild werden. Die Sorge für den Kranken rangiert vor allem: vor der Arbeit, vor den privaten Bedürfnissen, vor den eigenen Wünschen, ja vor dem Gottesdienst. Die Fürsorge muß eine umfassende sein, soll einem jeden zugute kommen, steht höher als alle anderen Dienstleistungen. Im Kranken ist in der Tat und wortwörtlich Christus selber zu sehen, dem alle Sorge letztlich zuteil wird.

Auch Isidor, Bischof von Sevilla, schrieb zu Beginn des 7. Jahrhunderts eine Mönchsregel, die von der gleichen intensiven Sorge für die Kranken geleitet war. »Die Sorge für die Kranken soll einem Mann von klugem und frommem Lebenswandel übertragen werden«, der für sie sorgt und mit großem Eifer das herbeischaffen kann, was wegen ihrer Krankheit nötig ist. Er muß den Kranken in allem dienen.« In einem weiteren Kapitel wird dann aber auch auf die verantwortliche Rolle des Patienten innerhalb der therapeutischen Dienste eigens eingegangen, wenn es heißt: »Daran, daß die Kranken sorgfältiger behandelt werden, dürfen die Gesunden keinen Anstoß nehmen. Denn die Gesunden müssen die Kranken ertragen. Die Kranken dürfen sich nicht über die Gesunden und Arbeitenden erheben. Keiner darf wirkliche körperliche Krankheit verbergen noch eine erheuchelte vortäuschen. Vielmehr sollen die, die arbeiten können, Gott Dank sagen und arbeiten; die es nicht vermögen, sollen ihre Leiden zeigen, damit sie in ganz menschlicher Art behandelt werden können.«

Auch für den Krankenstand gibt es eine recht charakteristische Pflichtenkunde: »Unter dem Vorwand der Krankheit dürfen die Kranken nichts Eigenes haben, damit sich die Habgier nicht unter dem Mantel der Krankheit verbergen kann. Nur um seinen Körper zu baden, darf kein Mönch ins Bad gehen, ausgenommen wegen Krankheit und der nächtlichen Befleckung. Wenn das Bad als Heilmittel nötig ist, darf es nicht aufgeschoben werden. Man darf aber auch nicht murren, denn es geschieht nicht einfach aus Lust, sondern nur als Heilmittel.«

Weiter heißt es in der Regel des Isidor von Sevilla: »Der Raum für die Kranken soll weit entfernt von der Kirche und den Zellen der Brüder liegen, damit er durch keine Unruhe und kein lautes Gerede gestört werde.« Schließlich wird aber auch angesichts der ursprünglichen Grunderfahrung die äußere Regel als solche noch relativiert. Wer nämlich die ganze Lehre der Alten kennenlernen möchte, »der schreite aus, soweit es ihm gefällt« – und er gehe für sich selbst diesen hohen Gratweg auf gefährlicher Höhe! Die anderen erhalten die ›Regel‹!

Zu diesem mehr karitativen Motiv tritt bald auch die Pflege der Wissenschaften. Wie der Kleriker die Hl. Schrift kennen sollte, so hat er auch die Unterschiede der Krankheiten und der Arzneimittel zu beherrschen. Wem dies alles unbekannt blieb – so schreibt Hrabanus

Maurus im 9. Jahrhundert –, »der vermag nicht, für sein eigenes Wohl zu sorgen, noch wird er Sorge tragen für das Wohl eines anderen«.

Vor diesem Hintergrund erst verstehen wir die abendländischen Fürsorgesysteme, wie sie sich in den Spitalanlagen organisiert haben, in den Krankenorden institutionalisieren konnten, wie sie aber auch wiederzufinden sind: in den ›Regimina sanitatis‹, auch ›Ordo vitae‹ genannt, den ›Causae et curae‹ der Hildegard von Bingen, den ›Cura corporis‹-Texten der frühen und hohen Scholastik.

Die Quellen für diese ›Cura corporis‹ sind in den Ordensvorschriften (Consuetudines; Constitutiones) wie auch in zahlreichen Traktaten zur klösterlichen Lebensführung (Vita monastica) zu suchen. Wir finden darin eine ungemein reichhaltige und in sich geschlossene Lebensordnung (Ordo vitae), getragen von den Grundsätzen der »discretio« und »moderatio«, motiviert von der »misericordia« und alles in allem ausgerichtet auf die »cura«, die Sorge für den hinfälligen und gebrechlichen Menschen. Die Sorge nämlich gehört nicht zum Urstand, der »constitutio prima«. Sie ist ein Element des Notstandes, eine notwendige Begleiterscheinung des gefallenen Menschen, des »homo destitutus«. Damit wird die Sorge aber auch zum beständigsten Motor für die Heimfindung zum Endstand, dem »status restitutionis«, zum Heil. Die Grundbegriffe mittelalterlicher Medizin kreisen daher immer um die volle Existenz des Menschen, der als ein leidendes Wesen auf Heilung aus ist. Auf dieses Sinnganze wollte Paracelsus hindeuten, wenn er von der »herzhaften Hausgemeinschaft« um den Kranken sprach. Und so sehr auch der Arzt seinem Patienten wohl will, so sehr er auch alles ordnet »und ein jegliches versieht, wie es sein soll«, was hilft das alles an technischen Diensten, wenn die Diener selber ein anderes Herz haben als der Kranke. Das ganze soziale Mikromilieu, meint Paracelsus, muß mit hineingeflochten sein in den Heilungsprozeß, sonst erwächst daraus nur ein »Kranz an neuen Übeln«.

»Darum so soll da *ein* Herz sein! So nur gehet des Kranken Gesundheit voran, so soll ihm geholfen werden und gedienet dazu: vom Kranken selbst, vom Arzt, von denen im Haus und von allen denen, die sich im Haus behelfen müssen. Und sie sollen alle mit gleichem Herzen verfaßt sein!« Hier ist mit schlichten Worten jener Integration der medizinischen Dienste in einem geschlossenen anthropologischen Feld das Wort geredet, die auch heute noch unser großes Problem geblieben ist. Nicht nur der Arzt ist angesprochen, auch alle Helfer, nicht nur die Apparate und Rezepte sind gemeint, sondern auch Pflege, Begleitung, umfassende Sorge und Nachsorge. Gemeint ist auch der Kranke selber, nicht sein Mitsprechen, sondern sein Mitwirken.

Diesen Dienst und solches Dienen hatte Paracelsus im Auge, als er in einem Kommentar zu den Aphorismen des Hippokrates schrieb: Alle sollen das Ihrige tun, das sie dem Kranken schuldig sind: der Arzt und die Diener, aber auch der Kranke selbst! Und dann noch einmal – in seiner so schlichten und lapidaren Sprache –: »Dabei sollen die Diener der Kranken Art wissen und ihre Notdurft versehen, was sie ihnen sollen reichen und was nicht, und sie sollen haben einen erfahrenen Arzt, der da wisse und nit wähne.« Daraus der einfache Schluß von Dienen und Diensten: »Durch die drei aber – den Arzt, die Diener, den Kranken – mag kommen hernach eine glückliche Stund!«

## 2. Struktur und Funktion des Spitalwesens

Vor dem geistigen Hintergrund dieser Hilfe in Not verstehen wir erst die abendländischen Fürsorgesysteme, wie sie sich vor allem im Spitalwesen organisiert haben. Aus den immer komplexer werdenden helfenden Diensten ergab sich bald schon das Bedürfnis nach einer starken und dauerhaften Institution, die in der Lage war, all diese Dienste – einen ganzen Komplex nämlich von Medizin und Technik, Pädagogik und Ethik – in ein verbindliches System zu bringen. Auch hierfür lieferte die klassische Antike ein Schlüsselwort, das sich – in den verschiedensten Schattierungen – bis in unsere Tage hinein gehalten hat: den Begriff »oikos« nämlich, womit ursprünglich »das Haus« gemeint ist, das volle Hauswesen aber, eine Wirtschaft im alten Sinne.

Daß eine solche Haushaltung und Wirtschaftsführung nicht Funktion der Herrschenden, sondern der Dienenden sein müsse, daß folglich die Dienste erst den »oikos« sichern, das war schon die Auffassung von Platon. Bei Hesiod ist der Ökonom ein Mann, der alles bedenkt und dabei erkennt, was schließlich als das Beste herauskommt. Alle »oikonomia« ist als Haushaltung und Verwaltung immer auch die Fürsorge, eine Pflegschaft, die Gastlichkeit.

Jetzt erst können wir die Kernbegriffe des Dienens mit jener großartigen sozialen Institution verknüpfen, wie sie als die alte »Ökonomik« vor uns steht. Pausanias bereits weiß von speziellen Häusern in Epidauros für Heilungsuchende, von Ambulanzen in Herbergen, aus denen später die »Iatreia« wurden, ärztliche Behandlungsräume, noch nicht zu verwechseln mit jenen Xenodochien im byzantinischen Kulturraum, die als Vorformen unserer Krankenhäuser zu betrachten sind.

Es ist kein Zufall, daß die Grundgedanken solcher Ökonomie – die erst zu Beginn des 19. Jahrhunderts als Nationalökonomie und noch später als Weltwirtschaft gedeutet wurde – sich auch in den Institutionen der alten Krankenhäuser vorfinden. Noch am Ende des 16. Jahrhunderts heißt es in der Ökonomie des Würzburger Juliusspitals: »Es ist Gott wohlgefällig, wenn wir für die armen elenden Menschen in unserem Lande eine Wohnung herrichten und dieselbe mit geziemendem Unterhalt versehen täten, zumal weil Christus, unser Seligmacher, selbst uns mit Lehre und Exempel dies befohlen hat.«

Das frühe Spital erscheint demnach als Gotteshaus und Krankenhaus zugleich; es dient der praktischen Nächstenliebe wie dem liturgischen Dienst. Es hatte sicherlich auch dem Seelenheil hochherziger Stifter zu dienen, die sich hier durch die Gebete der Armen und Kranken eine himmlische Ruhestatt vermitteln ließen.

Um in das vielschichtig entwickelte und vielfach auch verworrene Geflecht des mittelalterlichen Spitalwesens eine Ordnung zu setzen und einen Überblick zu gewinnen, greifen wir drei verschiedene Formen heraus, die in groben Zügen auch der historischen Entwicklung entsprechen, nämlich: 1. die Krankenpflege der Klostermedizin; 2. die Versorgung im Hospitalwesen und 3. jenen Aufbau bürgerlicher Krankenanstalten, die dann am Ausgang des Mittelalters nach und nach übergehen in das moderne Krankenhauswesen.

## Krankenpflege der Klostermedizin

Kein Kloster im frühen Abendland war denkbar ohne ein – wenn auch noch so bescheidenes – Haus für die Kranken, ohne einen Ort für die Krankenpflege. Die Sonderstellung des Kranken, in dem man Christus selber sieht, verpflichtet jeden Ordensbruder zu einem tätigen Dienst und den Abt zur Organisation einer Krankenpflege. Hierzu rechnen ein eigener, für sich abgeschlossener Raum, ein organisierter ärztlicher Dienst sowie das dafür erforderliche Instrumentarium. So legt es die ›Regula Benedicti‹ mit allen Einzelheiten fest: »Für die kranken Brüder soll eine eigene Zelle und ein gottesfürchtiger, fleißiger und sorgfältiger Wächter zur Verfügung gestellt werden.« Vom Krankenwärter (servitor) wird in den Deklarationen von Monte Cassino gefordert, daß er in allen Dienstleistungen sein Amt (officium charitatis) erfülle.

Mit Recht hat man für Jahrhunderte von der ›Regula‹ als einem »Grundbuch mittelalterlichen Zusammenlebens« gesprochen. Im Jahre 529 hatte Benedikt von Nursia (um 480–543) auf dem Monte Cassino ein Kloster gegründet und der Gemeinschaft anschließend eine eigene Regel gegeben, ein umfassendes Gesetzbuch zur Lebensführung. Die neue Lebensform wird inkorporiert durch den Orden, dem ein Abt vorsteht, der als Lehrer und Vater zu fungieren hat, als Hirte und damit auch als Arzt. Zwischen der Strenge des Meisters und der Güte des Vaters hat er die Mitte zu halten, um maßvoll und vernünftig die Arbeiter vom »Markte des Weltenlebens« wegzurufen und mit aller »discretio« zur Arbeit in Gottes Weinberg anzuhalten.

Aus diesem Geiste allein kann die Soziologie des mittelalterlichen Klosters verstanden werden, zu dem neben dem Speisezimmer (Refektorium) und dem Schlafraum (Dormitorium) auch eine Krankenstube (Infirmarium), ein Kräutergarten (Hortulus) und ein Büchersaal (Bibliotheca) samt Schreibstube (Scriptorium) gehörten. Um das Jahr 830 hat das Kloster St. Gallen einen Musterplan vorgelegt, der auf die Entwicklung der Organisationsformen großen Einfluß nahm und uns auch heute noch in vorbildlicher Weise die Ideologie der benediktinischen Krankenfürsorge vermittelt. Neben dem Hospital, dem Aderlaßhaus, dem Bad (balnearum domus) und den Latrinenanlagen (domus latrinarum) zeigt der Plan ein eigenes Ärztehaus (domus medicorum). Innerhalb dieses Gebäudekomplexes finden wir einen Vorratsraum der Arzneimittel (armarium pigmentorum), den Schlafraum für die Schwerkranken (cubiculum valde infirmorum) und ein besonderes Arztzimmer (mansio medici ipsius). Hinter dieser Anlage befand sich der Kräutergarten (herbularius) für die Heilpflanzen.

Und so baut sich das Kloster vor unseren Augen auf wie eine ganze Stadt: eine Art von antiker Polis und Abbild des himmlischen Jerusalem zugleich – ein geschlossener Komplex aus Gotteshaus und Wohngebäuden, dem Hospiz und den Wirtschaftsflächen für die Handwerker, mit Gemüsebeeten und Obstgärten, mit einem Schulhaus und Plätzen für die Freizeitgestaltung (vacatio).

Klosteranlagen dieser Art wurden in der Folge allenthalben verwirklicht. Es sollte vor allem für die praktische Medizin von größter Bedeutung werden, daß die Regula neben Gebet (oratio) und Arbeit (cultura) auch ein wissenschaftliches Programm (studium) gefordert hat. Aus den rodenden Mönchen werden fachkundige Gelehrte, aus reinen Betstätten die Grundschulen Europas. Es ist neben dem formalen und materialen Rüstzeug vor allem dieser Lebensstil gewesen, der das Abendland gebildet hat.

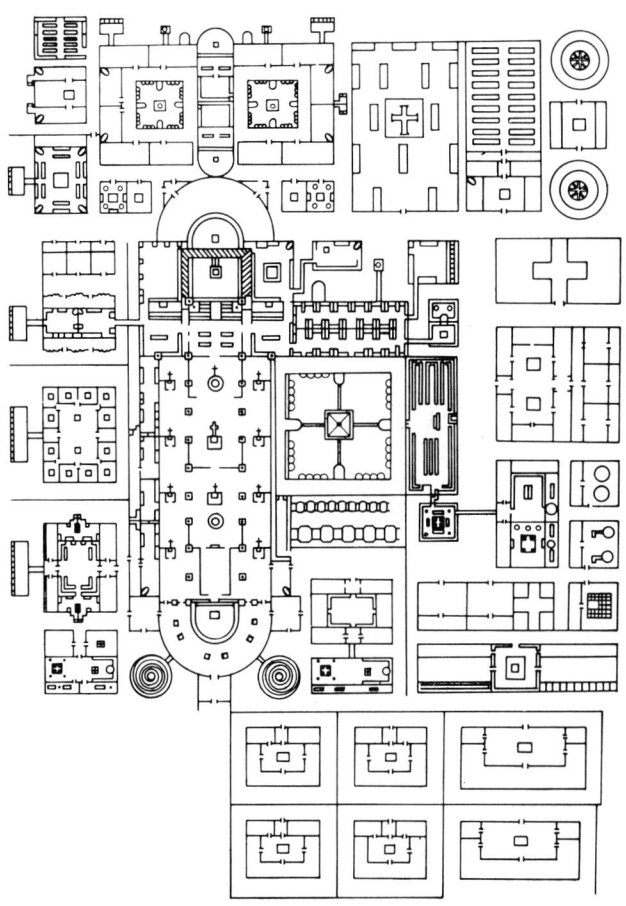

*Idealplan eines karolingischen Klosters. Aus der Bibliothek von St. Gallen, um 820. Im oberen Abschnitt erkennt man die medizinischen Versorgungsbereiche mit: Infirmarium, Badehaus, Aderlaßhaus, Ärztehaus, Apotheke und Kräutergarten*

Im engsten Zusammenhang mit diesen Bildungsidealen wollen nun auch Struktur und Funktion des mittelalterlichen Spitalwesens gesehen werden. Die Maßnahmen der äußeren Ökonomik sind aufs innigste verbunden mit Gedanken der Diakonie und Therapie.

Nach den cluniazensischen wie auch zisterziensischen Vorschriften ist ständig einer der Mönche mit der Leitung der klösterlichen Spitalanlagen betraut. Diese Leiter hießen »Magister« oder »Provisor« oder auch »Procurator«. Ihr offizieller Titel war »Servitor infirmorum«, abgekürzt »Infirmarius«. Der »Krankenmeister« hatte für alles zu sorgen, was die Kranken brauchen; dafür stand in der Regel eine kleine Wirtschaft (oeconomia) zur Verfügung. Auch leitete er eine Art Apotheke, bereitete die Heiltränke und betrieb die kleine Chirurgie, wozu auch Brennen und Aderlassen gehörten.

In den ›Briefen‹ des Petrus Abaelardus lesen wir: Die Krankenschwester (infirmaria) dient den Kranken und bewahrt diese vor Entbehrung. Was die Krankheit erforderlich macht, ist zu gewähren. Für die Kranken gilt kein Gebot oder Verbot. Mindestens einmal täglich besucht die Äbtissin mit der Kellermeisterin die Kranken und sorgt für das leibliche wie geistliche Wohl.

Dieser frühe Versorgungstyp einer Klostermedizin beherrschte durchweg die ersten Jahrhunderte des Abendlandes. Es waren die Mönchsärzte, welche die Krankenpflege und ein in sich geschlossenes System der Heilkunde zu organisieren verstanden. Erst mit dem 11. und 12. Jahrhundert sollte dieses System erweitert und bereichert, durchbrochen und auch ergänzt werden durch die säkularen Bewegungen des hohen Mittelalters: die Kreuzzüge und die Wallfahrten, nicht zuletzt auch die Pilgerzüge der jungen Gelehrten zu den neuen Wissenschaften. Für das weitverzweigte, sich ständig differenzierende Versorgungssystem bildeten sich seit der Mitte des 12. Jahrhunderts neuartige, eigenständige Dienstleistungsbereiche.

In der zweiten Hälfte des 12. Jahrhunderts hatte Guido von Montpellier einen eigenen Orden gegründet, den Orden der Hospitaliter zum Hl. Geist. Neben der Betreuung der Armen und der Pilger war von Anfang an auch an die Versorgung der Kranken oder ausgesetzter Kinder gedacht. Damit aber trat ein völlig neuer Versorgungstyp in das System der Krankenpflege. Die Betreuung erfolgte nicht nur in klösterlicher Abgeschiedenheit und folgte auch nicht mehr in nachgehender Fürsorge den Notstandsgebieten, sondern schuf sich eigenständige Zentren.

Bereits vorher existierten ritterliche Spital-Orden, deren Struktur und Funktion äußerst verwickelt und in ihren Ursprüngen noch nicht durchweg erforscht sind. Sie reichen bis in das 11. Jahrhundert zurück, wo in Jerusalem das Johanniterspital zur Betreuung der Pilger und der Kreuzritter aus dem Abendland gegründet worden war. Zu Beginn des 12. Jahrhunderts gab es bereits ein »Deutsches Hospital« in Jerusalem, das dem Johanniterorden unterstand; es ging allerdings schon 1187 beim Fall von Jerusalem unter, um durch Pflegegenossenschaften während der Kreuzzüge oder durch Feldspitäler, so während der Belagerung von Akkon (1190), ersetzt zu werden, frühe Formen also der späteren Feldlazarette.

Unter den Versorgungssystemen des Mittelalters, mit denen die Medizin mehr und mehr in Berührung kam, spielten daneben die Organisationen zur Betreuung von Pilgern eine besondere Rolle. Die Ausmaße der mittelalterlichen Pilgerbewegungen kann man sich kaum gewaltig genug vorstellen. »Scharen von Gläubigen trafen aus den vier Himmelsrichtungen ein, Scharen hilfesuchender Menschen.« So lesen wir bereits am Ausgang des 9. Jahrhunderts im Mirakelbuch des Priesters Wolfhard.

Wer sich auf Pilgerfahrt begeben hatte, folgte einem elementaren Grundbedürfnis, suchte Hilfe in seiner Bedürftigkeit. Nur so konnte der Arme zu einer Grundfigur des mittelalterlichen Lebens werden, mehr noch: zu einer Grundkonfiguration christlicher Existenz an sich.

Der Arme befindet sich in einer sehr konkreten Notlage; er ist bedürftig und unzulänglich; er ist arm dran. Ihm fehlen Nahrungsmittel und Kleidung; er ist befallen von Blindheit, Taubheit, ist von der Gicht verkrümmt. Er leidet an seiner Krankheit, seinen Wunden, an der Lepra; er wird altersschwach oder geisteskrank; er ist gefangen oder verbannt.

War man einmal auf Pilgerfahrt, gleichsam eingetreten in den Pilgerstand, dann begann das große Abenteuer: Man hatte sich gelöst aus dem Verband des vertrauten Haushaltes und war ausgesetzt den Gefährdungen der Fremde. Man nahm wenig mit und setzte sein Vertrauen in fremde Hilfe. Ein gewaltiger, offener Zeitraum lag vor einem, rhythmisiert durch ein eigenes Ritual an Pilgervorschriften. Es gab natürlich auch Ausfälle unterwegs und Unbilden jeder Art.

Eine besondere Gruppe bildeten sicherlich die Kranken, die Gebrechlichen, Krüppel und Blinde vor allem: Mehr als die Hälfte aller Pilger suchte Heilung von Krankheiten.

Entlang der Pilgerstraßen entstanden mit dem 11. Jahrhundert auch die Pilgerherbergen (hospitales). Sie waren oftmals nur bescheidene Unterkünfte zur Pflege und Versorgung, erreichten später aber auch gewaltige Ausmaße, mit einer Aufnahmekapazität von über hundert Personen, und erhielten vielfach einen repräsentativen architektonischen Ausbau. Zunächst aber waren sie reine Betreuungsstationen zur Stärkung und Tröstung, und daran erinnert auch noch der spätere Name: Hôtel-Dieu – Haus der Gäste Gottes eben, der Armen und Kranken, der Krüppel und Waisen, der Blinden und Tauben, der Greise und all der Fremdlinge, die am Wege liegen geblieben.

Mit der Ausweitung der Handelswege und dem damit wiederum verbundenen Anfluten der Pilgerzüge kam es dann zu einer ersten Blüte des Hospitalwesens. Auf dem Weg nach Rom oder Compostela bildeten sich reiche Herbergen und ganze Hospiz-Organisationen. So unterhielt eine Benediktinergründung in den Alpen allein um das Jahr 1200 dreizehn eigene Hospize. Das Hospiz von Altopascio in der Toscana war zum Zentrum einer eige-

*Krüppel auf Wanderschaft. Ausschnitt aus dem ›Jüngsten Gericht‹ des Hieronymus Bosch*

nen Hospizkongregation geworden. Unter dem Einfluß der Pilgerstraßen nach Compostela, der »Ruta Jacobea«, wurde die Stadt Burgos zum Handelszentrum der hispanofränkischen Regionen.

In Spanien existierten vor dem Jahr 1500 allein 86 Hospitäler an insgesamt 33 Orten. Darüber hinaus gab es unzählige kleinere Herbergen für bedürftige Reisende. Auch hier organisierten sich vielfach bürgerliche Selbsthilfegruppen, Konfraternitäten oder Kommunitäten, um all den Armen und Kranken zu Hilfe zu kommen, deren physische Kräfte oder ökonomische Ressourcen erschöpft waren.

Es waren also die ganz realen Bedürfnisse der Pilger und Kreuzritter, der fahrenden Scholaren wie der Handelsreisenden, Wallfahrten aller Art, die im hohen Mittelalter sich oft zu wahren Bewegungen ausweiteten und die durchorganisierte Versorgungssysteme erforderlich machten: Herbergen und Hospitäler und Hospize. Die Versorgung und Betreuung übernahmen eigene Pflegschaften und Bruderschaften und bald schon eigenständige Hospitalorden mit eigenen Ordnungsdiensten, Ordensbewegungen mit einer Regel und detaillierten Vorschriften.

In der Hospital-Ordnung der Johanniter zu Jerusalem aus dem Jahr 1182 lesen wir: »Ich befehle, daß die Vorschriften der vorgenannten Gemeinde und die Vorteile der nachgenannten Armen alle Tage ohne irgendeinen Verstoß eingehalten und gewahrt werden.« Mit Zustimmung der Brüder setzte der Vorsitzende des Generalkapitels sodann fest, »daß für die Kranken des Hospitals in Jerusalem vier kundige Ärzte angestellt werden, welche die Eigenarten des Harns und die verschiedenen Krankheiten zu unterscheiden verstehen und dafür Heilmittel verabreichen können«. Weiter ordnete er an, »daß die Krankenbetten in Länge und Breite so bequem wie möglich zum Ruhen gemacht werden; jedes Bett soll mit einer Zudecke bedeckt sein und die passenden Bettücher haben«. Danach setzte er fest, »daß jeder Kranke einen Pelz zum Anziehen und Schuhe haben soll, wenn er austreten muß, auch Wollmützen«. Es wurde ferner bestimmt, daß kleine Wiegen angefertigt werden für Kinder weiblicher Pilger, die im Haus geboren werden, so daß sie gesondert allein liegen und Säuglinge nicht durch die Krankheit ihrer Mutter in Mitleidenschaft gezogen werden«. Dann wurde aufgeschrieben, »daß die Bahren der Toten künstlerisch vergittert werden, so wie die Bahren der Brüder; es soll ein rotes Tuch mit weißem Kreuz darübergelegt werden«.

Überall, wo Krankenhäuser dieser Art errichtet wurden, sollten die Hausvorstände die Kranken guten Mutes bedienen, »ihnen darreichen, was sie brauchen und ihnen ohne Zank und ohne Klage Dienst tun. Denn durch diese Wohltat können sie sich die Teilhabe an der Himmelsglorie verdienen.« Sodann wird festgelegt, »daß für jeden Flur und Raum im Hospital, wo Kranke liegen, neun Helfer für ihren Dienst bereitstehen sollen, die ihre Füße schön waschen, ihre Tücher reinigen, ihre Betten richten, den Schwachen die nötigen und bekömmlichen Speisen reichen, ihnen liebevoll zu trinken geben und in allen Dingen dem Wohl der Kranken gehorchen«.

Es folgt nun eine recht detaillierte Hausordnung. »Erstlich pflegte das heilige Haus kranke Männer und Frauen aufzunehmen und Ärzte zu halten, die für die Kranken sorgten, Medikamente anfertigten und das bei Kranken Notwendige vorsahen. An drei Wochentagen pflegten die Kranken frisches Schweine- oder Hammelfleisch zu bekommen, und wer davon nicht essen konnte, erhielt Hühnerfleisch. Und je zwei Kranke pflegten einen Schafpelz zu haben, den sie anzogen, wenn sie zu den Klosetts gingen; weiter je zwei Kranke ein Paar Schuhe. Jedes Jahr pflegte das Haus den Armen 1000 Felle von dicken Schafen zu schenken. Auch alle von Vätern und Müttern ausgesetzten Kinder pflegte das Hospital aufzunehmen und aufziehen zu lassen. Wenn sich Mann und Frau verheiraten wollten und für ihre Hochzeit nichts hatten, schenkte ihnen das Haus zwei Schüsseln oder die Portionen von zwei Brüdern. Das Haus pflegte ferner einen Schusterbruder und drei Helfer zu halten, die alte Schuhe instand setzten, um sie für Gotteslohn zu verschenken. Auch der Almosenpfleger hielt gewöhnlich zwei Helfer; sie richteten alte Kleider her, die er den Armen gab. Und der Almosenpfleger schenkte gewöhnlich jedem Gefangenen zwölf Pfennig, wenn er zum ersten Male aus der Gefangenschaft kam.«

Die Regeln dieses ersten ritterlichen Spitalordens wirkten vorbildlich auf den Deutschen Orden, der gleichsam das Erbe des Johanniterordens antrat. Ende des 12. Jahrhunderts gab sich der Deutsche Orden eigene Statuten, »Regeln«, »Gesetze« und »Gewohnheiten«, die immer wieder ergänzt und modifiziert wurden. Frühe Spitalgründungen dieses Ritterordens finden wir schon in Halle (um 1200) oder in Nürnberg (um 1215). Die medizinischen Maßnahmen im Deutschen Orden waren zumeist dem »Spittler« übertragen, dem »custos infirmorum«, ab 1228 auch »hospitaliarius» genannt. Man hat seinem Amt die Stellung eines »Generalinspekteurs« des Sanitätswesens zuschreiben wollen, obwohl seine Funktionen sich ganz auf das Spital beschränkten, während die Aufsicht über Krankenhäuser und ihre Verwaltung Aufgabe des Großkomturs waren. – Ein dritter Hospitalorden geht auf die Brüder des Aussätzigenhauses des hl. Lazarus in Jerusalem zurück und hat vor allem in Frankreich und in Mitteldeutschland eine segensreiche Tätigkeit entfaltet. Ritterdienste, Krankenpflege und Caritas kamen auch hier zu einer bewundernswerten Einheit.

Die ritterlichen Hospitäler besaßen einen planmäßig aufgebauten Dienst, der auf lange Erfahrung schließen läßt. So hatte das Johanniter-Spital in Jerusalem, wie wir hörten, fest angestellte Ärzte; die Belegzahlen schwanken zwischen 900 und 2000. Vorbilder waren hier sicherlich die byzantinischen Xenodochien, großzügig angelegte Krankenanstalten, wie etwa das 1136 in Byzanz entstandene Pantokrator-Hospital, das sieben Spezialabteilungen unter ärztlicher Leitung besaß, ferner eine Apotheke und eine eigene Ärzteschule. Ähnlich organisiert waren die Spitäler der Araber, die ebenfalls Einfluß auf das christliche Spitalwesen im Morgenland nahmen.

Im 13. Jahrhundert gründete der Deutsche Orden zahlreiche Hospitäler in Preußen, meist Hl.-Geist-Spital genannt, zum Beispiel in Elbing, Thorn, Kulm oder Königsberg. Ihnen verdanken wir neben der Krankenbetreuung auch die Durchführung weitreichender hygienischer Maßnahmen, etwa die Errichtung von Wasserversorgungsanlagen.

### Aufbau bürgerlicher Krankenanstalten

Mit dem 12. Jahrhundert schon war somit das Hospital, das alte »asylum pauperum«, mehr und mehr aus dem Klosterverband herausgetreten und wurde zum Organ öffentlicher Wohlfahrtspflege. Damit kommen neue Elemente und neue Motive in die bisher rein kirchlich bestimmte Caritas. Mit dem Aufschwung der Städte setzt sich dann nach und nach auch die bürgerlich organisierte Wohlfahrtspflege durch. Das Spital wird schließlich ein Faktor bürgerlicher Wohlfahrtspolitik. Auch die Prinzipien der Fürsorge wandelten sich. An die Stelle der unentgeltlichen Aufnahme von Hilfsbedürftigen – um Christi willen – trat die Bezahlung für alle Leistungen der Spitalpflege.

In den Mittelpunkt der neuen Dienste treten mehr und mehr die Bruderschaften, die sich je nach ihrer Zielrichtung in verschiedenste Bereiche teilen, als Gebetsverbrüderungen und Bestattungsbruderschaften, als Elendsbruderschaften, und so auch als Krankendienste. Die »fraternitas« ist zum Grundbegriff der Genossenschaft, einer gemeinschaftlichen Organisation, geworden, die später zum Vorbild auch sozialer Versorgungseinrichtungen werden konnte, so zum Beispiel als Sozialfürsorge für Zünfte, die ihre eigenen Krankenkassen, sogenannte »Krankenladen«, hatten, oder auch Begräbnis- und Sterbekassen, und die durchaus als Vorbilder einer gewerkschaftlichen Organisation gesehen werden können. Es kann gar nicht genug beachtet werden, daß es neben der Hierarchie der kirchlichen Ämter immer auch ein Laienelement gab, das sich in Genossenschaften und Brüderschaften zu organisieren verstand, das eine sicherlich auch christliche und durchaus karitative Lebensform von der Basis her zu entwickeln vermochte: ein wohldurchdachtes System der kleinen Netze, die nicht zuletzt auch die praktische Heilkunst und deren Fürsorgedienst geprägt und getragen haben.

Mit dem 14. Jahrhundert nun wird das alte Spital zunehmend kommunalisiert, verbürgerlicht, wenn auch noch in keiner Weise säkularisiert. Bis weit ins hohe Mittelalter hinein blieb sein Prinzip die »hospitalitas«, die immer stärker durch die Pflegschaftsverfassungen organisiert wurde. Für Jahrhunderte noch war das Spital »Hôtel-Dieu«, das Gasthaus zum lieben Gott, eine Herberge derer im Elende, ein »refugium« und »asylum miserum«, das Haus der Gäste Gottes eben: der Kranken und Armen und Schwachen, der Bettler und Pilger und Blinden und Waisen, der Verfolgten und Krüppel und der Irren, der »guten Leute«, deren Christus sich mit Vorliebe annimmt.

Was sich bei gleichbleibender Gesinnung hingegen entscheidend veränderte, war die äußere Gestaltung dieser Institution, die ihren augenfälligen Ausdruck in der

*Hospitaldienste*

Architektur dieser Spitäler gefunden hat. Im Spital alten Typus waren die Säle kreuzförmig auf den Altar gerichtet, so daß die Kranken mit ihren Betreuern am Gottesdienst teilnehmen konnten. Liturgie, Caritas und Therapie bildeten hier noch eine Einheit. Der kranke Mensch lag in einem Heiligtum, in welchem die Gnadenmittel wie die Heilmittel ständig präsent waren. Das alte Spital läßt daher auch rein äußerlich den Grundriß der christlichen Basilika erkennen: ein elementar einleuchtendes Schema, wo sich – heute noch zu bewundern in Dôle und Lyon und Châlon – in den kreuzesförmig angeordneten Hallen alle Betten auf den Altarraum richten.

Mit dem 13. Jahrhundert wird dieser sakrale Raum durch Säulenreihen in Abteilungen gegliedert. Der Altar rückt an die Seite und bekommt einen Platz in der Krankenkapelle. In der Renaissance schließlich wird der Justizpalast zum architektonischen Muster genommen, ein Prachtbau mit prunkvoller Fassade, mit vergitterten Ehrenhöfen und ausschwingenden Treppen, mit seinen verwinkelten Gängen und Zellen, die eine ständig wachsende innere Organisation und eine immer komplizierter werdende äußere Verwaltung erforderlich machten.

Das Hospital selbst aber blieb in der Regel ein durchaus autarker und potenter Wirtschaftsbetrieb, eine in sich geschlossene, großartig gegliederte Ökonomie. Wir haben genaue Angaben über Art und Zahl der Lasttiere, der Haustiere, über die Viehzucht, über die Weinberge und Äcker, die Gärten und die Bewässerungsanlagen, über die Keller und Brunnen wie auch über das Kranken-Haus als solches. Die Hausordnung im Spital garantierte beides: Pflege und Versorgung. So wurden in Barcelona etwa jeden Monat die Wäsche gewechselt und die Betten erneuert. Aus Rechnungsbüchern des 13. Jahrhunderts erhalten wir genaue Auskunft über die Art der Erkrankung, die Dauer des Aufenthaltes und die Heilungsmaßnahmen. Die Pflege wird ebenso geschildert wie die ärztliche Behandlung. Geisteskranke wurden gesondert behandelt; Findelkinder kamen in eigene Abteilungen.

Die Aufnahme ins Hospital stand jedem – auch jüdischen Patienten – offen; die Versorgung und Behandlung war grundsätzlich unentgeltlich. Die Aufenthaltsdauer schwankte zwischen zwei Jahren und wenigen Stunden. Interessant ist die Verteilung der Krankheitsarten, wobei wir auch hier wieder auf exakte Diagnosen verzichten müssen. Bei mehr als 30 Prozent handelte es sich um Verletzungen, bei 12 Prozent um Fieberzustände, bei 10 Prozent um Magen- und Darmerkrankungen, bei 2 Prozent um die Wassersucht, bei 1 Prozent um das Antoniusfeuer, bei dem Rest um unklare Schmerzzustände.

Ein eigener Hospitalarzt, der Infirmarius, überwachte die Pflegekräfte und führte die Krankenlisten. Hier findet man alles: vom Datum der Aufnahme über Name, Alter, Beruf, Herkunft, mitgebrachte Habseligkeiten bis zur Diagnose und dem Ausgang des Leidens. Der Infirmarius führte die Aufsicht auch über die Ammen und hatte für die Findelkinder zu sorgen. Eine komplette Krankenliste finden wir in Barcelona allerdings erst im Jahre 1457. Die Angaben über die Krankheitsarten sind auch hier leider wenig repräsentativ. Am häufigsten aufgeführt werden Fiebersymptome und Gliederschmerzen aller Art. Neben Verletzungen findet man an inneren Erkrankungen häufig die Wassersucht. Jahreszeitlich bedingt treten die Pocken auf. Im Zeitraum zwischen 1480 und 1499 sind uns 14 Jahrgänge von Krankenlisten erhalten. Insgesamt aufgenommen wurden hier 3768 Patienten, davon 958 Frauen.

Bei der Aufnahme wurden jedem Kranken die Füße gewaschen und der übrige Körper gereinigt. Jeder Patient erhielt ein sauberes Bett und eine erste Stärkung, dann ließ man ihm einen Zeitraum psychischer Beruhigung, ehe ihn der Arzt oder ein Priester besuchte. Der Behandlung ging stets eine Urinprobe voraus. Dann erst trat der Arzt an das Krankenbett. Aus unserem Hospital in Barcelona hören wir erstmals auch von einer Ämterverbindung von Hospitalarzt und Medizinprofessoren. Auch Studenten kamen hier bereits regelmäßig an das Krankenbett. Was die Berufe der Kranken betrifft, so finden wir Textilarbeiter und Hausbedienstete, Lohnarbeiter aus der Land- und Forstwirtschaft oder dem Lebensmittelgewerbe. Auch Geistliche waren relativ häufig aufgenommen worden, ebenso Studenten.

Hatten die älteren Spitäler mehr der Verpflegung als der Krankenpflege gedient, so zeigen sich seit dem 13. und 14. Jahrhundert bereits wachsende Tendenzen zu einer therapeutischen Spezialisierung. So wurden in Narbonne bevorzugt Gichtkranke im Endstadium (contracti) aufgenommen. Wöchnerinnen kamen in einen eigenen Saal. Ausgesetzte Kinder wurden zum Beispiel in Brügge und in Reims bevorzugt aufgenommen. Es gab Stiftungen für Blinde, mehr und mehr auch eigene Abteilungen für Geisteskranke. Die Krankensäle, etwa 40 Meter in der Länge und 20 Meter in der Breite, faßten die Betten in einzelnen Alkoven, die in kleinen Spitälern 10–15 Betten umfaßten, in mittleren 25–30, in den großen Hospitälern, wie im Hôtel-Dieu zu Paris, 400 bis 500 Betten. Im Jahre 1339 verfügte Florenz mit seinen 30 unterschiedlichen Spitälern über rund 1000 Betten.

Im 15. Jahrhundert setzte sich mehr und mehr der Brauch durch, ein Hospitalbett zu kaufen, um mit dieser Pfründe (pfruonta) die alten Tage zu beenden. Bestimmte Berufsgruppen gründeten eigene Häuser, so die Zünfte der Weber und Schmiede in Flandern, so vor allem die Seeleute im Bereiche der Hanse. Die Siechenhäuser waren zu Altersheimen geworden, wenn sie nicht ganz spezifischen Stiftungen dienten, wie die berühmte Mendelsche Zwölfbrüderstiftung in Nürnberg.

Dort hatte im Jahre 1388 Konrad Mendel in der St.-Lorenz-Pfarrei gegenüber der Zwölfbotenkapelle ein Haus errichtet für – wie es hieß – alte, kranke, bedürftige Männer, »also daß die Reichen mit ihrem Reichtum zu Hilfe und zu Trost kommen den Armen und die in Gebrechen wären«. Die Stiftung sollte in Laienhand bleiben und durfte außer dem Bruderhaus weitere Häuser gründen; sie hielt sich bis zum Ende des 18. Jahrhunderts. Aufgenommen wurden in erster Linie »getreue, harte Arbeiter, die sich mit ihrer harten Arbeit genährt haben und jetzt arm und krank sind«. Zwischen 1388 und 1799 wurden insgesamt 799 Personen in das Brüderhaus aufgenommen. Das Alter der Brüder lag zwischen

60 und 80 Jahren. An Krankheiten werden angegeben: Schwindsucht, Wassersucht, Podagra, Blaseinsteine.

Im Verlaufe des 15. und 16. Jahrhunderts kam es zunehmend zu einer Fusion der Hospitäler, die in der Regel unter die Administration der Städte gerieten. Als Prototyp für den von nun an aufkommenden Hospitalkomplex neuer Ordnung mag das Ospedale Maggiore in Mailand dienen, das vom Kardinal Enrico Rampini gegründet wurde. Francesco Sforza realisierte den Plan, der eine völlig neue, architektonisch großartige Gliederung zeigte, die von Antonio Averlino, genannt Filarete, ausgeführt wurde. In der Widmung seines ›Trattato d'architettura‹ an Francesco Sforza schreibt Filarete: »In deiner strahlenden Stadt Mailand baute ich das berühmte Haus für die Armen Christi, dessen Grundstein du selbst gelegt hast.« Kreuzförmig umschlossen die gewaltigen Gebäude je einen Innenhof und bildeten so eine funktionelle Einheit. Die Zeit der großen europäischen Spitalbauten war angebrochen. Bis zur »Geburt der Klinik« allerdings sollte es noch weit sein!

## 3. Das Badewesen

Zu den tragenden Versorgungssystemen des Mittelalters haben wir zweifellos auch das Badewesen zu rechnen, dessen Struktur und Funktion man sich nicht komplex genug vorstellen kann, wenngleich es sich auf elementare Grundregeln zurückführen läßt, und mehr noch: auf ein Grundmuster elementarer Bedürfnisse des Alltags.

Badestuben gab es im Mittelalter überall, in Städten und Dörfern, auf den Burgen wie in den Klöstern; es gab gewerblich betriebene Badehäuser wie die »ehehaften Badestuben«; es gab private Bäder ebenso wie die öffentlichen Badeanstalten oder die Schwitz- und Badstuben der Klöster. Die Badeeinrichtungen konnten vielfach auf römische Traditionen zurückgreifen: Auf dem Ofen lagen erhitzte Steine, die zur Dampferzeugung mit

*Badeszene*

Wasser begossen wurden. Badewasser wurde in Kesseln erwärmt, wenn man in Wannen badete; auch lassen sich Reste einer Luftheizung nachweisen. Man konnte also Schwitz-, Dampf- oder Wannenbäder nehmen. Zur besseren Durchblutung schlug man die Haut mit Laubwedeln. Das Baden diente nicht nur der äußeren Reinigung, sondern auch der Abfuhr von schädlichen Säften: Schwitzen war genauso wichtig wie Abführen und Aderlassen.

So komplex die sozialen Funktionen des mittelalterlichen Badewesens erscheinen, so einfach waren die hygienischen und therapeutischen Grundregeln, die auf das Ordnungsschema der antiken Regelkreise zur Gesundheitsbildung zurückgehen.

In einem berühmten Tafelwerk (taqwīm) des Ibn Dschazla, eines arabischen Arztes aus dem 11. Jahrhundert, werden die Vorteile und Nachteile des Badens in anschaulicher Tabellenform gegeneinander gehalten. Die Vorteile des Badens werden wie folgt beschrieben: »Das Bad öffnet die Poren und leitet die überflüssigen Säfte ab. Es löst die Winde und läßt den Urin leichter fließen. Bei Verdauungsbeschwerden schnürt es den Bauch zusammen, und es schwemmt den schmutzigen Schweiß ab; es tilgt ferner das Jucken und die Krätze. Ein Bad hebt die Ermüdung auf und durchfeuchtet den Körper, es regt die Verdauung an und bereitet zur Nahrungsaufnahme vor. Weiter lindert es die Schmerzen in den von der Gicht ausgedörrten Gliedern, zersetzt den Katarrh und fördert beim Fieber die kritischen Tage.« Dies alles wurde von erfahrenen Ärzten vielfach erprobt.

Bekannt waren aber auch die Nachteile des Badens: »Die überschüssigen Säfte fließen leichter den an sich schon geschwächten Organen zu. Das Baden bringt dadurch dem Körper Ermattung, schwächt die natürliche Lebenswärme wie auch die muskulösen Glieder; es nimmt den Appetit und beeinträchtigt den Geschlechtsverkehr.« Soweit die wenigen und seltenen nachteiligen Wirkungen!

Vor allem aber soll in einem Badehaus das Auge zu seinem Recht kommen. In den Bädern waren daher Figuren aufzustellen, die entweder den Appetit oder auch das Liebesverlangen anzuregen vermochten. »Hingegen halte man alle Abbildungen fern, die das zornmütige Begehren anregen, wie etwa Schlachtszenen oder Kampfgetümmel. Wohl aber zeige man Bilder, die auf die Empfindsamkeit einwirken, ferner auch Darstellungen berühmter Philosophen.« Es wird weiter zu bedenken gegeben, daß in einer wohlproportionierten Umwelt auch der Mensch in sich harmonischer gestimmt werde.

Die Schilderungen lassen das typisch orientalische Bad deutlicher vor unseren Augen erstehen. Es sind Gewölbe mit Springbrunnen, umgeben von einer Estrade. Diese Bäder waren oft mit verschwenderischem Luxus ausgestattet, wie Beispiele in Damaskus oder auch in Spanien zeigen. Alles soll eine behagliche Atmosphäre vermitteln: alle Sinne sollen gleicherweise in einem Bad berührt und erquickt werden. Durch das ständige Anschauen von Bildern werde schließlich auch noch der Schlaf gefördert, wie er auch gefördert werde, wenn man Geschichten erzählt bekommt, an denen sich das Gemüt ergötzen kann. Mit dem Baden verbunden ist eine allgemeine Körperhygiene, eine durchgreifende Prophylaxe. Hygiene und Sozialfürsorge arbeiten einem System der Öffentlichen Gesundheitspflege vor, das einen durchaus modernen Charakter trägt, zumal mit dem Badewesen auch die Großprobleme einer »salus publica« verbunden sind wie ausreichende Trinkwasserversorgung und zureichende Abwässerabfuhr.

Am Ausgang des Mittelalters stand das Bad allgemein im Dienst einer öffentlichen Gesundheitspflege. Paracelsus widmete nicht von ungefähr sein Buch ›Von dem Bade Pfäfers‹ (1533) dem gemeinen Manne und damit jedermann, damit an einem jeden aufgezeigt werden könne der Quellen »Tugend, Kräfte und Wirkung«.

In seinem ›Bäderbüchlein‹ (um 1500) betont der Nürnberger Chirurg und Meistersinger Hans Folz neben der hygienischen auch die therapeutische Funktion der Bäder.

Hans Folz empfiehlt seinen Patienten, daß sie vor Antritt einer Badekur mit ihrem Arzt Rücksprache nehmen sollten. Alle Gewohnheiten im Essen und Trinken sollen sie ihm schildern, damit sich der Arzt das rechte Bild von ihrer Lebensweise machen könne.

In seinem Traktat ›Von den natürlichen Bädern‹ bemerkt Paracelsus: »Ich lobe es, wenn ein Arzt die Art und Eigenschaft solcher Bäder erkennt und anzuordnen weiß; denn darin ist nicht nur die Medizin, sondern auch die Philosophie und damit die gesamte Naturbeobachtung, die ein Arzt verstehen soll, gründlich enthalten.« Paracelsus will daher den »richtigen und erfahrenen Ärzten« den »Kern und Grund warmer und kalter Bäder wie auch anderer arzneihaltiger Wässer« durchaus empfehlen. Optimal aber kann eine solche Kur erst wirken, wenn die Zeit und die Art der Krankheit erkannt wird, sonst »verdirbt der Arzt ebensoviel, wie er gut macht«. Begreift der Arzt die Natur des Kranken und die Zeit der Heilung nicht, dann werden durch sein Verschulden »die Patienten irregeführt« und wird »die Wir-

*Ritter im Bade. Herr Jakob von Warte, umgeben von Badedien-sten. Manessische Handschrift*

kung der natürlichen Bäder« verachtet. In den Wässern selbst nämlich sind alle Wirkfaktoren (virtutes) vorhanden, welche die Kräuter und die Steine uns liefern.

Die Badekur erscheint hier bereits als die geschlossenste Form einer natürlichen Heilbehandlung. Ihre Wirksamkeit freilich entfaltet sie erst, wenn ihr neben der Atmosphäre des Badeortes ein genauer Therapieplan zugrunde liegt: »Hierauf so folget eine allgemeine Anordnung (Diät) für alle Bäder und Krankheiten: Die Lebensweise (regimina) soll zunächst geordnet werden nach dem Inhalt jeder Krankheit, damit die Eigenschaft des Bades und die Diätetik zusammenstimmen.« Das aber erscheint als das Wichtigste bei allen Badeveranstaltungen: »Wenn sie Gewalt über eine Krankheit haben, dann brauchen weder die Abstinenz noch die Stunde beachtet werden.« Denn die Heilung als solche muß aus dem Bade kommen. »Darum muß der Arzt bei der Kur am meisten darauf achten, die richtige Heilquelle als Bad zu verordnen.«

Paracelsus schließt seine Baderegeln mit einem sehr persönlichen Gruß an seine Kranken: »Da ihr Patienten nun erfahren und vernommen habet, wie den natürlichen Kräften so viel Widerwärtiges zusteht, so wisset, daß auch der Kunst viel Zuwideres anhängt. Mancherlei Hindernisse erscheinen auch hier. Es ist nicht notwendig, sie jetzt zu melden, da die göttliche Vorsicht sie von Anfang an beachtet hat. Damit die Kranken wegen mangelnder Einsicht nicht verführt werden, hat Gott seine eigenen Heilmittel bestimmt, so daß im ausspringenden Quellwasser vollkommenere Tugenden und Kräfte gefunden werden, als in Briefen hin und her geschrieben werden kann. Solches beachtet und suchet es heim und nehmet es mit Dank an. Damit seid Gott empfohlen!«

Johann Winter von Andernach, einer der Lehrer des großen Anatomen Andreas Vesalius, zählte im Jahre 1561 noch 75 Badeorte auf. Auch die erste Kritik am Badewesen ist damals schon laut geworden. So schreibt Johann Dryander in seinem Büchlein ›Vom Eymsser Bade‹ (1535): »Etliche baden von Lustbarkeit wegen, etliche Weiber, damit sie fruchtbar werden, etliche von wegen, daß sie ihre Krankheit besorgen. Darum viel Böses draus entsteht, so man nit recht tut.«

Was dem öffentlichen Badewesen jedoch ein Ende machte, war vor allem die zu Beginn des 16. Jahrhunderts grassierende Syphilis. Nichts war damals beliebter – schreibt Erasmus von Rotterdam – als die öffentlichen Bäder, »die jetzt überall kalt stehen; denn die neue Hautkrankheit lehrte uns, von ihrem Gebrauch abzustehen«.

Doch noch Christoph Wilhelm Hufeland, der große Arzt der Goethezeit, konnte in seiner ›Übersicht der vorzüglichsten Heilquellen Teutschlands‹ (1815) im Rückblick auf das Mittelalter schreiben: »Ein so lange bewährter Gebrauch, eine durch hundertjährige Erfahrung bestätigte Kraft ist etwas Großes, und man sollte besonders in der Medizin die alten bewährten Freunde in Ehren halten.«

# IX. Die Kunst, vernünftig zu leben

## 1. Heilkunde als Lebenskunst

Wohlgetan ist es, die Gesunden zu führen – dieser klassische Leitspruch des Hippokrates ist von der mittelalterlichen Medizin immer wieder aufgegriffen und weitergegeben worden. »Gesundheit« erschien dem Menschen des Mittelalters als eine besondere Gabe, die wir nicht nur als Geschenk anzunehmen, sondern auch als Aufgabe zu pflegen haben. Das gehört einfach zu den Grunderfahrungen des Menschen: daß ihm alle die Dinge, die der Befriedigung seiner Bedürfnisse dienen, zwar von Natur aus gegeben sind, daß er aber in jedem Punkte noch etwas dazutun muß, um seine Gesundheit zu erhalten und zu bilden.

Die wissenschaftlichen Grundlagen für eine solche Lebenskunde hatte schon Galen, der bedeutende griechische Arzt der römischen Kaiserzeit, gelegt. Auch für ihn ist das Ziel der Heilkunst zunächst die Gesundheit und ihr vornehmster Zweck, dieses Gesundsein zu erhalten und zu bilden. Die vorhandene Gesundheit will erhalten, die geschwundene mit Mitteln der Heilkunst wiedererlangt werden. Galen glaubt nun nachgewiesen zu haben, daß wir in den gleichen Verhältnissen, die unser Leben schädigen, auch wieder die heilsamen Ursachen zu suchen haben: in der uns umgebenden Luft nämlich, in der Nahrung, bei der Bewegung wie in der Ruhe, im Wechsel von Schlafen und Wachen, durch die Ausscheidungen und Absonderungen des Organismus, nicht zuletzt aber im Umgang mit unseren seelischen Affekten.

Mit dieser Theorie von der Gesundheit waren die ganz praktischen Anweisungen für eine gesunde Lebensführung schon vorgegeben. Jedes Lebensalter und jede Berufsart, das Temperament eines Menschen und sein Geschlecht, alle besonderen Umstände sollten dabei jeweils berücksichtigt werden. Dieses klassische Konzept einer Medizin – als Lehre von Gesundheit, Krankheit, Heilung –, es sollte für viele Jahrhunderte die Richtschnur einer Lehre von der gesunden Lebensordnung werden.

Weil der Arzt sich als fachkundiger Diener der Natur berufen weiß, wird er auch zum Lehrer der Kultur. Erfährt gerade er doch Tag für Tag, daß Natur (physis) ein Gesetz (nomos) braucht, Anlage auf Bildung aus ist, »kosmos« erst schön wird durch die »paideia«, die Bildung, Natur immer nur die Kultur will, Gesundsein nur möglich ist in Mitte und Maß. Die Welt würde chaotisch sein ohne dieses Prinzip einer Lebensführung, dieses »aliquod regitivum«, das unsere Existenz lenkt und ordnet, unser Leben führt, den Alltag stilisiert. Eine solche Lebensordnung aber, sie bildet sich vor allem in kleinen überschaubaren Gemeinschaften aus, in der Familie, den Hausgemeinschaften, den Gemeinden, in Zünften und Ständen, und dann auch in der Kirche wie im Staatswesen.

Zahlreiche Handschriften des frühen Mittelalters zeigen noch dieses Idealbild eines wahren Arztes: Der Arzt ist der Baumeister der Gesundheit, der Moderator, der Maß nimmt, Maß hält und Maßstäbe setzt. Der Arzt ist wie ein Licht im Haus, das Dunkel verscheucht und Freude verbreitet. Er ist der milde Helfer, der die Not wendet.

Heilkunst und Lebenskunde waren in dieser Welt des Mittelalters noch ganz und gar eins. Sie wurden nicht von ungefähr zum Element einer allgemein verbindlichen Daseinsphilosophie: so wie sie es waren in der antiken »paideia«, der griechischen Schule, bei den arabischen Arztphilosophen; so wie sie es wieder wurden in den aufgeklärten Gesundheits-Katechismen, wo die Medizin bezeichnet wird als die Elementarwissenschaft eines jeden gebildeten Menschen. Die Heilkunde war eingewoben in das Leben mit seinen alltäglichen Grundbedürfnissen des Essens und Trinkens, des Schlafens und Beischlafens, der Atmung und der Ausscheidung, der Kleidung und Wohnung, der Affekte und Emotionen, die es alle insgesamt und in jedem Punkte besonders zu zivilisieren und zu stabilisieren galt.

Die Regeln dieser Lebensführung finden wir in einer geschlossenen, bis in alle Einzelheiten durchgebildeten Lebenskunst (ars vivendi), zu der selbstverständlich auch die Sterbekunst (ars moriendi) gehörte, einer Lebenskunst als Lebensordnung (ordo vivendi), eine umfassende Lebensform, für die im hohen Mittelalter bereits der Bischof Anselm von Havelberg die Formel »forma vitae« gefunden hatte. Bei aller Vielförmigkeit der Lebensweise und Reichhaltigkeit menschlicher Lebensstile gibt es in der Tat so etwas wie Grundformen, Urbedürfnisse, Konstanten, die aus der Natur des Menschen zu erklären sind und die gerade als natürliche Ursachen (res naturales) einer Kultur bedürfen (res non naturales).

Denn wie das Kind, schreibt Paracelsus, zu Verstand erzogen werden muß in eine »wissentliche Vernunft«, aus der allein die »Ordnung des Lebens« zu wachsen vermag, so folgt auch aus dem Wissen das Regiment, die Führung des Lebens in gesunden und kranken Tagen. Denn auch am gesunden Leibe noch muß täglich der Rand »geflickt und gebosselt« werden, damit er integer bleibt. Schon mit jedem Bissen und jedem Schluck nehmen wir Gift und Tod in uns auf. Auch unser Sinnen und Denken, unser geistiges Leben, ist eine Art von Speise, die ähnlich assimiliert und sublimiert werden muß in einen höheren Organismus, in stetiger Lebensstilisierung, Schritt für Schritt im ganz kleinen Tun des Alltags. Es läßt sich da nichts übersehen und übergehen: »und es läßt sich da nichts überhupfen«.

Motiv aller Heilkunst und Lebenskunde aber war das Verlangen nach optimaler Lebensführung, die Freude, ja Lust am Heilen und Ganzen, der Wunsch auch von daher, zu sanieren, zu korrigieren, zu optimieren an einer Welt, in der nichts von Natur aus ganz heil sein kann. Nur so erklärt sich die Geschlossenheit dieser Lebens-Ordnung (ordo vitalis) mit ihrer Lebens-Regel (regula vitae), dem »regimen sanitatis«, des Paracelsus »Regiment der Gesundheit«.

Einige Beispiele mögen die Etappen dieser Zivilisierung des Alltags im abendländischen Mittelalter beleuchten! Um die Mitte des 11. Jahrhunderts hatte ein arabischer Leibarzt am Hofe des Kalifen zu Bagdad versucht, die zahlreichen aus dem griechischen Heilschatz übersetzten Regeln für eine gesunde Lebensführung schematisch zu ordnen und sie auf eine möglichst klare tabellarische Übersicht zu bringen. Dafür bot sich ihm aus der älteren arabischen Astronomie ein sogenanntes ›Tabellenwerk‹ an, das dann auch für ein ›Tafelwerk der Gesundheit‹ (»taqwīm aṣ-ṣihha«) Pate stand. Der Name des Arztes war Ibn Buṭlān, ein Schüler des 1043 verstorbenen Ibn at-Ṭayīb. Übersetzt in eine lateinische Handschrift wurde dieses Tafelwerk vermutlich in der Mitte des 13. Jahrhunderts am Hofe des Königs Manfred von Sizilien. Im lateinischen Druck erschien es erstmals 1531 bei Hans Schott in Straßburg. Bald folgte auch eine deutsche Übersetzung durch Michael Herr, einen Arzt aus Kolmar, der seinem Druck (1533) den Titel gab: ›Schachtafeln der Gesuntheyt‹.

Die lateinischen Handschriften tragen den Titel ›Tacuinum sanitatis‹; sie sind am Ende des 14. oder zu Beginn des 15. Jahrhunderts mit zahlreichen kostbaren Miniaturen illustriert worden, die noch deutlich die arabische Herkunft verraten. Der umständliche Titel dieser lateinischen Handschriften lautet in deutscher Übersetzung: ›Handbuch der Gesundheit, das die sechs notwendigen Dinge aufzählt, indem es darlegt, welchen Nutzen die Speisen und Getränke und die Kleider bringen, welchen Schaden sie anstiften können und wie dieser Schaden verhütet wird, nach den Ratschlägen der besten alten Gewährsleute‹.

Damit haben wir abermals die sechs notwendigen Dinge der Kunst einer vernünftigen Lebensführung vor Augen, die nun noch einmal erläutert werden: »Das erste ist die Behandlung der Luft (aer), die ans Herz dringt. Das zweite ist die rechte Anwendung von Speise und Trank (cibus et potus). Das dritte ist der rechte Umgang mit Bewegung und Ruhe (motus et quies). Das vierte ist der Schutz des Körpers vor zuviel Schlaf oder Schlaflosigkeit (somnus et vigilia). Das fünfte ist die rechte Behandlung im Ausscheiden oder im Zurückhalten der Säfte (excreta et secreta). Das sechste ist die rechte Ausbildung der eigenen Persönlichkeit durch

Maßhalten in Freude, Zorn, Furcht und Angst (affectus animi).«

Es heißt dann weiter – und hierbei geht der arabische Verfasser in aller Kürze auf die wesentlichen Momente der antiken Heilkunde ein –: »In diesem Beachten des rechten Gleichgewichts liegt die Erhaltung der Gesundheit. Und die Entfernung dieser sechs Dinge vom rechten Gleichgewicht bewirkt die Krankheit, da Gott, der Herrlichste und Höchste, es so zuläßt.« Es wird dann aufmerksam gemacht auf die Veränderung der Lebensweise je nach Konstitution und Lebensalter, nach Wohngegend und Klima, nach Jahreszeiten und Geschlecht. Für alle Lebensfragen will der Arzt knappe und brauchbare Antworten anbieten. »Denn die Menschen wollen von den Wissenschaften nichts anderes als wirksame Hilfe, nicht aber spitzfindige Beweise oder langatmige Definitionen.«

Zunächst und zuoberst bilden das Licht und die Luft den konkreten Raum einer leibhaftigen Umwelt, in der wir zu atmen und uns zu bewegen haben. Genauso lebenswichtig erscheint das zweite Feld, die Kultur des Essens und Trinkens. Der dritte Punkt betrifft das Gleichgewicht von Bewegung und Ruhe, von Arbeit und Muße. Gerade hier kommt alles auf den rechten Rhythmus von Spannung und Entspannung an, in der Arbeitswelt ebenso wie in einer kultivierten Gestaltung der Freizeit. Eng damit verknüpft ist unser viertes Paar, das Wachen und das Schlafen, die beide zusammen erst einen ausgeglichenen, gegen Hetze und Lärm abgesicherten, einen wirklich menschlichen Alltag samt der nächtlichen Erquickung garantieren.

Mit dem fünften Punkt, der die Absonderungen und Ausscheidungen des Organismus behandelt, haben die alten Ärzte immer auch zwei sehr spezifische Bereiche zu verbinden getrachtet: einmal die alle Lebensphasen berührende Sexualhygiene und zum anderen die damals zu höchster Blüte gelangte Badekultur. Hierbei lernt der Mensch mehr und mehr, seine Säfte und Kräfte zu steuern, seinen Temperamentenhaushalt zu beherrschen und sich nach und nach auch zu geselliger Lebensführung zu bilden. Einem gebildeten Gleichgewicht in der Kunst vernünftiger Lebensführung dient schließlich auch der sechste und letzte Punkt: die Beherrschung der Leidenschaften. Hier werden die Affekte im einzelnen behandelt, die Fähigkeit zu trauern oder zu weinen, sich zu freuen oder zu fürchten oder auch in Zorn zu geraten, nicht zuletzt die Fähigkeit zu feiern, wobei die Muße es ist, die Ziel aller Mühsal und Arbeit bleibt.

Im 13. Jahrhundert entstand aus diesem uralten Erfahrungsgut das »Regimen Sanitatis Salernitanum«, das zum volkstümlichsten Gesundheitsbuch des hohen und späten Mittelalters wurde. In gefällige Versform gefaßt, mit gesundem Menschenverstand und einem hausbackenen Humor gewürzt, konnte es weiteste Volkskreise erreichen und in zahlreiche Volkssprachen Eingang finden. Der erste Vers bereits brachte das Lehrgedicht mit der Schule von Salerno und dem englischen Königshof in Verbindung, wenn es heißt: »Salerno's Schule, versammelt ganz / sie schrieb dem Könige Engellands«. Mit diesem »König« ist offensichtlich Robert, ein Sohn Wilhelms des Eroberers und Herzog der Normandie, gemeint, der sich bei seiner Rückkehr aus Palästina eine Weile in Salerno aufgehalten haben soll, um eine Armwunde auszukurieren.

Das anonyme ›Regimen Salernitanum‹ hebt an mit einer lapidaren Empfehlung, die lautet: »Willst du dich tüchtig erhalten, gesund, / so höre, was wir dir künden itzund: / Fort mit den drückenden Sorgen: Zorn ist, / o glaub' mir, gemein: / Nimmst du nur kargen Imbiß, / hüt' dich vor starkem Wein: / Hast du gespeist, so erhebe dich gern: / halte den Schlaf dir um Mittag fern! / Halte den Harn zurück nicht zu lang, / regt sich's im Darm, so folge dem Drang. / Tust du genau, wie wir es dir weisen, / wirst du lange durchs Leben reisen.«

Noch ein weiterer Grundspruch der Lebensweise wird für solche Lebensreise sogleich zu bedenken gegeben: »Besser als ein Arzt sei die dreifache Regel: Ruhe, Heiterkeit, Mäßigkeit.« Auch aus dieser Empfehlung geht hervor, daß wir es bei diesem Gedicht weniger mit einem medizinischen Traktat zu tun haben als mit einem populären Gesundheitsbuch – einer Schriftengattung, die wie die spätere Hausväterliteratur oder die noch jüngere

Erfahrungsheilkunde weitgehend im Dienste der Selbstmedikation stand.

Als Kernstück dieses ›Regimen Salernitanum‹ imponiert uns die Speiseordnung mit ihrem »quale, quid, quando, quantum, quoties et ubi dando«: »Welcherlei, was und wann / wie viel und wie häufig man, / wo man sie gebe, die Speisen, / der Arzt muß es lehren und weisen.« Den Empfehlungen (iuvamenta) folgen nach guter scholastischer Manier immer sogleich auch die Warnungen (nocumenta): »Aufgewärmte Speise / Ärzte, die nicht weise / und die bösen Weiber / sind Gesundheitsräuber«! Das Speiseregimen schließt mit einem Appell an das Maßhalten beim Essen und Trinken: »Allen mein Wort also rät: / Bleib' bei gepflog'ner Diät! / Denn der Gesundheit Gebot ist: / Wechsle nicht, außer wenn Not ist! / So Hippokrat! Wer darwider, / dem folget der Seuche Hyder. / Strenge Diät sich nennt / der Heilkunst Fundament. / So du nicht observierst: / wie ein Tropf du regierst, / wie ein Pfuscher kurierst!«

Von diesem Lehrgedicht aus haben sich Kernsätze diätetischer Lebensführung bis in unsere Sprichwörterweisheit erhalten, wie: »Nach dem Essen sollst du ruhn / oder tausend Schritte tun« oder auch: »Gegen den Tod, ach, den harten, / kein Heilkraut sprießt im Garten.« Ebenso finden wir hier die bekannten Verse: »Balnea, vina, venus / corrumpunt corpora nostra. / Sed vitam faciunt balnea, vina, venus.« Die Bäder, der Wein und die Liebe, sie zehren an unseren Kräften. Und doch: wie belebend wirket ein Bad und der Wein und die Liebe! Das ›Regimen Sanitatis Salernitanum‹ schließt mit dem schlichten Vers: »Nützlich ist's, der Ruhe zu pflegen, / und mäßiger Trunk bringet Segen. Hier ist Salerno's Weisung zu End'.«

Während nun die älteren Handschriften nur ein paar hundert Verse enthalten, schwellen sie in den späteren Ausgaben auf einige tausend an. Über 100 Manuskripte blieben uns erhalten; an die 500 Drucke liegen vor. Im Jahre 1915 noch wurde ›Das Medizinische Lehrgedicht der Hohen Schule zu Salerno‹ ins Deutsche übersetzt.

Besonders für die Reise sind immer wieder besondere »Regimina« aufgestellt worden, für all die Pilger und

Kreuzritter, die fahrenden Händler, die Seeleute. Gegen die Seekrankheit insbesondere erhält man Ratschläge in Hülle und Fülle: Man hat aufgerichteten Hauptes zu sitzen, soll sich an einem Balken festhalten, vor allem nicht die Augen wandern lassen, sondern einen Fernpunkt fixieren und den Kopf dabei nur mit der Bewegung des Schiffes bewegen. Kommt das Erbrechen, soll man es nicht unterdrücken; erst wenn es länger plagt, soll man angesäuertes Linsenmus essen oder Eppichsamen. Wie soll man es mit dem Wasser halten, das auf See so leicht verdirbt? Hier hat man eine Reihe von Methoden zur »Lüftung« des Wassers ersonnen. Alt ist das Abkochen und Destillieren, ähnlich ein Filtrieren durch Sand, wie es etwa John Gaddesden in seiner ›Rosa anglica‹ beschrieben hat: »Wie man Süßwasser aus dem salzigen gewinnt.« Ganz modern wirkt eine Methode mit dem Wachsfilter! Auch die Landreise stellte die Diätetik vor komplizierteste Fragen. Das beginnt bei der Ausrüstung und endet beim Kampieren, bei der Frage nach der Bettwäsche in den Gasthäusern und Hospitälern. In den »Regimina« zeigten die Ärzte sich mit allen konkreten Fragen vertraut.

Neben den »Regimina« für Reisende zu Wasser und zu Lande gab es bald schon »Regimina« für Greise, für Frauen, für Kinder, für Schwangere und Säuglinge und ihre Ammen. Wir kennen »Regimina« für die Seuchenzeiten und die Pestzüge, für Gichtgeplagte und Nierenkranke. Mit seinem ›Vetularius‹ hatte Sigismundus Albicus, Leibarzt des Kaisers Wenzel zu Prag, ein spezifisches Regimen für Greise geschaffen. Die ›Secretamulierum‹, fälschlicherweise dem Albertus Magnus zugeschrieben, dienten als weitverbreitete Aufklärungsschrift für Schwangere und Mütter, bis sie abgelöst wurden von der weltbekannten Hebammenschrift des Eucharius Rößlin mit dem Titel ›Der schwangeren Frauen Rosengarten‹ (1513). Ein Handbüchlein der Kinderheilkunde war 1474 von dem Augsburger Arzt Bartholomäus Metlinger verfaßt worden und diente als ›Ein regiment der jungen kinder‹.

Und noch ein letztes Muster scholastischer Lebenskunde sei exemplarisch herausgehoben, die ›Eruditio didascalica‹ des Pariser Magisters Hugo von Sankt Viktor (1096–1141). Was der Schüler braucht, sagt Hugo, ist Begabung, Übung und Zucht. Zu wirklicher Wissenschaft aber wird ein jeder erst durch zwei Dinge geführt: durch Lesen und Nachdenken. Alles das nutzt nichts ohne strenge Vorschriften über die Zucht des Lebens, jene Lebensordnung eben, die nicht ohne die Diätetik des Leibes erreicht werden kann. Herrschen doch zwischen Leib und Seele Verträglichkeit und damit eine natürliche Zuneigung. Es gibt eine gewisse Musik des Leibes – und nirgendwo ist hier von einem Körper als dem Kerker, dem Grab oder der Gruft der Seele die Rede –, eine Musik, die »sich betätigt in der belebenden Bewegung, aufgrund deren der Leib zunimmt und die allem, was geboren wird, zukommt; sie kennzeichnet sich weiterhin in den Säften, deren Mischung der menschliche Leib sein Bestehen verdankt«.

In diesem beliebten Schulbuch, der ›Eruditio didascalica‹, in zahlreichen Handschriften überliefert und schon 1470 zu Straßburg gedruckt, wird dann der junge Mediziner direkt angesprochen, indem ihm die wissenschaftstheoretische Hierarchie der Heilkunde vor Augen gestellt wird. Grundlegend werden auch hier die sechs diätetischen Hauptpunkte vorgetragen, die mit Luft und Nahrung, Bewegung und Ruhe, Schlafen und Wachen, den Ausscheidungen und Gemütserregungen die wache Lebensordnung ausmachen. »Diese werden daher Veranlassungen genannt, weil sie die Gesundheit bewirken und bewahren, wofern bei ihnen das richtige Maß beobachtet wird. Wofern dies nicht geschieht, ziehen sie Krankheiten herbei. Die Gemütsbewegungen werden als Veranlassungen zur Gesundheit und Krankheit bezeichnet, weil sie mitunter die Lebenswärme stürmisch erregen, zum Beispiel der Zorn, oder aber gelinde, zum Beispiel die Luft, oder aber mehren oder vermindern, entweder ungestüm wie Schrecken und Furcht, oder gelassen, wie die Sorge. Auch gibt es Gemütsbewegungen, welche die Lebenskräfte innerlich und äußerlich reizen, wie etwa die Traurigkeit.«

Auf die Diätetik bauen sich in diesem wohlgefügten Haus der Heilkunde dann die Arzneimittellehre und die

Chirurgie auf. Beide nennt Hugo – im Gegensatz zur diätetischen »Ars conservanda« – Eingriffe oder Einwirkungen. »Innerliche Einwirkungen sind diejenigen, welche durch Mund, Nase, Ohren oder After in den Körper eingeführt werden, wie Arzneitränke, Brechmittel, Pulver, Klistiere oder solche, die durch Trinken, Kauen, Einspritzen oder Aufsaugen angenommen werden. Äußerliche Einwirkungen sind zum Beispiel Binden, Umschläge oder Pflaster. Diese Chirurgie ist wiederum zweifach gegliedert: am Fleisch durch Schneiden, Nähen und Brennen, an den Knochen durch Einrichten und Verbände.«

Hugo versucht, seinen Schülern auf eine simple und zugleich elegante Art und Weise klar zu machen, warum gerade die Medizin so viele Grenzgebiete und Überschneidungen mit anderen Fächern hat, warum sie das gesamte anthropologische Spektrum beherrscht. »Auch darf es niemanden wundern, daß ich Speise und Trank, die ich im vorhergehenden Kapitel der Jagd zugewiesen habe, nun unter die Merkmale der Heilkunde zähle. Es ist dies nur von einem anderen Gesichtspunkt aus geschehen. Auch der Wein gehört ja in der Traube zur Landwirtschaft; in der Vorratskammer gehört er zum Wirkungsbereich des Küchenmeisters; als Gegenstand des Genusses aber ist er dem Arzt unterstellt. In ähnlicher Weise gehört die Zubereitung der Speisen in die Backstube, in die Fleischerbude oder in die Küche; Geschmack und Nährwert derselben festzustellen aber ist Sache der Heilkunst.« *Eine* Quelle hat die Wissenschaft, aber viele Bächlein. Wissen allein ist schon viel, mehr aber noch die zuchtvolle Lebensführung; am meisten und am besten ist es, wenn beide zur Harmonie eines gebildeten und menschlichen Lebens zusammenkommen; denn menschliches Leben vollendet sich in Wissen und Tugend.

In diesem Lehrbuch des Hugo von Sankt Viktor findet sich auch der Topos vom »Buch der Natur«, der von Albertus Magnus und vielen anderen aufgegriffen wurde: »Die ganze sichtbare Welt ist gleichsam ein Buch, von Gottes Finger geschrieben. Und wie der Ungebildete im Buch zwar Figuren sieht, sie aber nicht deutet, so auch der törichte und sinnliche Mensch: Er sieht zwar an den Geschöpfen die äußere Gestalt, aber er begreift nicht ihre innere Bedeutung.« In gleicher Weise hatte auch Hildegard von Bingen in ihrem Buch von der Welt von gewissen Geheimnissen Gottes gesprochen, die in den Kreaturen verborgen seien und vom kundigen Menschen herausgelesen werden müßten.

## 2. Leitbilder gesunder Lebensführung

Die einzelnen Regeln zu gesunder Lebensführung finden wir in zahlreichen Traktaten der mittelalterlichen Scholastik, die meist auf griechische und arabische Quellen zurückgehen. Wir treffen dabei – unter ständiger Verlagerung der einzelnen Schwergewichte – immer wieder auf das gleiche Grundmuster, das sich auf die bereits genannten sechs Punkte erstreckt, nämlich 1. Licht und Luft (aer); 2. Speise und Trank (cibus et potus); 3. Bewegung und Ruhe (motus et quies); 4. Schlafen und Wachen (somnus et vigilia); 5. Absonderungen und Ausscheidungen (excreta et secreta) und 6. die Leidenschaften (affectus animi). Gehen wir diesen Regelkreisen – Punkt für Punkt – einmal im einzelnen nach!

### Zum kultivierten Umgang mit Licht und Luft

Der erste Regelkreis einer gebildeten Lebensführung befaßt sich mit Licht und Luft, mit Wasser und Wärme, mit Boden und Klima, kurzum: mit jenen Bereichen der Außenwelt, die Hippokrates bereits in seiner Schrift ›Von der Umwelt‹ behandelt hatte.

In einem Schreiben an den Statthalter von Bruttien und Lucanien betont schon Cassiodorus die Bedeutung einer adäquaten Umwelt für das Wohl des Menschen. »Die rechte Mischung unseres Klimas bringt sonnige Winter und Kühlung im Sommer. Und so lebt man ohne

Betrübnis, wo man die widrige Jahreszeit nicht fürchtet. Daher ist auch der Mensch freier vom Affekt, weil das Klima alles mäßigt... Wird doch der Atem der Seele belastet, solange sie durch schwere Luft eingeschnürt ist. Wir unterliegen ja notwendig solchen Einflüssen, wie wir auch durch Wolken traurig werden. Und ganz natürlich freuen wir uns wieder über das Heitere, weil die himmlische Substanz der Seele bei allem Klaren und Reinen froh wird.« Cassiodor beschreibt weiterhin den natürlichen Wechsel von Tätigsein (negotium) und Erholung (otium), wobei charakteristischerweise das aktive Dasein nur als die negative Seite der Mußezeit gewertet ist, die »vita activa« nur ein Umweg ist zur »vita contemplativa«.

Das Atmen insbesondere ist ein Leben lang der beständig bestätigende Ausdruck unserer absoluten Abhängigkeit von der Umwelt, aber auch ein Sinnbild unseres Gehaltenseins. So wußte sich auch Hildegard von Bingen zeitlebens besonders innig dem Bereich des »Aer« verbunden. Ihre sensible Natur reagierte, wie uns ihr Biograph berichtet, »derartig auf Wind und Wetter, daß sie keinerlei Sicherheit in ihrem leiblichen Gefüge halten konnte«. Immer wieder wird bei Hildegard jenes durchgeistigte Licht angesprochen, das über den Luftbereich seine grünende Lebensfrische, die »viriditas«, in die Saaten sendet »und auf diese Weise alles, was in der Welt ist, zum Heil für den Menschen am Leben erhält«. Selbst ein Albertus Magnus zeigt sich besorgt um Anlage und Ausbau von Ziergärten, die er »viridaria« nennt, grüne, lustbarliche Gärten, die zum reinen Vergnügen dienen, zur Freude des Auges, der Nase, zur Lust aller Sinne. Wichtig sind ihm hier, wie er eigens betont, der Boden, die Wetterseite, der Pflanzenwuchs, die ganze schöne Gartenkunst, die auch den Arzt zum Gärtner macht.

Ausdruck für dieses Atmosphärische einer in der Umwelt geordneten Lebenshaltung ist für Hildegard von Bingen die »discretio«, die weise Maßhaltung, die sich etwa darin äußert, daß ständiges Schweigen als unmenschlich angesehen wird, so daß Schweigen und Reden in angemessener Abwechslung geordnet werden.

*Umgang mit Licht und Luft*

»Discretio« kann geradezu als das Leitbild menschlicher Fürsorge und gesunder Bildung aufgefaßt werden. Die Diskretion übernimmt immer nur eine dienende Stellung und fügt sich so dem Ganzen ein. Sie teilt ein und auf, gliedert und unterscheidet; sie wägt ab und mäßigt, hält an zu neuen Aufgaben und gleicht immer wieder aus: »discretio temperat omnia«.

Was für das Atmen gilt, gilt nun auch für Essen und Trinken, wobei man nach Hildegard besonders die jungen Mönche und Nonnen berücksichtigen soll, die noch zart sind und wachsen sollen wie ein Baum und bei denen nun mit Mark und Blut auch die geistigen Kräfte reifen und geführt werden müssen zur »stabilitas«, in die »constantia«, eine dauerhafte und beständige Umkehr der sittlichen Haltung (conversio morum).

Weitaus wichtiger noch für das gesunde Leben erscheint
die Kultur der Lebensmittel im engeren Sinne, der gebildete Umgang mit »cibus et potus«, mit Speise und
Trank. Der Ernährung ist beim heiligen Albertus Magnus ein eigener Traktat gewidmet mit dem Titel: ›De
nutrimento et nutribili‹. Da heißt es, daß man mehr auf
Qualität als auf Quantität zu achten habe, daß man dann
schon aufhören soll zu speisen, wenn's noch Spaß
macht, daß man sie genau zu kennen habe, all die Ver-
richtungen im Nahrungsprozeß (opera nutritionis), in
ihrer nahen Wirkkraft (potentia propinqua) wie in ihrer
Fernwirkung (potentia remota). Lebensmittel sind hierbei – nach guter alter Galenischer Tradition – immer
auch Heilmittel; der Übergang ist fließend. In normaler
Verfassung vermitteln uns Speisen und Getränke die potentielle Energie; im Krankheitsfalle werden sie zum
empfindlichsten Indikator der Störung unserer Leiblichkeit. Und selbst die sogenannten Geisteskrankheiten, sie
erscheinen hier eher als Selbstvergiftungen des Organismus denn als Erkrankungen des Geistes.

In den alten Hochkulturen schon spielten Essen und
Trinken eine überaus wichtige Rolle, weil sie niemals
nur dem biologischen Gleichgewicht dienten, sondern
immer auch einer zu kultivierenden Gemeinsamkeit. Die
Kochkunst, der im arabischen Mittelalter eine ganze Literaturgattung gewidmet war, galt als ein seriöses Fach-
gebiet der wissenschaftlichen Heilkunde. Auch die großen Ärzte, wie Rhazes oder Aṭ-Ṭabarī, bringen Kochre-
zepte. Hofleute und Dichter, aber auch Historiker und
Bibliothekare schrieben Kochbücher, Werke mit hoch-
trabenden Titeln wie ›Von den Prinzipien der Kochkunst und von ihren seltsamsten Verästelungen‹. Auch
den Sinn der Eßsitten haben wir ganz und gar aus dem
religiösen Quellgrund zu deuten. Das Essen gehörte einfach zu den religiösen Dingen. So steht es in der Prophe-
tenüberlieferung, und weiter: »Der Mann wird für den
kleinsten Bissen belohnt, den er zu seinem Munde führt
sowie zum Munde seiner Frau.«

Völlerei hingegen galt allgemein als unfein. »Mein

Sohn (so sagt der Arzt zum dicken Patienten), ich sehe da auf deinem Fell viel Samt, Samt vom Weben deiner Backenzähne; wie kommt das wohl?« Schon Sattessen ist schlimm, weil es zur Erregung der Sinnlichkeit führt und gewisse Krankheiten fördert. »Der Mensch füllt keinen übleren Behälter als seinen Bauch«, besagt ein arabischer Spruch, und Hasan al-Baṣrī wußte: »Iß und trink nur je ein Drittel, und laß ein Drittel frei für das Nachdenken!« Daraus das arabische Sprichwort: Iß ein Drittel, trink ein Drittel, ein Drittel laß leer!

In der medizinischen Literatur kommentiert wurden vor allem die diätetischen Schriften des Rufus von Ephesos, eines griechischen Arztes der trajanischen Kaiserzeit, der sich neben den ›Fragen des Arztes an den Kranken‹ besonders mit der Diätetik des Weines befaßt. Sein Buch wurde von Qusta b. Luqa ins Arabische übersetzt, und es will in herzerfrischender Selbstverständlichkeit darlegen, daß und warum der Wein »den Menschen insgesamt zuträglich« ist: in jedem Alter, zu allen Zeiten, an jedem Ort – als ein Medium, das Freude, Heiterkeit, Entzücken vermittelt, Traurigsein umstimmt und alle Sorgen vergessen läßt –, wenn es nur mit Maßen genossen wird.

Über Nahrungsmittel und Tischsitten des lateinischen Mittelalters sind wir durch neuerliche Feldstudien recht gut unterrichtet: Die Grundnahrung bestand aus Brei und Mus; Fleisch war den vornehmeren Kreisen vorbehalten. Bauern begnügten sich mit Pflanzenkost und Milchprodukten. Das Brot wurde erst im hohen Mittelalter zur Volksnahrung, während der Wein allenthalben zur Verfügung stand. Überall gab es natürlich auch Feinschmecker; die Üppigkeit mancher Gelage und die Anzahl der Gänge ist oft imponierend. Die Transportmöglichkeiten hingegen waren beschränkt; Konservierungsmittel – sieht man vom Salz und den Gewürzen ab – gab es nur wenige.

Gut unterrichtet sind wir auch über die Mahl-Zeiten, beginnend mit dem ersten Frühstück (jejunium), dem gegen 9 Uhr folgenden Frühmahl (prandium), einem Mittagsmahl (merenda) und – gegen 6 Uhr – dem Abendessen (cena), nach welchem man sich am späten Abend noch einen Schlaftrunk gönnte.

*Kultur des Essens und Trinkens*

Die Lebensmittel kann man sich nicht einfach genug vorstellen. Die Bauern buken ihr Brot aus Roggen- und Hafermehl; Gerstenbrot galt bereits als »herrenspeise«; Weizenbrot gab es nur für die höheren Stände. Im ganzen aber war die Ernährung vernünftig, maßvoll und vielseitig.

Im Mittelpunkt aller Regeln über das gesellschaftliche Verhalten standen das Essen und Trinken, die immer auch das Zentrum des Alltags, und gleichsam die Blüte des Tages, gebildet haben. Seit dem 12. Jahrhundert häufen sich die »Tischzuchten«. Menschen mit einer derartigen Unmittelbarkeit des Essens und Trinkens standen sicherlich in einer anderen Beziehung zueinander als wir Modernen mit unseren exklusiven Eßtechniken. Es bildet sich eben ein anderes, intimeres Verhältnis untereinander aus, wenn man Fleisch mit den Fingern aus der gleichen Schüssel nimmt, Wein aus dem gleichen Becher trinkt, die Suppen aus dem gleichen Topf schöpft.

Die Tischmanieren sind ungezwungen, und die Vorschriften beschränken sich auf die gröbsten Unsitten. Man soll beim Essen nicht schmatzen und schnauben, soll nicht über die Tafel spucken und sich nicht ins Tischtuch schneuzen. Hygienische Gründe oder rationale Motive spielen bei solchen »Tischzuchten« kaum eine Rolle.

Ein treffliches Bild der spätmittelalterlichen Erziehung vermittelt uns eine kleine Schrift des Erasmus von Rotterdam, die 1530 unter dem Titel ›De civilitate morum puerilium‹ erschienen war, eine Schrift, die mehr als 130 Auflagen erlebt hat, davon 13 noch im 18. Jahrhundert. »Civilitas« meint dabei soviel wie: die gestittete Art zu leben und damit auch die Kunst, junge Menschen zu formen. Die banalsten Dinge, wie Essen, Spucken, Schneuzen, Verdauen, werden dabei mit der gleichen Selbstverständlichkeit behandelt wie die subtilsten Fragen menschlicher Umgangsformen. Mit völliger Unbefangenheit werden Ratschläge erteilt wie diese: die Winde nicht zu verhalten, da solches sich gesundheitsschädlich auswirken könne (remorari flatus perniciosus).

Auch der berühmte Franziskanerprediger Berthold von Regensburg (zwischen 1250 und 1264) kommt in seiner Predigt ›Über fünf schädliche Sünden‹ auf Essen und Trinken zu sprechen: »Nun überlegt, ob es für euren Leib etwas Besseres und Lieberes gibt als Gesundheit und langes Leben. Wer von den Anwesenden dauernd gesund bleiben und lang leben möchte, der hüte sich vor zwei Sünden. Die eine heißt Unmäßigkeit im Essen und Trinken, die andere Unmäßigkeit des Fleisches mit unkeuschen Sachen. Sie tun der Gesundheit des Leibes so vielerlei Schaden, daß niemand es ganz beschreiben kann. Trotzdem will ich euch einiges davon mitteilen, so viel ich weiß. Die Unmäßigkeit im Essen und Trinken heißt in der Bibel Völlerei und ist eine der sieben Todsünden. Wer beim Essen und Trinken allzuviel des Guten tut und sich gar zu gierig sattißt, hat eine schwere Sünde begangen...

Ihr armen Leute, mit dieser Sünde habt ihr jedenfalls nichts zu tun, denn ihr habt selten das, was ihr braucht. Denn das, was ihr in eurer Not haben müßtet, das vertilgen die Vielfraße in ihrer Maßlosigkeit. Der allmächtige Gott hat von allem zu essen und zu trinken genug geschaffen, ganz wie all die Vögel in den Lüften genug Nahrung haben. Sie führen weder Pflug noch Wagen, mühen sich nie ab und haben doch alle genug Nahrung und sind wohlgenährt und schön. Seht ihr, das kommt daher: Wenn einer selbst genug hat, läßt er auch den anderen teilhaben. Von diesen Vielfraßen aber schlingt einer wohl täglich so viel in sich hinein, daß davon drei oder sechs Leute gut auskämen. Wo ihrer zehn beisammen sind, verprassen sie in einem Tag, was gut und gern für 40 Menschen reichen würde. Sie müssen darauf verzichten, es fehlt ihnen am Leib.«

In seiner ›Auslegung der zehn Gebote‹ hat Paracelsus noch bemerkt: »Wie wir nun andere Leute nit töten sollen, so auch uns selbst nit. Das ist auf vielerlei Art zu erkennen: Der sich zu Tode säuft, frißt usw., der ist an sich selbst ein Schuldner, so als hätte er sich selber erstochen. Drum esse und trinke ein jeglicher so, daß er am Jüngsten Tage seine Völle zu verantworten wisse und das, was ihm daraus entstehe. Und lerne ein jeglicher die Arznei dermaßen, daß sie niemanden töte oder sein Leben verkürze.«

Der dritte Regelkreis dient dem Wechsel von Bewegung und Ruhe, mehr noch der inneren Ausgewogenheit in diesem Wechselspiel und damit der Rhythmisierung des gesamten Alltags. Das in erster Linie will uns »motus *et* quies« besagen. Das »et« in »motus et quies« dient der inneren Verbindung, wie das in gleicher Weise ja auch immer im benediktinischen »ora *et* labora« verstanden worden ist. Aktion und Kontemplation sind nichts als ein Wechselspiel, eine innerlich ausgewogene, musikalisch gestimmte Lebensrhythmisierung. Es ist der rhythmische Wechsel, der uns die innere Spannkraft bewahrt. Und wie es beim human gebildeten Menschen im Grund nur um die Muße inmitten des Arbeitsvollzugs geht, so im benediktinischen Ideal um das, was man einmal »durchbetete Arbeit« genannt hat.

Besonders eindrucksvoll erscheint uns dieses Wechselspiel mit seiner inneren Zielrichtung bei Thomas von Aquin, wenn er sagt: Das aktive Leben disponiert lediglich zur Kontemplation. Unser theoretisches Besinnen oder Ausruhen oder Entspannen ist keineswegs dazu da, uns wieder in den praktischen aktiven Prozeß einsteigen zu lassen, sondern umgekehrt: Alles aktive Tun disponiert zur Beschaulichkeit; es bildet die Voraussetzung einer kontemplativen Existenz.

Unter diesem ausgewogenen Rhythmus von Arbeit und Muße erst kommt es zu einem harmonischen Zusammenspiel aller physiologischen Vermögen und zu einem leibhaftigen Gedeihen. Ausdruck dafür war das »exercitium«, die zunächst rein körperlich zu verstehende Übung, zu der neben der berufsmäßig ausgeübten Tätigkeit, der Arbeit, auch alle körperlichen Beschäftigungen der Freizeit zählten: die Spiele und Sportarten, die Wettkämpfe und das Ausreiten.

In den diätetischen Traktaten des Mittelalters wird darauf hingewiesen, daß es keine »exercitatio« ohne »agitatio« geben kann, wobei der Körper tunlichst zur Bewegung eines Mediums bedürfe, so beim Reiten (equos agitare) eines Pferdes. Bei Hugo de Folieto, einem Scholastiker des 12. Jahrhunderts, dient das Pferd

*Ausritt zur Jagd*

gar als Symbol eines vollkommen ausgeglichenen Lebens. Unser Leben ist wie ein Roß: im Frieden ruhig, im Streite rüstig, von Natur aus wild und daher zu kultivieren. Das Pferd, lebendig und brauchbar nur in seiner »natura temperata«, braucht daher stets den Zügel, um in Zucht zu bleiben. Und so braucht auch unsere Natur die Regel, eine Norm, die Kultur. Alle Glieder werden hier gleichmäßig bewegt, stehen im Austausch mit der Natur da draußen, gewähren uns seelische Ausgeglichenheit. Und so sollte es auch mit aller Arbeit bestellt sein, wenn sie wirklich humanen Charakter trägt.

## Zum Wechsel von Schlafen und Wachen

Der nächste große Rhythmus, die Kultur des Schlafens und Wachens, wird im Mittelalter in der Regel nach dem aristotelischen Traktat ›De somno et vigilia‹ abgehandelt,

240

wo es heißt: Schlaf ist potentielle, das Wachen aber aktualisierte Sinnlichkeit. Schlafen und Wachen repräsentieren besonders eindrucksvoll die »passiones animae«, denen jeweils rein physiologische Bedingungen zugrunde liegen. Es sind daher, schreibt Albertus Magnus, immer die klügeren Doktoren, die »doctores inter medicos«, die sich auch um die Träume kümmern, die sowohl auf Leibliches als auch auf Seelisches hinweisen. Während des Schlafens vereinigen sich die Sinne »sämtlich wie in einer Wurzel oder in einem Fundamente«; denn Schlaf ist die »Fessel der äußeren Sinne«, daher man nicht zuviel schlafen soll und niemals am Tage. Nicht umsonst sind Schlafen und Wachen eingelagert in den kosmischen Rhythmus von Tag und Nacht.

Wachend und schlafend wächst der Mensch und blüht auf wie ein Baum: Blut und Mark werden stark, und seine geistigen Kräfte kommen zur Reife. So lesen wir bei Hildegard von Bingen! Auch diese ›Regula‹ wird immer wieder mit sehr konkreten diätetischen Anweisungen unterbaut: »Der Mensch soll sich nicht gleich nach der Mahlzeit zum Schlafen legen, ehe noch die Geschmacks-, Saft- und Geruchsqualitäten an ihren Ort gelangt sind. Vielmehr soll er sich nach dem Essen noch eine Weile vom Schlafen enthalten, damit nicht, wenn er gleich nach dem Essen einschläft, dieser Schlafzustand Geschmack, Saft und Geruch der Speisen in falsche, unpassende Organe leitet und sie im Gefäßsystem wie einen Staub hierhin und dorthin verwehen würde.«

Wenn der Mensch sich aber nach einer gewissen Zeit erst hinlegt, »dann können Blut und Fleisch in ihm gedeihen, und er wird davon gesund«. Im Wachen wie beim Schlafen erweist der Magen somit seine kosmische Kapazität und erscheint als der universale Umschlagplatz für den Stoffwechsel; gleichzeitig ist er »der rechte Verteiler der Speisen bei der Aufnahme wie bei der Ausscheidung«. »Und wie es für den Magen nicht gut wäre, wenn er immerfort voll oder leer wäre, so wäre es für die Seele nicht günstig, wenn der Körper immer nur nach den geilen Gelüsten des Fleisches leben würde.«

Alle diese natürlichen Lebensvorgänge, sie sind für den wachen Menschen nur ein großer Anreiz zur Auf-

*Schlafen in freier Natur*

merksamkeit, zur besonnenen Verarbeitung in seiner
Phantasietätigkeit, zum Sammeln von Erfahrungen in
seiner Gedächtniskraft und letztlich zum dauernden Gespräch mit seinem Schöpfer: »Auf diese Weise spürt die
Seele, die kraftvoll den schlafenden Leib betritt und ihn
wach macht, auf so vielfältigen Wegen der Erfahrung
immer nur ihren einen Gott.«

Der kultivierte Wechsel von Schlafen und Wachen
kann deshalb nicht ernst genug genommen werden.
»Seid nicht schläfrig!«, heißt es bei Benedictus. Richtig

wach sein, sagt Hildegard, erhält den Menschen gesund, während zu viel Schlaf, und auch zu wenig, uns krank-macht. Und selbst all unser Reden und Schweigen, es findet in diesem Rhythmus sein Maß und seine Ord-nung. Es scheint eine allgemeine, eine oberste Regel zu sein, in einem sich zunächst so chaotisch auswirkenden Lebensraum so gründlich die Zeiten zu ordnen. Es muß feste Bräuche geben, an die man sich halten kann, auf die man sich einstellen muß. Die Ritualisierung der Zeit-räume dient dem Menschen gleichsam als eine Möglich-keit, sich vertrauter zu machen mit der Wirklichkeit die-ses Lebens.

»Der Mensch – so Paracelsus – soll wachen von mor-gens vier bis abends um acht, und danach soll er schla-fen. Die Zeit aber zwischen acht und vier Uhr – je nach Veranlagung auch länger oder kürzer – ist nötig für den Schlaf. Hält man sich nicht daran, so ist die Ordnung der Natur gebrochen. Denn die Sonne will, daß alles wach sei.« Daraus sein Rat an die Ärzte: »Drum wisse der Arzt, daß er alle Dinge so verteilen, verordnen und auf die gleiche Waage legen soll, daß die Natur nicht auf der einen Seite zu viel und auf der anderen zu wenig zu tragen habe.«

Über die Schlaf-Kultur des Mittelalters sind wir durch zahlreiche Erzählungen und vor allem durch die reichen Abbildungen gründlich genug ins Bild gesetzt: über Schlafzeiten und die Schlafordnung, über Schlafgewohn-heiten und die Schlafkleidung. Nachtkleider kannte man nicht, wohl eine Nachtmütze; im übrigen schlief man nackt; nur für Mönche und Nonnen bestanden beson-dere Vorschriften. Erwähnt wird des öfteren ein Nacht-geschirr, auch »seychscherb« oder »brunzkachel« ge-nannt, ein Gerät, das uns recht drastisch verweist auf den nächsten Kreis unserer Lebensordnung: die Aus-scheidungen und Absonderungen.


*Zum Gleichgewicht im Stoffwechselhaushalt*

Gleichermaßen wichtig wie die Kultur des Essens und Trinkens wurde dem mittelalterlichen Menschen die Beherrschung der Absonderungen und Ausscheidungen, jener »excreta et secreta«, unter die dann auch die Sexualhygiene gerechnet wurde.

Des Menschen Leib wird bei Hildegard von Bingen besonders bildhaft geschildert in seiner lebensfrischen Grüne, und von dieser Grünkraft her gewinnt er auch die Verdauungssäfte, die ihm alles Schlechte und Überflüssige auszuscheiden helfen. »Das ist so, wie wenn von den Weintrauben, die über die Kelter gehalten werden, der Wein in den Krug kommt, die Überbleibsel aber als Schalen abgestoßen werden.« Was faul ist oder zuviel, das wird ausgeworfen: als Schweiß und Tränen, als Speichel und Samen, als Kot und Urin.

Selbst diese scheinbar so »niederen« Funktionen, sie müssen ganz ernst genommen werden, weil auch sie ein keineswegs zu verachtendes Instrument geistiger Existenz sind, weil auch sie der »vita laeta« dienen, der Freude zu leben. »Daher soll sich der Mensch auch nicht allzusehr des Trankes enthalten; denn wenn er sich in seiner Enthaltsamkeit vom Trinken ausgedörrt hat, befällt ihn in der Folge davon eine Schwerfälligkeit (gravitas) an Leib wie Geist. Auch können ihm dann die aufgenommenen Speisen innerlich weder eine gute Verdauung noch körperliche Gesundheit zukommen lassen. So ist ja auch die Erde schwer und hart und trocken geworden und kann keinen rechten Ertrag bringen, wenn ihr die Durchfeuchtung durch den Regen entzogen wurde. Wenn aber der Bauch des Menschen mit Speisen und Getränken angefüllt ist, dann muß er durch die Verdauung seine notwendige Reinigung erhalten.«

Mit Atmen und Essen und Trinken, mit Kleidung und Wohnung und Arbeit verbunden sind daher immer auch jene so banal erscheinenden Anweisungen über die körperlichen Absonderungen und Ausscheidungen, denen Hildegard vor allem in ihrer »Heilkunde« eine besondere Aufmerksamkeit schenkt, nicht zu vergessen die sehr konkreten Beiträge zu einer Sexualhygiene und die immer damit auch verbundene »Psychohygiene«.

Zum Bereich der »excreta« rechnet – um nur ein Beispiel zu nehmen – auch der Aderlaß, der in der Klostermedizin eine so große Rolle gespielt hat. Hierbei muß berücksichtigt werden, daß gerade dem Aderlaß als einer prophylaktischen oder entlastenden Maßnahme für die monastische Lebensführung eine große Bedeutung zugesprochen wurde, wie ganz allgemein auch aus den »Consuetudines monasticae« des hohen Mittelalters hervorgeht. Ein zu starker Aderlaß aber, schreibt Hildegard in der ›Heilkunde‹, schwächt den Körper gerade so wie ein Regenguß, der ohne Maß auf die Erde fällt, diese schädigt. »Eine angemessene Blutentziehung aber beseitigt die schlechten Säfte und sorgt für den Körper genauso, wie ein Regen, der langsam und stetig auf die Erde fällt, diese bewässert und fähig macht, Frucht hervorzubringen.«

Immer wieder lesen wir von den »Zeichen aus dem Harn«: »Was der Mensch trinken mag, sei es Wein oder Bier oder Met oder Wasser: jeder Harn zeigt die Beschaffenheit seiner Gesundheit oder Krankheit an, von welchem Getränk er auch herkommt, und der eine Harn ist nicht besser als der andere, weil aller Harn aus der Hefe des Körpers herstammt, auch wenn das eine Getränk mehr geschätzt wird wie das andere.«

## Zur Kultivierung der Leidenschaften

Dieses Maß im Rhythmus des Alltags gilt nicht zuletzt für den sechsten und letzten Regelkreis: den gebildeten Umgang mit den Emotionen und Affekten, all unseren Leidenschaften und auch Freuden, den »affectus animi«, wie die alten Ärzte dies nannten.

In allen diesen so natürlichen Lebensbereichen und Alltagsbezirken soll der Mensch die rechten Wege wandeln – schreibt Hildegard einem Abte vom Michelsberg bei Bamberg –, »weil Gott Himmel und Erde in großer Herrlichkeit gegründet und weil er das Schwierige mit dem Leichten so vermischt hat, daß der Mensch es bewältigen kann«. Die »misericordia«, die auch des Arztes Tugend ist, sie macht das Herz zu einem reinen Bronnen. »Denn je mehr der Mensch durch wahre Selbstzucht die Herrschaft über sich selbst erlangt, desto be-

*Umgang mit Leidenschaften*

reiter neigt er sich in barmherziger Liebe dem hilfsbedürftigen Nächsten zu.«

Diese Art von kluger Selbstbeherrschung fällt freilich
uns Menschen nicht leicht! »Wenn Menschen nämlich
viel Zorn und trotzigen Sinn mit sich herumschleppen,
dies aber aus irgendeinem Grunde, aus Mutlosigkeit,
Furcht oder Scham gehemmt, wegen ihrer schwermüti-

gen Natur oder weil es ihnen sonst unmöglich ist, nicht zeigen und nicht durchbrechen lassen können, dann bersten und zerbrechen bisweilen infolge dieses zweckwidrigen Verhaltens die Gefäße an Gehirn, Hals und Brust und fließen über den Geruchsweg der Nase nach draußen. Es gibt aber auch Menschen, die von eitlen und wechselhaften Gedanken geplagt werden, die sie doch nie zur Ausführung bringen können, oder solche, die mit ausschweifendem und schwankendem Sinn von einem Ort zum anderen herumirren oder aus ihrer ungewöhnlichen Charakterveranlagung oder in zügelloser Laune ein Spielball ihrer Gemütsbewegungen sind und darin gleichsam bis zum Wahnsinn getrieben werden, so daß sie weder Blick noch Mienenspiel in Haltung und Gebärde recht zu gebrauchen wissen. Dann kann es vorkommen, daß unter dem Einfluß solch törichter Gedankenspielereien die Gefäße des Gehirns, der Halsgegend und der Brust aufbrechen, so daß, wie es eben schon geschildert wurde, das Blut aus der Nase ausfließt. Derart sinnlose Ideen und törichte Gemütsbewegungen lassen nämlich die erwähnten Gefäße anschwellen und schließlich das Blut austreten.«

Aber auch bei der Regulierung eines noch so stürmisch bewegten Affekthaushaltes ist es nie die seelische Beherrschung allein, die gefordert wird, sondern immer auch der ganz konkrete Umgang mit den leiblichen Bedürfnissen: »Wenn aber ein Mensch unter zu großer Traurigkeit leidet, dann soll er nur tüchtig von den ihm bekömmlichen Speisen verzehren, damit er durch die Nahrung wieder neu belebt wird, weil das Traurigsein ihn ja so sehr bekümmert. Steht er aber in zu großer Ausgelassenheit da, soll er mäßig essen, weil nämlich das Blut durch die Erweiterung der Gefäßbahn losgelassen wird und, wenn er dann auch noch viel ißt, die im Blut enthaltenen Säfte in stürmische Fieberzustände ausarten könnten.«

Das sinnliche Leben der Triebe, alle Anregungen durch die Emotionen und Affekte, sie werden keineswegs verleugnet oder unterdrückt, sondern wie Wildwässer umgeleitet in vernünftige Bahnen. Ist doch der Mensch als die kleine Welt (minor mundus) in der Ord-

*Ernte der Feldfrüchte*

nung des All (ordo universalis) immer nur als ein Ganzes zu denken, als eine Einheit von Leib und Seele und Geist. In dieser Zucht gewinnt der Mensch seine »mâze«, die Mitte, und behält er seine »staete«, die Treue.

Auf diesen sechs elementaren Feldern lag denn auch nicht von ungefähr seit jeher das Amt des Arztes mit seinem uralten Auftrag: die Not zu wenden, zu heilen. Würde man die Frage nach den ärztlichen Aufgaben einem mittelalterlichen Scholastiker stellen, so bekäme man als eindeutige Antwort: Amt des Arztes ist es, 1. den gesunden Leib durch vernünftige Lebensführung zu erhalten und 2. den krankgewordenen Leib wiederum der Genesung zuzuführen. Das Ziel der Medizin ist daher – nochmals in der Diktion der Scholastik – ein zweifaches: die Erhaltung der Gesundheit durch Diätetik, und dann die Heilung der Kranken durch spezifische Heilmaßnahmen.

## 3. Lebensmuster gebildeter Gemeinschaften

Über die Prinzipien einer Kultivierung des Alltags und die sechs Regelkreise vernünftiger Lebensführung sollten wir abschließend auch noch auf die Lebensmuster gebildeter Gemeinschaften zu sprechen kommen, wie sie uns für das Mittelalter als charakteristisch erscheinen. Stand bisher »die Natur« im Mittelpunkt, und damit der ganze Umkreis des Kosmos, so erscheint jetzt das Gemeinwesen und damit »der Mensch«. Der Mensch aber begegnet uns niemals als ein abstraktes Gebilde, sondern in seiner gewachsenen, elementaren Verfassung, die wiederum – als Stand und mit einem ganzen Stände-System – als Sinnbild dient für die Elemente der Welt.

Wir dürfen angesichts der genossenschaftlich durchorganisierten Gliederung aller Tätigkeiten durchaus von einer »Theologie der Arbeit« sprechen, die dem täglichen Leben die leitenden Linien gab. Gott selber gilt als der erste und oberste Arbeiter, der »summus artifex«, der dann auch nach seinem Sechstagewerk der Ruhe pflegt. Bilder vom Bau häufen sich im Alten wie im Neuen Testament: die Arche Noah, der Turmbau zu Babylon, die Stadt Gottes, und dann natürlich auch die Kathedralen mit ihren Bauhütten. Jeder hat innerhalb dieser Arbeitswelt seine Berufung, eine »vocatio«; jeder übt seinen besonderen Beruf aus. »Ist nicht« – so heißt es bei Anselm von Canterbury – »jeder Mensch zur Arbeit geboren wie der Vogel zum Flug? Dient nicht ein jeder Mensch?«

Es sind immer und überall die natürlichen Lebensbedürfnisse des Alltags, die uns auf den Leib geschrieben sind und die wir in unserem Tun kultivieren müssen, wollen wir ein sinnvolles Leben führen. Es ist die ganz persönliche Lebensordnung (salus privata), die in allen Punkten hinweist auf die öffentliche Wohlfahrt (salus publica), die wiederum nur zu beherrschen sein wird in der konkreten Lebensgemeinschaft (salus communis).

Daß die Medizin es nicht nur mit dem persönlichen Wohlergehen zu tun hat, sondern immer auch einer öffentlichen Wohlfahrt verpflichtet ist, geht aus den anthropologischen Voraussetzungen der mittelalterlichen Heilkunde eindeutig hervor. Der Mensch lebt nur in einem Gemeinwesen, ist nur vom anderen her zu denken, trägt Verantwortung für seinen Nächsten. Gerade im unausweichlichen, oft so tragischen Konflikt der Gemeinschaft aber müssen Ordnungsprinzipien für das gesellschaftliche Zusammenleben gesucht und gefunden werden.

Kein Geringerer als Thomas von Aquin hat auf dieses soziale Konzept einer allgemeinen Gesundheitsfürsorge hingewiesen. Er bedient sich dabei der »Regimina«-Literatur, im einzelnen ihrer politisch-pädagogischen Richtung, die unter dem Namen »Fürstenspiegel« überliefert ist. Da lesen wir – in einen größeren Zusammenhang gebracht – im ›Regimen principum‹ aus dem Jahre 1266: »Wenn für den Menschen zuträfe, was für zahlreiche Lebewesen zutrifft, daß er als einzelner leben könnte, dann bräuchte er niemanden anders, der ihn zum Ziel leitet; dann wäre ein jeder sein eigener König und nur Gott, dem höchsten König, unterstellt, soweit er sich in seinen Handlungen durch das gottgegebene Licht der Vernunft selbst lenken würde. Doch gehört es zur Natur des Menschen, daß er als geselliges und gruppenbildendes Wesen in der Menge lebt. Daß dies für ihn mehr als für alle anderen Lebewesen gilt, wird an seinen natürlichen Bedürfnissen deutlich. Denn für andere Lebewesen hat die Natur Nahrung bereitgestellt, dazu schützende Haarkleider, Schutzwaffen wie Zähne, Hörner, Klauen oder wenigstens Schnelligkeit zum Fliehen. Von alledem hat der Mensch nichts von der Natur mitbekommen; statt dessen ist ihm die Vernunft gegeben, damit er durch sie mit Hilfe seiner Hände all dies für sich bereitstellen könne. Dieser Aufgabe ist der Einzelmensch nicht gewachsen. Denn wer auf sich allein angewiesen wäre, könnte mit dem Leben nicht fertig werden. Deshalb gehört es zur Natur des Menschen, daß er in Gemeinschaft vieler lebt.

Anderen Lebewesen ist eine Witterung für all das angeboren, was ihnen nützlich oder schädlich ist: Ein Schaf zum Beispiel hält von Natur aus einen Wolf für seinen Feind. Manche Tiere kennen aus natürlichem

Trieb auch bestimmte Heilkräuter und anderes für sie Lebensnotwendige. Der Mensch aber hat nur allgemein eine natürliche Kenntnis des für ihn Lebensnotwendigen; dafür ist er durch die Vernunft befähigt, von allgemeinen Grundsätzen ausgehend, schließlich die Einzelheiten dessen zu erkennen, was für das Menschenleben notwendig ist. Für den Einzelmenschen ist es aber unmöglich, mit seiner Vernunft eine umfassende Kenntnis dieser Einzelheiten zu erlangen. Deshalb ist es für den Menschen notwendig, in der Menge zu leben; einer soll vom anderen unterstützt werden; verschiedene Menschen sollen mit ihrem Verstand an der Erfindung von Verschiedenem arbeiten, einer in der Heilkunde, andere in anderen Bereichen.«

Es ist sicherlich kein Zufall, daß es ausgerechnet ein Arzt ist – »Marsilius physicus« –, dem wir für das Spätmittelalter und die frühe Neuzeit die erste tragende Theorie eines Staatswesens verdanken. Marsiglio dei Mainardini, bekannter als Marsilius von Padua, wurde zwischen 1275 und 1280 geboren, betrieb das Studium der Medizin und scheint auch als Arzt praktiziert zu haben. Im Jahre 1313 finden wir ihn in Paris, wo er auch für kurze Zeit das Amt des Rektors ausübte. Neben seiner Lehrtätigkeit wirkte er als Gesandter und widmete sich mehr und mehr seinen staatstheoretischen Studien. Im Jahre 1324 erschien sein Hauptwerk, der ›Defensor Pacis‹, verfaßt als vertrauliche Denkschrift für Kaiser Ludwig den Bayern (1287–1347). Im Jahre 1343 starb Marsilius am Hof Ludwigs in München.

Das Thema »Frieden« lag nicht nur dem Magister Marsilius, sondern dem ganzen Mittelalter am Herzen. Was für den Körper die Gesundheit ist, so Marsilius, das ist für das Gemeinwesen der Friede, nämlich Konsens und Harmonie, jene »integritas«, die Paracelsus mit »Gesunde und Gänze« übersetzt hat und die ganz und gar dem arabischen »salam« entspricht. Was dem »Defensor Pacis« vor Augen schwebt, ist das Idealbild eines gesunden Gemeinwesens. Um gesund zu bleiben, bedarf der Mensch des Staates, genauer: einer Regierung, jener »pars principans seu iudicialis«, die ihm garantiert, lange und wohl zu leben. Bürger sein bedeutet nichts anderes,

als an der Herrschaft der »universitas civium« teilzunehmen, jenes Gesetzgebers also, welcher letzten Endes das
Volk in seiner Gesamtheit ist.

Suchen wir nach den Quellen einer solchen Staats-
theorie, so erkennen wir, daß sie zweifellos von Aristoteles und seiner ›Politik‹ beeinflußt ist. Fragen wir
nach den Wirkungen, so finden wir hier die ersten Ansätze einer Säkularisierung, jener Eroberung einer neuen,
diesseitigen Welt, wie sie in der Renaissance allgemeiner
in Erscheinung treten sollte. Nikolaus von Kues zum
Beispiel ist in seiner ›Concordantia‹ fraglos von Marsilius beeinflußt. Johannes Hus und vor allem die Refor-
matoren gaben dem »Defensor Pacis« neue Aktualität.
Das Werk kam 1522 erstmals in den Druck und wurde
bald ins Deutsche und Englische übersetzt: Es war in
der Tat, und ist es geblieben, ein »Verteidiger des Frie-
dens«.


Die moderne Medizin freilich, die sich unter der Ägide
der Naturwissenschaft zu einer so erstaunlich hochent-
wickelten Heiltechnik differenzieren konnte, hat weitgehend vergessen, daß es neben den Heil-Mitteln auch
Heil-Kräfte gibt: heilsame Kräfte im Wort und im Bild,
Heilkräfte in der Musik, heilende Kräfte in der Person
des Arztes und nicht zuletzt in uns selber, in jener Ur-
kraft der Natur, welche die Alten »virtus« nannten, Tugend als eine ganz besondere Art von Tauglichkeit, »tu-
gent« in Mitte und Maß (mâze).

Für Hildegard von Bingen ist der Begriff der »virtus«,
der Tugend, noch ganz selbstverständlich verwandt mit
»vis«, dem kraftvollen Vermögen, und mit »vir« (Mann),
dem mannhaften Verhalten, aber auch mit dem Leben
als solchem, der »vita«, und damit der »viriditas«, der
kreativen Grünkraft.

Zuoberst erscheint unter allen Tugenden die Klugheit,
die »Mutter Klugheit«, sagt Hildegard, die »prudentia«
als »providentia«, in der alle Struktur des Kosmos geordnet und aller Lauf der Geschichte gebahnt ist. Für
Hildegard ist der Mensch einfach das vernünftige Wesen
(homo rationalis), indes die ganze übrige Welt stumm
bleibt. Mit den Flügeln seiner Vernunft wird der Mensch

erst lebendig, vermag der Arzt das Lebendige zu hüten und zu pflegen in jener Vorsicht, Vorhut, Vorsorge, die aber – als »prudentia humana« – äußerst beschränkt ist und daher eines oberen Leitenden, der Führung der Vernunft, der »rationalitas«, bedarf, damit die »prosperitas prudentiae« zu ihrer eigentlichen Blüte gelange.

In einem hochdramatischen Kampfspiel der Tugenden und der Laster, ihrem »Ordo Virtutum«, versteht Hildegard deutlich zu machen, wie konkret die Verantwortlichkeit des Menschen für seinen alltäglichen Wohlstand, für seinen Lebensstandard und seinen Lebensstil, werden kann. Denn der Mensch hat nun einmal, und gesteigert der Arzt, die Gabe der Vorausschau und damit auch aller Vorsicht und Umsicht und Fürsorge. Klugsein bedeutet ganz einfach Vernünftigsein: hinhören auf die Wirklichkeit, die Realität durchlassen, sachlich sein und offen, maßnehmend und maßgebend, sich die Dinge so schmecken lassen, wie sie wirklich sind. Nur so wird der Mensch, der »homo sapiens«, in der Lage sein, sich selbst und andere mit Umsicht zu lenken.

Sich selbst aber und andere zu regieren, dazu bedarf es einer weiteren kardinalen Tugend, der »justitia«, der Gerechtigkeit. Gerechtsein tendiert von Natur aus, von der »physis« her, auf »Ordnung«, auf den »nomos«, eine Ordnung, die etwas völlig anderes ist als quantitative Gleichbehandlung, da es sich bei ihr stets auch um die Einordnung individueller Sonderheiten handelt. Wer Gerechtigkeit übt, stellt in jedem Falle gestörte Ordnungen wieder her. Ärztliches Denken vor allem, und auch ärztliches Handeln, wäre gar nicht möglich ohne Gerechtigkeit, ohne die Zielsetzung einer »rechten Ordnung«. Die Gerechtigkeit hätte demnach keine geringere Aufgabe, als den Menschen zu ordnen in dem, was sich auf den anderen bezieht. Sie will und sie kann den Menschen gelten lassen als ein – wie Hildegard dies nannte – »opus alterum per alterum«, wo einer sich am anderen verwirklicht und ins Werk setzt, indem man den anderen als anderen gelten läßt, ihm das ihm Zustehende gibt, ihm Sorge zuteil werden läßt, Hilfe in Not.

Ganz und gar in einem Bezug auf den anderen finden wir die dritte der vier Kardinaltugenden: die Tapferkeit, jene »fortitudo«, ein Tapfersein, das sich immer von neuem traut, das Übel anzuspringen, in aggressiver Haltung, in einem gesunden, ja »heiligen« Zorn. Von der Klugheit informiert, wird Tapferkeit am ehesten ihre innere Form erhalten, ihr Format. Ohne solches Format wäre ärztlicher Eingriff kaum denkbar, ein Eingreifen, das einfach Mut erfordert und, wo man versagt, auch Demut.

Als ein Urmuster ärztlichen Denkens und Handelns begreifen wir schließlich die »temperantia«, die vierte der Kardinaltugenden, die so eng verwandt ist mit dem alten ärztlichen Begriff des »temperamentum«, dem Maßhalten und Haltgeben in jenem höchst labilen Fließgleichgewicht, in dem wir unser Gesundsein zu bewahren und zu verwirklichen haben. Von diesem Standpunkt aus hat Hippokrates den Arzt einen »kybernetes« nennen können, den Steuermann. Mit Mitte und Maß aber stehen wir wieder am Anfang, mitten im Ursprung der alten Heilkulturen und ihrer Weisheit über Gesundheit und Krankheit. Gesund ist der Mensch als Person, solange er auf sein Gewissen hört und die Freiheit hat, in der letzten Gesundheit aufzugehen, die wir Heil und Heiligkeit nennen. Gesundheit ist der Zustand des Vermögens zur Freiheit. Gesundheit ist hier keineswegs Teil einer biologischen Struktur, sondern eher Teil einer aufgegebenen Situation, ist die Chance, vernünftig zu leben. Leben aber ist kein Geschenk, das wir genießen, sondern eine Aufgabe, zu der wir taugen sollen.

Nach Thomas von Aquin ist der Mensch nach seinem Schöpfer geschaffen, »ad imaginem dei«, und damit bestimmt »ad similitudinem dei«. Das Vermögen dieser Bestimmung macht seine »virtus« aus, als das Äußerste, was ein »vir«, der Mann – nicht im moralischen, sondern im ontologischen Verständnis –, zu erreichen vermag. Der Anfang dieser »Tugend« beruht auf unserer naturhaften Neigung; der Weg zur Vollendung aber realisiert sich gemäß der Ordnung der Vernunft. Der Wert des Menschen liegt daher nicht in seiner Leistung, liegt nicht im Schweren, sondern im Guten, in seinem Sein.

Der Abfall von dieser Ordnung wird bei Thomas unter dem Bild der »acedia« betrachtet, jener Mußelosigkeit, die verhindert, daß man bei sich selber bleibt und es mit sich selber aushält. In ihrer hektischen Rastlosigkeit rührt die »acedia« geradezu aus jener geistigen Trägheit, die die innere Mitte nicht mehr einhalten kann, und sie führt zu Betriebsamkeit, zum Wirbel, zur Besinnungslosigkeit, zur Langeweile und weiteren Lastern der Traurigkeit, jener »tristitia saeculi«, die alsbald wiederum ihre sieben lasterhaften Töchter zeugt, nämlich: 1. die »evagatio mentis«, das zuchtlose Umherschweifen: daß einer es nicht mehr aushält bei sich selber oder zu Hause; 2. die »curiositas«, die Neu-Gier, die Sensationslust, jene »curiositas« aber auch, die zu Beginn der Neuzeit als »wissenschaftliche Neugier« zum Prototyp der Aufklärung hat werden können; 3. die »loquacitas«, die Geschwätzigkeit, das Viele-Worte-Machen um Nichts und wieder Nichts; 4. die »verbositas«, der Wortreichtum, aber auch das Gerede; 5. die »pusillanimitas«, der Kleinmut, die Kleinmütigkeit; 6. der »rancor«, die gereizte Auflehnung; 7. die »instabilitas loci vel propositi«, die Unstetheit im Hinblick auf den Ort oder den Entschluß, daß man partout nicht bleiben kann am einmal gewählten Ort, daß man nicht bleiben will auf einem nun doch einmal eingeschlagenen Weg!

Damit aber wären wir wieder angekommen bei den uralten Heilkräften der so ganz alten Tugenden! »Virtus est ordo amoris«, schreibt Augustinus mit seiner so großartigen Formulierung eines wahren »amor ordinatus«, einer Lebensordnung als Liebesordnung, die dann auch zur »ars recte vivendi« werden müßte: zur Kunst vernünftiger Lebensführung. Tugend ist die geistige Haltung einer wohlgeordneten Verfassung, Tugend ist ein Habitus, aus dem heraus man sinnvoll zu leben vermag.

Im Konzept solcher Tugend eingeborgen liegt eine komplette Theorie des Handelns, die auch der Medizin als einer exemplarischen Handlungswissenschaft – und zumal der Präventivmedizin als vorsorgender Prophylaxe – ihre Prinzipien, Richtlinien und Kriterien verleiht. Der Arzt bemüht sich um jenen tugendhaften Habitus, der allein in der Lage sein dürfte, zu einem verantwortlichen Umgang mit der Gesundheit zu motivieren, was wörtlich heißt: »in Gang setzen«, anhalten zu einem veränderten Verhalten, Korrektur auch des Fehlverhaltens, auf den Weg bringen zu einem vernünftigen Leben, was immer nur heißen kann: zu einem besseren Leben.

Diese so ganz auf die Kultivierung des Alltags zugeschnittene Tugendlehre wird nicht von ungefähr bei Thomas von Aquin zu einem Kernstück seiner ›Summa Theologica‹ (S. th. I, II. 96, 2. c), wo es heißt: »Ein Gesetz wird erlassen als eine Regel oder als ein Maß für die menschlichen Handlungen. Ein Maß aber muß dem von ihm Gestalteten angemessen sein. Deshalb sollen die Gesetze den Menschen auferlegt werden entsprechend ihrer jeweiligen Situation. Ein Gesetz muß sowohl der Natur entsprechen wie auch der Gewohnheit des Heimatlandes.«

Erinnert werden muß in diesem Zusammenhang aber auch an die sieben Heilmittel des heiligen Thomas gegen die »acedia«, die »remedia« also gegen die »tristitia saeculi«, wie wir sie ebenfalls in der ›Summa theologica‹ finden. Da wird als erstes Mittel die »Freude« empfohlen, jener Frohsinn im Alltag, den der strapazierte Mensch nun einmal braucht als eine Arznei gegen die Mühsal der Tage, Spaß am Leben, der uns einfach zusteht. Unmittelbar darauf folgt das »Weinen«, ein nun wahrhaft überraschendes Rezept gegen den Welt-Schmerz, dieses »donum lacrimarum« in einem »Jammertal der Tränen«. Als drittes Heilmittel wird das Mitleiden, die »amicitia«, genannt, das Mitsorgen auch eines »homo compatiens«, ein Barmherzigsein gegenüber dem »homo patiens« in jener »misericordia«, die das Ethos des Arztes mehr bestimmt als das Sanieren um jeden Preis. Weiter hilft, wenn man »die Wahrheit sagt«, sich ausspricht, schlicht und gradheraus, als eine immer wieder von neuem ernüchternde Stellungnahme zur Wirklichkeit, die Rückführung also auf die Realität der Dinge. Ein wahrer Heilmittel-Schatz ist das »Schlafen«, als tagtägliche »recreatio« und »restitutio«. Damit verbunden erscheint das »Baden«, ein ganz zentraler Aspekt der mittelalterlichen Fürsorge, ein erfrischendes Remedium aber auch gegen alle Leidenschaften. Die Heilmittel schließen mit dem therapeutischen Rat zum

»Beten«, zum immer wieder neu zu suchenden personalen Kontakt mit dem Absoluten.

In all diesen psychotherapeutischen Empfehlungen des heiligen Thomas ist im Grund immer noch jene Sorge (cura pastoralis) im ganzen zu finden, von der im Schreiben der Hildegard von Bingen an einen lebensmüden Abt die Rede war und die uns zurückführt an die nüchterne Einsicht des Boethius, der bereits im Frühbeginn des christlichen Abendlandes das Sorge-Problem auf die elementare Formel gebracht hatte: »Die größte Sorge der Sterblichen ist gerichtet auf die Erhaltung des Lebens.« Alles im Alltag – so Hildegard – soll nur Lebensmittel sein, Medium des Menschen im Umgang mit der Natur wie im geselligen Verkehr. »Und so soll man den Mitmenschen stets das Menschliche, die ›humanitas‹, zuerkennen: in der freundschaftlichen Redeweise oder geselligen Unterhaltung gleichermaßen wie auch bei allen sonstigen Angelegenheiten unserer alltäglichen Lebensbedingungen.«

Hier wird uns noch einmal und besonders eindrucksvoll vor Augen geführt, daß der Arzt in dieser äußerst konkreten »Kunst zu leben«, dieser »regula vitae« in einem »ordo vitalis«, seinen vornehmsten Heilauftrag zu sehen hat und eben nicht in jenen heiltechnischen Maßnahmen, die in unserer so erfolgreichen und doch immer weniger effektiv werdenden Apparate- und Gerätemedizin immer belastender und immer bedrohlicher dominieren. Hier zeigt sich abermals, daß die Heilkunde über die Jahrhunderte hinweg – was vielfach vergessen und verdrängt wurde – eine Lebenskunde war: das Wissen um die Ordnung einer gesunden Lebensführung.

In diesen so ganz konkreten, anscheinend so profanen Alltagsproblemen kommen noch einmal jene fundamentalen Grundfunktionen unserer Tugenden zum Ausdruck, von denen bei Thomas von Aquin drei besonders erwähnt sind: 1. die »virtus« als ein Stabilisationsfaktor, der all unseren Handlungen Gleichförmigkeit und Geschlossenheit, Stetigkeit und Zuverlässigkeit verleiht (stabilitas); 2. die »virtus« als eine innere Bereitschaft (in promptu), so daß wir jederzeit unmittelbar, spontan, ohne verzögernde Überlegungen und ohne Unsicherheit zu handeln in der Lage sind; 3. die »virtus« gleichsam als »zweite Natur«, die uns dann auch erlaubt, in allem freudig (delectabiliter) zu Werke zu gehen. Dann erst wird die Gesundheit zum Weg, der sich bildet, wenn man ihn geht und gangbar macht.

# X. Ausblick

»Die Heilkunde ist für alle Menschen da.« Sie dient den Gesunden, tröstet die Kranken, weist uns Wege zum Heil. Und so wurde sie denn auch definiert als »die Wissenschaft vom Zustand, vom Verlust und der Wiederherstellung der Gesundheit«. Sie ist – wie auch heute noch und wohl zu allen Zeiten – Physiologie, Pathologie und Therapeutik.

In seinen ›Parabeln der Heilkunst‹ schildert Arnald von Villanova am Ausgang des 13. Jahrhunderts, wie Gott, der Allmächtige, die Heilkunde als ein Ganzes geschaffen hat, um dem Menschen im ganzen zu dienen. Und so wird sie nicht nur Mittel zur Erhaltung der Gesundheit, sondern auch ein Medium zur Vervollkommnung des Lebens. Die Heilmittel dienen daher nicht nur den leiblichen Bedürfnissen, sondern auch der geistigen Bildung. Alles kommt der körperlichen wie geistigen Hinfälligkeit zu Hilfe. Und so wird die irdische Medizin zu einem Wegweiser zum Himmel.

Was wir in der Medizin im Mittelalter finden – und was wir heute weitgehend verloren haben –, sind die leitenden Prinzipien des ärztlichen Denkens und Handelns, die lauten: Ein Arzt soll erfolgreich in Taten, nicht in Worten sein; denn die Krankheiten werden nicht durch Reden, sondern durch das Wesen der Dinge vertrieben. Der Arzt soll bei jedem Eingriff den gesamten Organismus zu beeinflussen suchen und alle äußeren Lebensumstände berücksichtigen. Er soll seine Behandlung nicht mit den wirksamsten, sondern den sichersten Mitteln durchführen. Er soll bedenken, daß Arzneimittel immer mit Vorsicht anzuwenden sind, vor allem bei Kindern und im Alter. Ein besonnener und kluger Arzt wird mit möglichst einfachen Mitteln auszukommen suchen und wird womöglich dem Ausbruch der Krankheit zuvorkommen.

Was in diesen ›Parabeln der Heilkunst‹ letztlich dominiert, ist die Persönlichkeit des Arztes. »Für den Arzt kommt alles darauf an, daß er in rechter Weise die Leidenschaften der Menschen zu benutzen und ihr Vertrauen zu gewinnen und ihre Einbildungskraft in Bewegung zu setzen versteht: Dann kann er alles ausrichten.«

Von diesem ebenso weit gespannten wie eindeutig abgegrenzten Aufgabenbereich der Ärzte weiß Johannes von Salisbury, Magister an der Schule von Chartres, zu berichten: »Sie sind die Wächter der Gesundheit (sanitas), der Krankheit (aegritudo) und des mittleren Schwebezustandes (neutralitas). Sie geben uns die Gesundheit und erhalten sie. Sie vermögen den Schwebezustand zum Richtigen hin zu lenken. Die Ursachen der Krankheit erkennen und lehren sie; sie stellen ihren Anfang fest, ihr Anwachsen, ihr Dauern und Absinken.«

Und was die ärztliche Tätigkeit innerhalb einer Gemeinschaft anbelangt, so hat auch Johannes von Salisbury bei aller Kritik an der Medizin erfahren: »Niemand ist notwendiger und nützlicher als der Arzt, solange er nur gläubig ist und behutsam vorgeht. Wer auch könnte je genug das Lob dessen singen, der als Heilkünstler und Fürsorger des Lebens letzten Endes Gott selber nachahmt und seines Amtes waltet, indem er das Heil, das jener wirkt und gleichsam als Herrscher schenkt, nun als Verwalter behütet.«

Heilkunde kann sich in dieser Weltsicht freilich niemals als eine autonome Disziplin legitimieren; sie dient nur dem absoluten Heil. Der Mensch kann daher in einer existentiellen Schicht seines Wesens durchaus gesund sein und zugleich in einer anderen krank zu Tode darniederliegen. So steht dies besonders eindrucksvoll in einem Bamberger Codex des 9. Jahrhunderts zu lesen, wo es weiter heißt: »Sehr heilsam nämlich ist eine Krankheit (salubris infirmitas), die den Sinn des Menschen in seiner Verhärtung aufbricht, und sehr gefährlich (valde perniciosa) ist eine Gesundheit, die den Menschen zur Unbotmäßigkeit verführt.« Man habe daher um Heilmittel zu bitten, um als Gesunder Gutes zu tun, nicht aber um nach seiner Genesung weiter seinen Lüsten zu frönen. Kranksein und Heilwerden sind eingebunden in einen existentiellen Lebensentwurf, in einen in sich geschlossenen Heilplan. So liegt es im großen Ratschluß des Herrn, der will, daß alle Menschen heil werden.

Gottes Güte ergießt sich ins Universum, um jedes Glied des Kosmos heimzusuchen und heimzuholen. So lesen wir es immer wieder bei Hildegard von Bingen, bei Albertus Magnus oder Petrus Hispanus. Der Mensch ist dabei Modell und Medium jenes Kosmos, der von oben her durchsichtig geplant, von unten her schichtenförmig gebaut ist, von innen her gesehen so transparent, um alle Geschöpfe in je verschiedenen Graden am Sein partizipieren zu lassen. Der Arzt ist dabei letzten Endes nichts als der Partner der Natur (socius naturae). Denn die Natur ist in allem der Meister (natura artifex), der Arzt ist nur Diener (medicus minister).

Hier ist der Arzt noch – wie dies in zahlreichen Texten vom 9. bis zum 11. Jahrhundert geschildert wird – der große Nothelfer, von dem es heißt: »Der Arzt sei wie ein Licht im Haus, das Dunkel verscheucht und Freude bereitet. Der Arzt ist der Baumeister der Gesundheit, geduldig und standhaft, genau und gerecht. Er ist in allem der milde Helfer, der die Not von dir wendet. Er tröstet die Angehörigen und richtet des Kranken Geist auf.«

Der Mensch erscheint in dieser Welt des Mittelalters nirgendwo als der Herr der Natur, sondern eher als ein Hirte des Seins, als der Gärtner und Ackermann, der das Feld bebaut und die Fluren hegt, dem jener Garten anvertraut ist, in dem der Herr seine Augen weidet. Im Jahre 1497 noch erschien zu Memmingen unter dem Titel ›Hortus sanitatis‹ ein ›Büchlein der Arznei‹, das dem gemeinen Manne zugedacht war, der – »fern vom Arzt lebend« – sich und den Seinigen Hilfe in Not zu leisten hatte. In einem solchen Garten der Gesundheit aber soll der Mensch – wie dies Paracelsus immer wieder betont hat – möglichst sein eigener Arzt sein und bleiben. »Denn so er der Natur hilft, so schenkt sie ihm seine Notdurft und gibt ihm also zu eigen seinen Garten zu eigener Kultivierung.«

Anhang

# Zeittafel

| Jahr | Medizinisch-kulturelle Entwicklung | Historischer Hintergrund |
|---|---|---|
| vor 500 | | Völkerwanderung |
| | Boethius († 524) verfaßt seine für das ganze Mittelalter bedeutsamen philosophischen und wissenschaftstheoretischen Schriften | Chlodwig I. (gest. 511) begründet das fränkische Großreich und schließt es dem katholischen Christentum an |
| 471–526 | | Theoderich d. Gr. (gest. 526) |
| 529 | Benedikt von Nursia (um 480–543) gründet auf dem Monte Cassino ein Kloster und gibt ihm eine »Regula« | Kaiser Justinian I. (527–565): Kodifikation des römischen Rechts |
| um 550 | Cassiodorus (490–um 560) stiftet sein »Vivarium« zur Pflege der geistlichen und weltlichen Wissenschaften | |
| 568–774 | | Langobardenreich in Nord- und Mittelitalien |
| um 620 | Isidor von Sevilla (um 560–636) schafft mit den ›Etymologiae‹ das tragende Reallexikon des frühen Mittelalters | |
| 637/641 | | Eroberung von Jerusalem, Antiochia und Alexandria durch die Araber |
| 711 | | Beginn der arabischen Herrschaft in Spanien |
| 768–814 | | Karl der Große |
| vor 800 | Ein Bamberger Klosterarzt verteidigt die Heilkunde | |

| Jahr | Medizinisch-kulturelle Entwicklung | Historischer Hintergrund |
|---|---|---|
| vor 800 | Walahfrid Strabo († 849), Abt der Reichenau, verfaßt ein Gedicht über Heilpflanzen (›Hortulus‹) | |
| 780–856 | Rabanus Maurus (»Praeceptor Germaniae«) | |
| 936–973 | | Otto I. der Große |
| um 1000 | Aufkommen der Medizinschule von Salerno | Hugo Capet (gest. 996) |
| | | Papst Silvester II. (Gerbert von Aurillac), gest. 1003 |
| ab 1053 | | Normannenreich in Unteritalien |
| 1066 | | Eroberung Englands durch die Normannen |
| ca. 1070 –1087 | Constantinus Africanus übersetzt auf dem Monte Cassino arabische Medizintexte ins Lateinische | |
| ca. 1075 –1122 | | Investiturstreit |
| um 1150 | Hildegard von Bingen (1098–1179) schreibt eine Natur- und Heilkunde (›Physica‹; ›Causae et curae‹) | |
| 1152–1190 | | Kaiser Friedrich I. Barbarossa |
| 1096–1270 | | Zeit der Kreuzzüge |
| nach 1180 | Ausbreitung und Assimilation des in Toledo aus dem Arabischen übersetzten »neuen Aristoteles« | |

| Jahr | Medizinisch-kulturelle Entwicklung | Historischer Hintergrund |
|---|---|---|
| ca. 1135 –1284 | Übersetzerschule von Toledo; Vermittlung wichtiger arabischer naturwissenschaftlicher und medizinischer Werke | |
| um 1200 | Begründung der Universitäten (studium generale) | |
| 1204 | | Eroberung und Plünderung von Konstantinopel durch die Kreuzfahrer (4. Kreuzzug), Gründung des »Lateinischen Kaiserreiches« |
| 1215 | | 4. Laterankonzil |
| um 1220 | | Franziskaner- und Dominikanerorden entstehen |
| 1212–1250 | | Kaiser Friedrich II. |
| 1231 | Medizinalordnung des Stauferkaisers Friedrich II. Übersetzerschule am Hof Friedrichs II. | |
| 1252–1282 | | Alfons X. der Weise |
| um 1250 | Petrus Hispanus (gest. 1277 als Papst Johannes XXI.) schreibt seine ›Opera Medica‹ | |
| 1286 | Pathologisch-anatomische Sektionen in Cremona | |
| um 1300 | Arnaldus von Villanova (ca. 1240–1311) schreibt die ›Parabeln der Heilkunst‹. Erste Lehrsektionen an der menschlichen Leiche an der Universität Bologna. Lanfrancus († vor 1306) fördert in Theorie wie Praxis die Chirurgie | |

| Jahr | Medizinisch-kulturelle Entwicklung | Historischer Hintergrund |
| --- | --- | --- |
| 1309–1377 | | Papsttum in Avignon |
| vor 1320 | Henri de Mondeville betont den Wert der Anatomie für die Chirurgie | |
| 1347–1350 | Pestepidemie in Europa | Ab Mitte 14. Jh. Blüte der Hanse |
| 1339–1453 | | »Hundertjähriger Krieg« zwischen England und Frankreich |
| 1364 | Guy de Chauliac (gest. 1368) vollendet die ›Chirurgia magna‹ | |
| 1346–1378 | | Kaiser Karl IV. |
| 1414–1418 | | Konzil zu Konstanz |
| 1445 | | Erfindung des Buchdrucks |
| 1453 | | Eroberung Konstantinopels durch die Türken |
| 1492 | | Abschluß der spanischen Reconquista mit der Eroberung des Königreichs Granada |
| | | Entdeckung Amerikas |
| um 1520 | Theophrastus von Hohenheim, gen. Paracelsus (1493–1541), legt die »Säulen der Medizin« zu einem neuen »Haus der Heilkunde« | |

# Literaturverzeichnis

## A. Quellen

Arnaldus de Villanova: Opera omnia. Basileae 1585
- Parabeln der Heilkunst. Aus dem Lateinischen übersetzt, erklärt und eingeleitet von Paul Diepgen. Leipzig 1922
Articella. Ed. Hieronymus de Salus Fauentinus. Venetiis 1523
Collectio Salernitana I–V. Ed. Salvatore de Renzi. Napoli 1852–1859
Constantinus Africanus. In: Opera omnia Ysaac. Lugduni 1515
Gersdorff, Hans von: Feldbuch der Wundarznei. Mit einem Vorwort zum Neudruck von Johannes Steudel. Reprographischer Nachdruck der Erstausgabe Straßburg 1517. Darmstadt 1967
Hildegardis Bingensis: Causae et curae. Ed. Paul Kaiser. Lipsiae 1903
- Heilkunde. Das Buch von dem Grund und Wesen und der Heilung der Krankheiten. Nach den Quellen übersetzt und erläutert von Heinrich Schipperges. 4. Aufl. Salzburg 1981
- Naturkunde. Das Buch von dem inneren Wesen der verschiedenen Naturen in der Schöpfung. Nach den Quellen übersetzt und erläutert von Peter Riethe. Salzburg 1959
- Welt und Mensch. Das Buch »De operatione Dei«. Aus dem Genter Kodex übersetzt und erläutert von Heinrich Schipperges. Salzburg 1965
Honorius Augustodunensis: De animae exsilio et patria. In: Opera, Patrologia Latina (ed. J.-P. Migne), tomus 172, 1241 D–1246 D
Isagoge sive introductio Johannitii in artem parvam Galeni de medicina speculativa. Argentorati 1534
Isidorus de Sevilla: Etymologiarum sive originum libri XX. Ed. W. M. Lindsay. Oxford 1911
Martianus Capella: De nuptiis Philologiae et Mercurii. Ed. Adolf Dyck. Lipsiae 1925
Medicina antiqua. Codex latinus Vindobonensis 93 (s. XIII). Österreichische Nationalbibliothek, Wien
Petrus Alfonsi: Disciplina clericalis. Ed. A. Helka und W. Söderhjelm. Heidelberg 1911
Petrus Hispanus: Opera medica. Codex latinus 1877 (s. XIII). Biblioteca Nacional, Madrid
- Obras filosóficas. Vol. 1–3. Ed. M. Alonso. Madrid 1941–1952
Tacuinum sanitatis. Codex latinus C 67 (s. XIV/XV). Biblioteca Universitaria, Granada

## B. Sekundärliteratur

Ariès, Philippe: Geschichte der Kindheit. München, Wien 1975
- Studien zur Geschichte des Todes im Abendland. München, Wien 1976
- Bilder zur Geschichte des Todes. München, Wien 1984

Baader, Gerhard: Die Anfänge medizinischer Ausbildung im Abendland bis 1100. Settimane di studio del Centro italiano di studi sull'alto medioevo, 19, Spoleto, 1971. Spoleto 1972, S. 669–742
– und Gundolf Keil (Hrsg.): Medizin im mittelalterlichen Abendland. Darmstadt 1982 (Wege der Forschung. Bd. 363)
Bauch, Andreas: Ein bayerisches Mirakelbuch aus der Karolingerzeit. Die Monheimer Walpurgis-Wunder des Priesters Wolfhard. Regensburg 1979
Bauer, Veit Harold: Das Antonius-Feuer in Kunst und Medizin. Berlin, Heidelberg, New York 1973
Bergmann, Rosemarie: Die Pilgerfahrt zum himmlischen Jerusalem. Ein allegorisches Gedicht des Spätmittelalters aus der Heidelberger Bilderhandschrift Cod. Pal. Lat. 1969 »Pélerinage de vie humaine« des Guillaume de Déguileville. Wiesbaden 1983
Borst, Arno: Lebensformen im Mittelalter. Frankfurt am Main, Berlin 1973
Bullough, Vern L.: The Development of Medicine as a Profession. The Contribution of the Medieval University to Modern Medicine. Basel, New York 1966
Choron, Jacques: Der Tod im abendländischen Denken. Stuttgart 1963
Curschmann, Fritz: Hungersnöte im Mittelalter. Ein Beitrag zur deutschen Wirtschaftsgeschichte des 8. bis 13. Jahrhunderts. Leipzig 1900
Curtius, Ernst Robert: Europäische Literatur und lateinisches Mittelalter. Bern 1948
Diepgen, Paul: Frau und Frauenheilkunde in der Kultur des Mittelalters. Stuttgart 1963
Dijksterhuis, E. J.: Die Mechanisierung des Weltbildes. Berlin, Göttingen, Heidelberg 1956
Dolch, Josef: Lehrplan des Abendlandes. Ratingen 1959
Duby, Georges: Die Zeit der Kathedralen. Kunst und Gesellschaft 980–1420. Frankfurt am Main 1984
– Die Kunst des Mittelalters. 3 Bde. Stuttgart 1984–85
Elias, Norbert: Über den Prozeß der Zivilisation. Soziogenetische und psychogenetische Untersuchungen. 2 Bde. Bern 1969
Ennen, Edith: Frühgeschichte der europäischen Stadt. Bonn 1953
– Die europäische Stadt des Mittelalters. Göttingen 1972
– Frauen im Mittelalter. München 1984
Fischer, Klaus-Dietrich: Antike Verse in medizinischen Schriften des Mittelalters. Gesnerus 39 (1982) 443–450
Goltz, Dietlinde: Mittelalterliche Pharmazie und Medizin. Dargestellt an Geschichte und Inhalt des Antidotarium Nicolai. Stuttgart 1976
Grabmann, Martin: Mittelalterliches Geistesleben. München 1926
Grabner, Elfriede (Hrsg.): Volksmedizin. Probleme und Forschungsgeschichte. Darmstadt 1967
Grundmann, Herbert: Religiöse Bewegungen im Mittelalter. Darmstadt 1961
Gurjewitsch, Aaron J.: Das Weltbild des mittelalterlichen Menschen. (Moskau 1972) München 1980
Haskins, Charles Homer: The Renaissance of the Twelfth Century. Cambridge 1927

Haskins, Charles Homer: Studies in Mediaeval Culture. Oxford 1929

Hecht, Ingeborg: Der Siechen Wandel. Die Aussätzigen im Mittelalter und heute. Freiburg i. Br. 1982

Hecker, Justus Friedrich Karl: Die großen Volkskrankheiten des Mittelalters. Berlin 1865

Hein, Wolfgang-Hagen und Kurt Sappert: Die Medizinalordnung Friedrichs II. Eine pharmaziehistorische Studie. Eutin 1957

Hirst, Leonard Fabian: The Conquest of Plague. A Study of the Evolution of Epidemiology. Oxford 1953

Huard, Pierre, und Mirko D. Grmek: Mille ans de chirurgie en occident. 5 e–15 e siècle. Paris 1966

Huizinga, Johan: Herbst des Mittelalters. Studien über Lebens- und Geistesformen des 14. und 15. Jahrhunderts in Frankreich und in den Niederlanden. München 1928

Imbault-Huart, Marie-José: La médicine au Moyen Age. A travers les manuscrits de la Bibliothèque Nationale. Paris 1983

Jaeger, Wolfgang: Die Heilung des Blinden in der Kunst. 2. Aufl. Sigmaringen 1976. (Thorbecke-Kunstbücherei. Bd. 8)

Kerer, Johannes: Statuta collegii sapientiae. Satzungen des Collegium Sapientiae zu Freiburg im Breisgau 1497. Hrsg. von Josef Hermann Beckmann. Faks. Ausg. Lindau, Konstanz 1957

Ketsch, Peter: Frauen im Mittelalter. Quellen und Materialien. Hrsg. von Annette Kuhn. Düsseldorf. Bd. 1. 1983 (Geschichtsdidaktik: Studien, Materialien. Bd. 14; Bd. 2. 1984 (Geschichtsdidaktik: Studien, Materialien. Bd. 19)

Koch, Josef (Hrsg.): Artes Liberales. Von der antiken Bildung zur Wissenschaft des Mittelalters. Leiden, Köln 1959

Kristeller, Paul Oscar: Studies in Renaissance Thought and Letters. Rom 1956

Kühnel, Harry (Hrsg.): Alltag im Spätmittelalter. Graz, Wien, Köln 1984

Lechner, Karl: Das große Sterben in Deutschland in den Jahren 1348 bis 1351 und die folgenden Pestepidemien bis zum Schlusse des 14. Jahrhunderts. Innsbruck 1884

Le Goff, Jacques: Les intellectuels au Moyen Age. Paris 1957

– La civilisation de l'occident médiéval. Paris 1964, dt.: Kultur des europäischen Mittelalters. München 1970

Lindgren, Uta: Bedürftigkeit, Armut, Not. Studien zur spätmittelalterlichen Sozialgeschichte Barcelonas. Münster 1980

MacKinney, Loren C.: Early Medieval Medicine with Special Reference to France and Chartres. Baltimore 1937

Maier, Anneliese: Metaphysische Hintergründe der spätscholastischen Naturphilosophie. Rom 1955

Mollat, Michel: Les pauvres au Moyen Age. Paris 1978, dt.: Die Armen im Mittelalter. München 1984

Müller, Irmgard: Sieche, Seuchen und Spitaldienst im Spiegel der Heiltätigkeit Elisabeths von Thüringen. Heilserwartung und Heilungserfolge im Mittelalter. Hessisches Jahrbuch für Landesgeschichte 32 (1982), 1–17

Müller, Rainer A.: Der Arzt im Schachspiel bei Jakob von Cessolis. München 1981

Müller-Bütow, Horst: Lepra. Ein medizinhistorischer Überblick unter besonderer Berücksichtigung der mittelalterlichen arabischen Medizin. Frankfurt am Main, Bern 1981 (Europäische Hochschulschriften: Reihe 7, Medizin: Abt. B., Geschichte der Medizin. Bd. 3)

Münz, Isak: Die jüdischen Ärzte im Mittelalter. Frankfurt am Main 1922

Niederhellmann, Anette: Arzt und Heilkunde in den frühmittelalterlichen Leges. Berlin, New York 1983

Nitschke, August: Naturerkenntnis und politisches Handeln im Mittelalter. Stuttgart 1967

Petrus Alfonsi: Die Kunst, vernünftig zu leben (Disciplina clericalis). Hrsg. Eberhard Hermes. Zürich, Stuttgart 1970

Die Pilgerwege nach Compostella. Texte des hl. Augustinus und Auszüge aus den Miracula des hl. Jakobus. Einl. R. Oursel. Würzburg 1971

Pirenne, Henri: Sozial- und Wirtschaftsgeschichte Europas im Mittelalter. 2. Aufl. München 1971

Probst, Christian: Das Hospitalwesen im hohen und späten Mittelalter und die geistliche und gesellschaftliche Stellung des Kranken. Sudhoffs Archiv 50 (1966) 246–258

– Der Deutsche Orden und sein Medizinalwesen in Preußen. Hospital, Firmarie und Arzt bis 1525. Bad Godesberg 1969

Rath, Gernot: Die Pest. Ciba-Zeitschrift 73 (1955) 2405–2436

Reicke, Siegfried: Das deutsche Spital und sein Recht im Mittelalter. Stuttgart 1932

Rosenfeld, Hellmut: Der mittelalterliche Totentanz. Köln, Graz 1968

Rudolf, Rainer: Ars moriendi. Von der Kunst des heilsamen Lebens und Sterbens. Köln, Graz 1957

Schipperges, Heinrich: Die Benediktiner in der Medizin des frühen Mittelalters. Leipzig 1964

– Die Assimilation der arabischen Medizin durch das lateinische Mittelalter. Wiesbaden 1964 (Sudhoffs Archiv: Beih. 3)

– Arabische Medizin im lateinischen Mittelalter. Berlin, Heidelberg, New York 1978

– Hildegard von Bingen. Ein Zeichen für unsere Zeit. Frankfurt am Main 1981

Schöner, Erich: Das Viererschema in der antiken Humoralpathologie. Wiesbaden 1964 (Sudhoffs Archiv: Beih. 4)

Schreiber, Georg: Byzantinisches und abendländisches Spital. Regensburg, Münster 1948

Seidler, Eduard: Die Heilkunde des ausgehenden Mittelalters in Paris. Wiesbaden 1967 (Sudhoffs Archiv: Beih. 8)

Shahar, Shulamith: Die Frau im Mittelalter. Königstein 1981

Stammler, Wolfgang: Der Totentanz. Entstehung und Deutung. München 1948

Steinen, Wolfram von den: Homo Caelestis. Das Wort der Kunst im Mittelalter. 2 Bde. Bern, München 1965

Sticker, Georg: Abhandlungen aus der Seuchengeschichte und Seuchenlehre. Bd. 1: Die Pest. Gießen 1908–1910

Sudhoff, Karl: Beiträge zur Geschichte der Chirurgie des Mittelalters. Leipzig 1914–1918

Talbot, C. H.: Medicine in Medieval England. London 1967

Treue, Wilhelm (u. a. Hrsg.): Das Hausbuch der Mendelschen Zwölfbrüderstiftung zu Nürnberg. Deutsche Handwerkerbilder des 15.
und 16. Jahrhunderts. Bildband. München 1965

Weinhold, Karl: Die deutschen Frauen im Mittelalter. 2 Bde. Wien
1898

White, Lynn jr.: Die mittelalterliche Technik und der Wandel der Gesellschaft. München 1968

William, Daniel (Ed.): The Black Death. The Impact of the Four-
teenth-Century Plague. New York 1982

Zimmermann, Gerd: Ordensleben und Lebensstandard. Die Cura corporis in den Ordensvorschriften des abendländischen Hochmittel-
alters. München 1973

# Bildnachweis

Die Abbildungen stammen aus dem Photo-Archiv (Leitung: Lothar Baur) des Instituts für Geschichte der Medizin der Universität Heidelberg.

*Verwendete Handschriften:*
Bibliothèque Nationale, Paris: Heures de Neville, ca. 1430–40: S. 50. Heures de Rohan, ca. 1480: S. 54. Cod. lat. 15307: S. 70. Cod. lat. 9140: S. 74. Codex 594: S. 77. Cod. lat. 12322: S. 132
Österreichische Nationalbibliothek, Wien: Cod. lat. Vindobonensis 93: S. 29
Universitätsbibliothek Heidelberg: Cod. pal. germ. 848: S. 218
Herzog-August-Bibliothek, Wolfenbüttel: Papierhs. aus der Sage des Ritters Wigamur: S. 31
Landesbibliothek Wiesbaden: Cod. lat. Hs 1: S. 21
Bayerische Staatsbibliothek, München: Cod. germ. 243, a. 1456: S. 118
Bodleian Library, Oxford: Cod. lat. Bodleianus: S. 59
British Museum, London: Cod. lat. Burney 275: S. 162. Codex Royal 16. G. VI: S. 190
Biblioteca Universitaria, Granada: S. 233, 240, 242, 246, 248
Biblioteca Angelica, Rom: Cod. lat. 596: S. 129
Biblioteca Governativa di Lucca: Cod. lat. 1942: S. 17
Biblioteca Laurentiana, Florenz: Cod. lat. Gaddianus 24: S. 95, 210
Biblioteca Nazionale, Neapel: Cod. lat. 6912: S. 103
Stadtbibliothek, Reims: Cod. lat. 1003: S. 124, 125, 126

*Traktate:*
Hans von Gersdorff, Feldbuch der Wunderarznei, Straßburg 1517: S. 101
A. Sytz, Tractat vom Aderlassen, Landshut 1520: S. 104
Johann Blaubirers Kalender, Augsburg 1481: S. 104/105
Hieronymus Brunschwig, Liber pestilentialis, Straßburg 1500: S. 109
Guido de Vigevano, Anatomia, 1345: S. 120, 137
Statuta Collegii Sapientiae, Freiburg: 1417: S. 151
Aldobrandino da Siena, Regimen Sanitatis: S. 215
Jörg Startz, Gastwirt, 1470: S. 236

# Personen- und Sachregister

# Kulturgeschichte
## bei
# Artemis & Winkler

**Heinrich Schliemann**
Bericht über die Ausgrabungen in Troja
in den Jahren 1871 bis 1873
Mit einem Vorwort von M. Korfmann, Zeittafel und kommentiertem Register. Mit 70 Abbildungen und 48 textbezogenen Tafeln aus dem »Atlas trojanischer Alterthümer«. 1990. XXIX, 312 S.
Zum 100. Todestag Schliemanns am 26. 12. 1990 wird das vollständige, seit über einem Jahrhundert nicht mehr greifbare Tagebuch von Schliemanns Ausgrabungen in Troja mit zahlreichen Abbildungen und textbezogenen Tafeln aus dem zur Rarität gewordenen »Atlas trojanischer Alterthümer« neu aufgelegt. Ein Ereignis für alle, die Schliemann auf der Suche nach dem von Homer beschriebenen Troja begleiten wollen.

**Suraiya Faroqhi**
Herrscher über Mekka
Die Geschichte der Pilgerfahrt. 1990. 351 S., mit 12 Abbildungen und 2 Karten.
Um die Pilgerfahrt nach Mekka ranken sich Legenden und Abenteuerberichte. Zum ersten Mal werden in dieser umfassenden Studie des »Hadsch« das Alltagsleben der Pilger, die Gefahren der Pilgerfahrt, die Versorgungsprobleme der heiligen Städte Mekka und Medina, die Sicherung der Karawanenstraßen und die Machtpolitik der »Herrscher über Mekka« aufgrund neu entdeckter Quellen beschrieben.

**Erik Hornung**
Geist der Pharaonenzeit
2. Auflage 1990. 272 Seiten, mit 40 Abbildungen.

»Mit seinem neuen Buch will Erik Hornung den Geist spürbar machen, der aus den textlichen und bildlichen Quellen des alten Ägyptens zu uns spricht. Das Buch richtet sich bewußt an eine breite Öffentlichkeit, ohne daß dadurch der wissenschaftliche Aspekt in den Hintergrund gedrängt wird.«
Basler Zeitung

**Erik Hornung**
Tal der Könige
5. Auflage 1990. 224 Seiten, mit 174 farbigen und 127 Schwarzweiß-Abbildungen.
»Das Werk, für ein breiteres Publikum geschrieben, faßt die Erkenntnisse der bisherigen Forschung und der jahrelangen Arbeiten des Autors zusammen: Ein vollständiges Bild des ägyptischen Jenseitsglaubens.«
Annual Egyptological Bibliography, Leiden

**Giovanni Pettinato**
Semiramis – Herrin über
Assur und Babylon
Aus dem Italienischen von R. Steiger. 1988. 332 S., mit 20 Illustrationen.
Die erste Biographie der neben Kleopatra wohl bedeutendsten Frauengestalt der Antike. Eine faszinierende Spurensicherung voller Überraschungen.

**Norbert Ohler**
Reisen im Mittelalter
2., durchgesehene Aufl. 1988.
452 S., mit 33 Abbildungen.
Die Welt des Mittelalters aus der Sicht der Reisenden – eine quellennahe Studie über ein faszinierendes Thema.

Informationsmaterial erhalten Sie von

**&Artemis
& Winkler**

Artemis & Winkler Verlag     8000 München 33 Postfach 33 01 20     CH-8024 Zürich Postfach

# Medizin

# Biologie

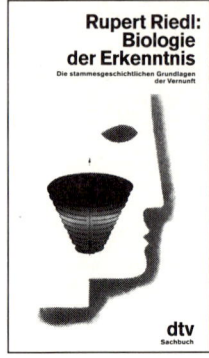

# Natur
und
Umwelt

# Medizin

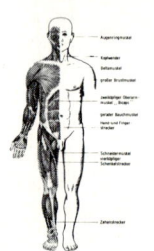

dtv
## Medizin für jedermann

**Ärztlicher Rat
in Frage und Antwort
Von Dr. med. Robert E. Rothenberg**

**Band 1**

**Robert E. Rothenberg:
Medizin für jedermann**
Ärztlicher Rat in Frage und
Antwort
2 Bände

Dieses moderne Hausbuch der
Medizin ist ein zweibändiges
Nachschlagewerk für den Laien.
Fachärzte geben Antwort aus
allen Bereichen der Medizin.
Klare Erläuterungen von Bau und
Funktion des gesunden Körpers;
Beschreibung von Ablauf und
Behandlung seiner Erkran-
kungen.

dtv/Thieme 3129/3130

---

### Nase und Nebenhöhlen

siehe auch Kapitel 3, Allergie; Kapitel 28, Lippen, Kiefer, Mund, Zähne
und Zunge; Kapitel 30, Lunge und Atemwege; Kapitel 42, Plastische
Chirurgie; Kapitel 51, Strahlendiagnostik und Strahlenbehandlung;
Abschnitt Hals in diesem Kapitel

**Welchen Bau und welche Funktion hat die Nase?**

Die Nase baut sich aus Knochen und Knorpel auf und enthält
zwei Hohlräume, die durch eine Scheidewand, das Nasenseptum,
getrennt sind. Für die Atemluft bildet die Nase den natürlichen
Weg; sie filtert, befeuchtet und erwärmt die eingeatmete Luft
und wirkt so als Klimatisationsapparat. Die Härchen im Nasen-
vorhof halten Staubteilchen zurück und verhindern, daß sie in
den Rachen gelangen, und auch der Schleim, der die Nasenschleimhaut überzieht, bindet Staub und Bakterien und trägt damit zum Schutz vor Infektionen bei. Außerdem dient die Nase als
Geruchsorgan. (Abb. 80a, b).

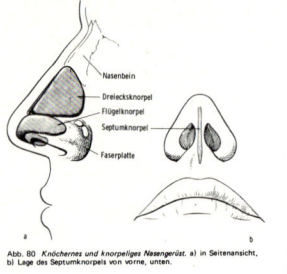

Abb. 80 *Knöchernes und knorpeliges Nasengerüst.* a) in Seitenansicht,
b) Lage des Septumknorpels von vorne, unten.

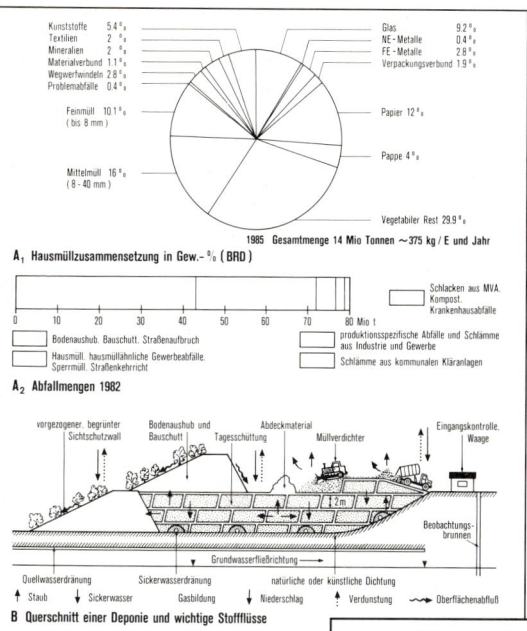

A₁ Hausmüllzusammensetzung in Gew.-% (BRD)

A₂ Abfallmengen 1982

B Querschnitt einer Deponie und wichtige Stoffflüsse

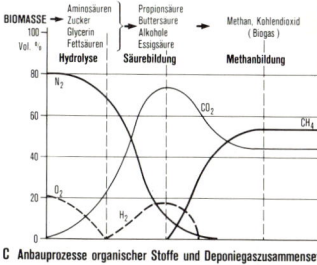

C Anbauprozesse organischer Stoffe und Deponiegaszusammenset...

# dtv-Atlas zur Ökologie

Tafeln und Texte

dtv-Atlas zur Ökologie
von Dieter Heinrich und
Manfred Hergt
Tafeln und Texte
Mit 122 Farbtafeln
Originalausgabe
dtv 3228 (September 1990)

# Hoimar v. Ditfurth im dtv

**Der Geist fiel nicht vom Himmel**
**Die Evolution unseres Bewußtseins**

Die Entstehung menschlichen Bewußtseins als notwendiges Ergebnis einer Jahrmilliarden langen Entwicklungsgeschichte. »... der gelungene Versuch, dem Leser jenen Eckzahn des ›Mittelpunktwahns‹ zu ziehen, daß nämlich die Welt so beschaffen ist, wie wir sie als Menschen erleben.« (Hamburger Abendblatt) dtv 1587

**Im Anfang war der Wasserstoff**

Ein Report über 13 Milliarden Jahre Naturgeschichte, angefangen vom Urknall über die Entstehung des »Abfallprodukts« Erde, über die große Sauerstoffkatastrophe, die Entstehung der Warmblütigkeit (und damit die Voraussetzung für das menschliche Bewußtsein) bis hin zur Möglichkeit interplanetarisch-galaktischer Kommunikation. Durchgehend verzeichnet Ditfurth dabei das Vorherrschen von Vernunft. dtv 1657

**Kinder des Weltalls**
**Der Roman unserer Existenz**

Anhand wissenschaftlicher Erkenntnisse vollzieht Ditfurth nach, warum auf unserer Erde Leben entstehen konnte und wie unser Dasein von ineinandergreifenden kosmischen Vorgängen abhängt. dtv 10039

**Wir sind nicht nur von dieser Welt**
**Naturwissenschaft, Religion und die Zukunft des Menschen**

»Dies Buch wird in der Überzeugung geschrieben, daß die naturwissenschaftliche und die religiöse Deutung der Welt und des Menschen miteinander in Einklang zu bringen sind.« (Hoimar von Ditfurth) dtv 10290 / großdruck 25027

Zusammen mit Volker Arzt:

**Dimensionen des Lebens**

Reportagen aus der Naturwissenschaft auf der Grundlage der Fernsehreihe »Querschnitte«, mit der Hoimar v. Ditfurth und Volker Arzt gezeigt haben, daß allgemeinverständliche Beiträge aus diesem Bereich möglich sind und wissenschaftliche Materie durchaus in fesselnde Erlebnisse auch für den fachlich nicht vorgebildeten Zuschauer umgesetzt werden kann. dtv 1277

**Querschitte**
**Reportagen aus der Naturwissenschaft**

Zehn weitere Beiträge aus der erfolgreichen Fernsehserie »Querschnitte« in Buchform. dtv 1742